Christoph Kreitmeir

Welche Farbe hat der Tod?

Erfahrungen eines Klinikseelsorgers mit Leben und Sterben

Inhalt

Vorwort

An einem freien Nachmittag Ende Februar 2023 ging ich um den großen Baggersee bei Ingolstadt spazieren. Am Weg sah ich zwei Damen auf einer Bank sitzen. Sie waren in ein Gespräch vertieft mit einer Frau, die in einem elektrischen Scooter bei ihnen saß. Beim genaueren Hinsehen fiel mir auf: Die Frau im Scooter kannte ich. Also blieb ich stehen, wir kamen ins Ratschen und es stellte sich heraus, dass zwei der Anwesenden Patientinnen in dem Krankenhaus gewesen waren, in dem ich als Klinikseelsorger arbeite. Die behinderte Dame im Scooter – ein echtes Ingolstädter Original – fragte mich, ob ich mit dem Buch, das ich plante, schon fertig sei? Noch bevor ich antworten konnte, wollte die Frau, die ich noch nicht kannte, wissen, wovon dieses Buch denn handele? »Über Sterben, Tod und die Frage, was dann kommt«, war meine Antwort.

Wie von der Tarantel gestochen, sprang sie daraufhin auf und wollte sofort verschwinden. »Was für ein Thema? Wer soll denn so etwas kaufen? Und was nach dem Tod kommt, das kann man doch gar nicht wissen.« Sie stieß diese Worte schnell und offensichtlich voller Angst hervor. »O doch, dieses Thema interessiert heute viele Menschen und über ein ›Danach‹ gibt es sehr wohl viele interessante Erlebnisse von Menschen, auch von Patienten in ›meinem Krankenhaus‹«, antwortete ich, musste dabei aber zusehen, wie sie sich aus dem Staub machte. Die beiden anderen Frauen dagegen waren sehr interessiert, zum einen wohl, weil sie mich schon kannten, und zum anderen hatten sie Erfahrungen mit Krankheit und waren darum für solche Themen offen.

Diese Begegnung spiegelte genau meine Erfahrung. Wer unbeschwert durchs Leben geht, der interessiert sich kaum für solche existenziellen Fragen, er meidet sie sogar, solange es irgendwie geht. Wer aber im Leiden erprobt, wer Krisen zu meistern hat(te) und grundsätzlich interessiert oder religiös ist, der hat solchen Themen gegenüber eine Offenheit.

Ich selbst beschäftige mich seit vielen Jahre mit diesen Themen. Das liegt einerseits daran, dass ich seit Kindertagen immer irgendwie mit Krankheiten und Schmerzen zu tun hatte. Ein schwerer Unfall lies mich als Jugendlichen sehr nachdenklich werden. Dies führte dann letztlich dazu, dass ich Franziskaner und auch Priester wurde. Eine Fotoausstellung über das Sterben mit dem Thema »Noch mal leben vor dem Tod«, die ich im Frühjahr 2010 in Bamberg und dann nochmals in Augsburg besuchen konnte, brachte in mir etwas zum Klingen, das mich seitdem nicht mehr loslässt. Ausdruckstarke Fotos von Patienten in einem Hospiz kurz vor dem Sterben und kurz danach sowie deren Biografien zeigten mir, wie wertvoll das Leben ist und wie schön verstorbene Menschen sein können. Das gleichnamige Buch »Noch mal Leben vor dem Tod. Wenn Menschen sterben« von Beate Lakotta und Walter Schels[1] begleitete mich dann jahrelang inspirierend. Irgendwie ist es darum wohl auch kein Zufall, dass ich in reiferen Jahren Klinikseelsorger am Ingolstädter Klinikum mit gut 1.250 Betten werden sollte. Seit gut sechs Jahren darf ich diese schwere und gleichzeitig sinnvolle, erfüllende Aufgabe nun ausüben.

In den zurückliegenden Jahren sind im deutschsprachigen Raum viele gute und interessante Veröffentlichungen zu Fragen rund um »Sterben, Tod, Trauer« erschienen. Aus verschiedenen Blickwinkeln – rechtlich, medizinisch, psychologisch, philosophisch, journalistisch oder ganz praktisch aus dem Erfahrungsbereich von Pflege und Hospiz – nähern sich diese Publikationen dem Thema. Einige sind ›Spiegel-Bestseller‹ geworden. Durch die Hospizbewegung und die Praxis des »Spiritual Care« rücken die spirituellen und religiösen Bedürfnisse der Patienten, aber auch die von denjenigen, die Kranke und Sterbende begleiten, wieder mehr in den Vordergrund.

In diesem Buch nähere ich mich den Fragen um Krankheit, Sterben, Tod, Trauer und der Hoffnung über den Tod hinaus auf verschiedene Weisen. Ich verknüpfe meine persönliche Betroffenheit mit vielen bewegenden Erfahrungen, die ich mit Patientinnen und Patienten, deren Namen hier anonymisiert werden, machen durfte. Ich versuche, diese Erfahrungen in den Kontext der grundsätzlichen Entwicklungen in unserer Gesellschaft und in den Kirchen zu stellen und dabei sowohl die Antworten im Blick zu behalten, die traditionell zu Fragen des Lebens und des Sterbens gefunden wurden, als auch den neueren Entwicklungen Aufmerksamkeit zu schenken. Hier ist vieles im Wandel. Dies finde ich grundsätzlich positiv, manches darf aber auch hinterfragt werden.

Mir persönlich wurde ein Wort von Rainer Maria Rilke im Hinblick auf meine eigene Endlichkeit zur Verständnishilfe und in gewisser Weise zu einer Lebenshaltung: »Sei allem Abschied voran, als wäre er hinter dir, wie der Winter, der eben geht.«[2] Wer abschiedlich leben lernt, der kostet seine Lebenszeit, sein Hier und Jetzt achtsam und bewusst aus. Er bezieht die »Ars moriendi«, die Sterbekunst, in sein Leben ein, um in der »Ars vivendi«, der Lebenskunst, zum Meister zu werden.

Bei meiner Arbeit geht es neben spirituell-religiöser Begleitung vor allem um menschlich zugewandte, verstehende und mitfühlende Begleitung auf Zeit von Patientinnen und Patienten und deren Angehörigen. Viktor Emil Frankl und die von ihm entwickelte sinnzentrierte Psychotherapie (Logotherapie und Existenzanalyse), in der ich ausgebildet bin, hilft mir sehr, Menschen in ihrem Leid und ihren Fragen beistehen zu können. Sinnsorge, Seelsorge und Lebenssorge gehören in der Tiefe zusammen.

Alles ist im Wandel, die Gesellschaft, die Kirchen und damit zusammenhängend auch das Bestattungswesen. Neben der klassisch-kirchlichen Beerdigung oder Urnenbestattung gibt es zunehmend alternative Angebote und Anbieter, wie mit der Trauer um einen Verstorbenen umgegangen werden kann. Obwohl ich katholischer Priester bin, stehe ich modernen Zugangswegen im würdevollen Umgang mit Verstorbenen sehr offen gegenüber. Einige dieser alternativen Bestattungsformen möchte ich darstellen.

Im Juni 2021 durfte ich während eines Urlaubes am Bodensee einem interessanten Künstler begegnen, der Särge – er nennt sie Schreine – und Urnen mit Naturmotiven bemalt. Aus dieser bereichernden Begegnung wurde eine Bekanntschaft, die sich zu einer Freundschaft entwickeln will. Die lebensfrohe und auch tiefsinnige Art von Alfred Opiolka und seinem etwas anderen Zugang zu Sterben, Tod und Trauer will ein Interview mit ihm darstellen. Uns beiden ist ein lebensbejahender Umgang mit diesem schweren Thema wichtig, und wir blicken beide hoffnungsvoll über die Schwelle des Todes. Somit können wir von verschiedenen Positionen aus Leidenden und Trauernden zu »Freunden auf Zeit« und zu verständnisvollen Begleitern werden.

Die Frage, wo die Toten sind und was denn nach dem Tod kommt, ist eine Frage, die den Menschen seit jeher bewegt. Nicht nur Religionen und Philosophien beschäftigt diese Frage, sondern mehr oder weniger bewusst jeden Menschen. Der eine schiebt sie so lange wie möglich von sich weg, der andere beschäftigt sich ganz bewusst damit. Früher oder später werden wir alle mit ihr konfrontiert. Die Zugangsweisen haben sich verändert, die Glaubenslandschaft in unserem Land auch. Dies fordert jeden Einzelnen heraus, seinen Standpunkt zu finden, religiös, atheistisch, agnostisch oder philosophisch. Das Angebot möglicher Sinndeutungen wird größer und damit freier, gleichzeitig aber auch verwirrender. Ich möchte einige dieser Sinndeutungszugänge darstellen, die zeigen wollen, dass es viel mehr gibt, als es die Kirchen oft zu vermitteln versuchen.

Mein Blickwinkel ist der eines Christen, eines Katholiken, eines Priesters. Diese meine Sichtweise ist eine suchende, eine tastende, eine, die auch nach rechts und links schaut und verschiedene andere Perspektiven, wie zum Beispiel den tibetischen Buddhismus oder die Frage nach medialen Kontakten zu Verstorbenen, mitberücksichtigt.

Beim Schreiben habe ich bewusst auf das Gendersternchen oder Ähnliches verzichtet. In dem Bewusstsein, dass ich Männer, Frauen und sogenannte diverse Menschen gleich ansprechen möchte, will ich einen einfachen Weg gehen, der gleichzeitig auch unsere schöne deutsche Sprache nicht verunstaltet. Die genannten Personengruppen haben verschiedene geschlechtliche Identitäten, sie sind nicht über einen Kamm zu scheren. Ich werde mich bemühen, zumindest immer wieder männliche und weibliche Formen zu wechseln. Sollte ich dennoch zu sehr in die rein männliche Beschreibung fallen, dann sehen Sie es mir bitte nach.

1. Die Angst vor dem Tod und das Verdrängen

Seit es Menschen gibt, treiben diese auch die Angst vor dem Sterben, die Angst vor dem Tod und angstbesetzte Fragen nach einem »Danach« um. Diese Urfragen sind die »Hebammen« tieferen Nachdenkens über Dasein und Endlichkeit. Philosophien und Religionen haben hier ihren eigentlichen Ursprung.

Jeder Mensch wird sich früher oder später mit seiner Endlichkeit auseinandersetzen müssen, ob er will oder nicht, und trotzdem leben wir unser Leben so, als würden wir nicht irgendwann sterben müssen. Persönlich entwickelte oder gesellschaftlich angebotene Ablenkungs- und Verdrängungsstrategien sind dabei vielfältig. Der klinische Psychologe und Psychotherapeut *Hans Morschitzky* nennt dieses Phänomen das »Sterblichkeitsparadoxon«. Auch wenn es unterschwellig und unbewusst in uns arbeitet, halten wir dieses todernste Thema aus unserem Alltag und unserem Leben heraus, weil es uns die Freude am Leben verdirbt. Wenn wir uns aber einmal doch persönlich mit den Themen Leiden, Sterben, Tod und Verlust auseinandersetzen müssen, weil ein lieber Mensch aus unserer näheren Umgebung stirbt oder wir selbst durch einen schweren Unfall oder eine lebensbedrohliche Erkrankung mit unserer Sterblichkeit konfrontiert werden, spätestens dann kommen auch die Angst vor dem Sterben und dem Tod sowie die Frage nach einem eventuellen Danach in unser Leben.

Persönliches Betroffen-sein

Im Juli 2020 wurde bei mir nach mehreren vorausgehenden Untersuchungen eine Krebserkrankung der Prostata von mittlerer Schwere festgestellt. Dies löste bei mir genau die Reaktionen aus, wie man sie nach den Erkenntnissen der Tiefenpsychologin *Verena Kast*[1] immer wieder bei Verlust und Trauer erleben kann: Die Phase des Nicht-wahrhaben-Wollens, die Phase der aufbrechenden Emotionen, die Phase des Suchens und Sich-trennens und die Phase des neuen Selbst- und Weltbezuges. Dieses Phasenmodell baut auf den Erkenntnissen der Sterbeforscherin *Elisabeth Kübler-Ross*[2] auf, die die Phasen Nicht-wahrhaben-Wollen (Leugnen) und Isolierung, Zorn und Wut, Verhandeln, Depression und Leid, Annahme und Akzeptanz nannte.

Das kann doch nicht wahr sein, war meine erste Reaktion. Jetzt habe ich schon so vieles an Krankheiten in meinem Leben erleiden müssen, aber an Krebs hätte ich bei mir wirklich nicht gedacht. Die erschütternde Diagnose bekam ich im Frühsommer 2020 während der Zeit der ersten Phase der Coronapandemie und so war es mir gerade recht, dass meine Urologin nach den ersten Verdachtsanzeichen für Krebs die nächsten Untersuchungen erst auf Oktober 2020 legte. Ihre und auch meine Hoffnung war es, dass die Pandemie bis dahin vorbei sei und weitere Untersuchungen zeigen würden, dass es dann vielleicht doch nicht so schlimm sei. Meinem Arbeitskollegen Stefan habe ich es zu verdanken, dass ich dann doch noch im Juli mit MRT-Untersuchung und darauffolgender Biopsie der Verdachtssache ernsthaft nachging. Er mahnte mich nämlich immer wieder, das Ganze nicht so sehr auf die leichte Schulter zu nehmen.

Nach dem Schock der Bestätigungen, dass da doch mehr los war, als ich es wahrhaben wollte, schwankte meine Stimmung zwischen Wut und Depression. Adressiert waren diese Gefühle primär an meinen imaginären Gesprächspartner, mit dem ich als Ordensmann und Priester seit Jahrzehnten unterwegs bin: an Gott. Er musste sich so manches von mir anhören, vor allem auch die Enttäuschung darüber, dass ich doch wirklich so viel für IHN tue und dies jetzt die »Belohnung« sein sollte. Sehr naiv, ich weiß, aber es war so.

Danach hatte ich eigentlich nur ein kleines Zeitfenster von wenigen Wochen, in dem ich mich entscheiden musste, was es für Möglichkeiten für mich geben könnte. Vier Möglichkeiten taten sich auf, zwei alternative Behandlungsmethoden, die ich selbst sehr teuer hätte zahlen müssen und deren Erfolg auch auf unsicheren Füßen stand, oder zwei von der Schulmedizin vorgesehene: Strahlentherapie mit eventuell anschließender Chemotherapie oder Totalentfernung der Prostata mittels moderner Roboterunterstützung vorgenommen von medizinischen Fachleuten. Und dies dann noch in der Klinik, in der ich als Seelsorger arbeite. Nach Prüfung aller Pro und Contras und vor allem auch der Nach- und Nebenwirkungen entschied ich mich für Letzteres, wenn auch mit Trauer über so manche Einschränkung, die nach so einem Eingriff dann die Folge sein würde.

Mein neuer »Selbst- und Weltbezug« hält nach fast drei Jahren nach der gelungenen Operation bis heute an. Es gab zwar Komplikationen, heute bin ich aber angesichts dieser lebensbedrohlichen Krankheit wirklich gut davongekommen und stehe in den nächsten Jahren in regelmäßiger Nachkontrolle. Nachdem ich ja als Klinikseelsorger tagtäglich mit den verschiedensten Krebserkrankungen zu tun habe, die Fragen und Nöte der Patienten kenne und vor allem auch die Wirkungen der verschiedenen Behandlungen erlebe, weiß ich, dass ich mit meiner Erkrankung und vor allem dadurch, dass sie frühzeitig erkannt wurde, ein gutes Los gezogen hatte. Mein anhaltendes Grundgefühl ist große Dankbarkeit. Sie bestimmt meinen Selbstbezug, das heißt, egal, was es an tagtäglichen Problemen und Schwierigkeiten gibt, alles durchwebt ein zartes und alles irgendwie weichmachendes Gefühl von Dankbarkeit, von »Gratefulness«, deren psychologische und spirituelle Kraft der österreichisch-amerikanische Benediktiner *David Steindl-Rast* sehr gut herausarbeitete.[3] Dies strahle ich auch meistens aus, so sagt man es mir immer wieder. Und es hat die Wirkung, dass mein Weltbezug auch einer geworden ist, der weniger verbissen seinen Weg geht und viel achtsamer auf das Hier und Jetzt achtet.

Was half mir in dieser wirklich schweren Zeit?

Es waren vor allem menschlich tragende Beziehungen zu Freunden und einigen meiner Geschwister, immer wieder auch mein Glaube an Gott und an einen Sinn hinter all dem Erlebten und Erlittenen. Das persönliche Netzwerk, das trägt, unterstützt, tröstet, Perspektiven aufzeigt und vor allem immer wieder emotionalen Halt schenkt, ist das A und O für ein gutes Durchstehen dieses Leidensweges. Der Fernsehsender »Sat.1« startete vom 4.-11. Februar 2022 eine sogenannte »Mutmachwoche« zum Weltkrebstag. Zahlreiche Magazine, Reportagen, umfangreiche Informationen, Hilfestellungen und persönliche Mutmachgeschichten sollten das ernste Thema entängstigen und fachlich aufklärend erhellen. Im Internet gibt es mittlerweile ein beachtenswertes Forum der Selbsthilfe[4] zu finden. Eine eigens dafür entwickelte App will zum Beispiel Krebspatienten und Krebspatientinnen und ihren Angehörigen helfen, sich jederzeit und überall unkompliziert mit anderen Betroffenen auszutauschen. Die YES!APP[5] ermöglicht einen datenrechtlich sicheren Dialog sowie Informations- und Erfahrungsaustausch und will damit Hilfe zur Selbsthilfe leisten.

Hatte ich Angst vor dem Tod?

Vor dem Tod und einem Danach hatte ich nach der Krebsdiagnose weniger Angst, weil ich mich durch viele und schwere Erkrankungen eigentlich von Kindesbeinen mit diesen Themen beschäftigen musste. Ein sehr großer und die Richtung meines geistlichen Lebensweges sehr bestimmender Einschnitt war ein Fahrradunfall im Alter von sechszehneinhalb Jahren. Eine fehlerhafte Gangschaltung bewirkte, dass ich mit einer Geschwindigkeit von ca. 30 km/h ins Leere trat und dadurch das Gleichgewicht verlor. Damals gab es noch keine Fahrradhelme und so stürzte ich mit meinem Kopf auf den harten Asphalt einer vielbefahrenen Straße. Was dann kam, wurde mir von meiner Mutter später erzählt. Da unsere Familie in meiner Heimatstadt recht bekannt war und Passanten erkannten, wer ich sein könnte, informierten diese nicht nur den Rettungsdienst, sondern auch meine Mutter, die dann im Rettungswagen in meiner Nähe war. Soweit ich mich dunkel erinnern kann, war auch mein zwei Jahre älterer Bruder an ihrer Seite. Ich wurde nicht in das kleine Kreiskrankenhaus, sondern in das große neue Klinikum nach Ingolstadt gefahren, wo ich heute – 45 Jahre später – der katholische Klinikseelsorger sein darf. Außer an einzelne Aufwachsituationen während meines Aufenthaltes dort auf der Intensivstation – 5 Tage davon war ich im Koma – erinnere ich mich an nichts, außer daran, dass ich immer wieder das Gefühl hatte, behütet, umsorgt und beschützt gewesen zu sein. Hier meine ich nicht nur das Tun der Ärzte und Pflegekräfte, sondern ich meine es auch in spiritueller Sicht. »Jemand« passte auf mich auf …

Nach der Intensivstation folgten weitere Behandlungen und dann später jahrelanges Kopfweh, aber auch das große Erstaunen und ernste Fragen: »Warum habe ich das überlebt?«, »Warum habe ich keine schweren Dauerschäden oder Behinderungen?« oder »Wenn es einen Gott gibt, warum hat er mich vor Schlimmeren bewahrt?« Diese und andere Fragen waren meine Dauerbegleiter in den darauffolgenden Jahren, wo der lebenslustige Jugendliche zu einem nachdenklichen jungen Mann wurde, dessen Suchen bei philosophischen und spirituell-religiösen »Angeboten« Antworten finden ließ oder ihn zumindest zum Weitersuchen animierte. Mein ganzes junges Leben wollte ich in den Dienst Gottes stellen, und zwar in besonderer Weise auf den Spuren des heiligen *Franz von Assisi*. Mit 22 Jahren trat ich in den Franziskanerorden ein, studierte verschiedenste Fächer im sozialen, psychologischen und theologischen Bereich, arbeitete als Sozialarbeiter mit Nichtsesshaften auf der Straße, wurde Priester und dann in den verschiedensten Lebensbereichen Seelsorger, dem es sehr wichtig war und ist, den Menschen in ihren Problemen an der Seite zu sein. Über viele Umwege kam ich im Juli 2017 zu der Aufgabe des Klinikgeistlichen am viertgrößten Klinikum in Bayern, in Ingolstadt. Und in genau dieser Aufgabe bin ich ganz praktisch und tagtäglich mit den menschlichen Grundfragen nach dem Warum des Leidens, des Sterbens, des Todes und einem Danach konfrontiert und involviert.

Somit möchte ich zurückkehren zu der Frage nach der Angst vor dem Tod. Angst vor dem Tod und einem Danach hatte und habe ich nicht; ich habe aber sehr wohl Furcht und Angst vor dem Sterben, vor den damit möglicherweise verbundenen Schmerzen, dem Ausgeliefertsein, dem Objektsein, dem Erdulden- und Erleidenmüssen. Als Klinikseelsorger weiß ich zwar, dass heute viel dafür getan werden kann, damit Patienten wenig bis keine Schmerzen haben, aber trotzdem erlebe ich es, wie Menschen in diesen schweren Prüfungen des Lebens Hartes erleiden müssen. Wer will das schon? Ich auch nicht.

Formen der Vermeidung, des Ausweichens und der Verdrängung

Es gibt die verschiedensten Weisen, wie Menschen mit unangenehmen Situationen oder Umständen umgehen. Das herzhafte und mutige Anpacken findet sich sehr selten. Meistens kommt es zu mehr oder weniger bewussten anderen Verhaltensweisen. Es lohnt sich, sie einmal genauer anzuschauen.

Grundsätzlich ist die *Vermeidung* von unangenehmen oder als bedrohlich erfahrenen oder gefürchteten Situationen häufig. Einerseits kann dieses Verhalten in gewisser Weise schützen, andererseits verhindert es aber auch die positive Erfahrung, gefährliche Situationen bewältigen zu können. Wer sich Vermeidung antrainiert hat, der wird dieses Verhalten schwer wieder los.

Eine Form der Vermeidung ist die *Verschönerung.* Sie ist der Versuch, sich die Realität, die oft in harten Zumutungen daherkommt, schön zu malen. Wie Pipi Langstrumpf neigen Harmonisierer und Rosarotmaler dazu, sich die Welt zu malen, wie sie ihnen gefällt. Es ist unleugbar, dass diese Strategie – ab und zu angewandt – einen das Leben nicht nur verschönert, sondern schlichtweg ertragen lässt. Als dauerhafte Strategie ist sie aber nicht brauchbar. Verschönerer haben nicht nur eine rosarote Brille auf, sie betreiben auch, so möchte ich es nennen, Wortkosmetik. Einen Beinamputierten nennt man dann Prothesenträger, eine Abtreibung Schwangerschaftsunterbrechung und einen Toten Entschlafenen. Diese Umdeutungen blenden Tatsachen aus, behindern oder verhindern Lösungen oder Realitätsannahme.

Ein weiterer Versuch, eine Tatsache oder ein Problem nicht an sich heranzulassen, ist die *Verlagerung*. Der wirkliche Konflikt und seine Ursachen wollen nicht gesehen werden, sondern sie werden auf eine allgemeine Ebene verlagert. Realität und Illusion werden vermischt. Hand in Hand gehend werden hier auch gerne eigene Probleme auf andere projiziert. Nicht der Sterbeprozess des Angehörigen ist dann zum Beispiel das Problem, sondern dass die Ärzte oder das Pflegepersonal zu wenig oder das Falsche für den Sterbenden tun. Diese Verlagerung und Projektion ist der Versuch, sich das eigene schwere Auseinandersetzen mit dem Sterben vom Hals zu halten. Ein Versuch, der misslingen muss.

Verärgerung und Wut ist eine weitere Weise des Vermeidens von Schmerzerfahrung. Rasch und nicht selten wird sie auch im Krankenhaus erfahren: Natürlich ist das Essen schlecht, die Schwestern und Pfleger unfreundlich oder faul, die Ärzte unfähig und überhaupt … Solche Patienten sind schwer zu ertragen. Manchmal übernehmen diese ungute Rolle auch deren Angehörigen. Ärger und Verärgerung können konstruktiv sein, wenn sie berechtigt eingesetzt werden, destruktiv angewandt nützen sie niemandem.

Ein besonderes Beispiel von Ärger und Verärgerung erlebte ich einmal, als ich zu einer sterbenden etwa 80-jährigen Frau gerufen wurde. Mehrere Töchter im Alter zwischen 50 und 60 und ein paar Enkelkinder, so um die 20 Jahre alt, waren im Raum. Die alte Frau befand sich offensichtlich im Beginn ihres Sterbens. Nachdem ich Kontakt mit ihr aufgenommen hatte und sie mich als Priester auch wahrnehmen konnte, änderte sich für kurze Zeit die traurige Situation. Die Frau betete sogar mit mir und war dankbar für die Krankensalbung. Von der Verwandtschaft betete kaum jemand mit.

Insgesamt fünfmal wurde ich in 4 Tagen zu dieser Frau gerufen. Schon bei der zweiten Begegnung mit ihr und wieder den vorher genannten Verwandten kam in mir die Vermutung auf, warum sich die Dame so schwer im Sterben tat. In der Familie gab es schwelende und ungelöste Konflikte. Diese Vermutung formulierte ich bei der dritten Begegnung, als die Sterbende sich schon wirklich quälte. Meine Ahnung traf ins Schwarze. Die »Sprecherin« der Töchter legte nun los und lies ihren Ärger über den abwesenden Bruder freien Lauf. Viele stimmten ihr zu, nur eine Tochter war leise und hielt der Mutter die rechte Hand. Als ich dann das Wagnis einging und deutlich sagte, dass die Mutter nicht sterben könne, weil dieser Konflikt nicht gelöst sei, war großes Schweigen im Raum, nur die handhaltende Tochter weinte nun leise vor sich hin.

Als ich dann zwei Tage später (!) ein weiteres Mal gerufen wurde, war der Bruder anwesend. Ich spürte, dass es ihm sehr unwohl war in dieser Geschwisterschar. Die »Sprecherin« erlaubte sich dann wirklich Unerhörtes, sie spannte mich als Priester vor ihren Wagen, um gegen den Bruder vorzugehen und bei ihm ein moralisch schlechtes Gewissen zu erzeugen. Im Hintergrund rang die Mutter mit dem Tod. Gottlob unterbrach ich die Tochter sofort in diesem Versuch und wurde ernst und sogar etwas lauter, als ich sonst normalerweise angesichts von Sterben und Tod bin. Ich betete nochmals für die Mutter, bat Gott, dass er sie bald erlöse und überließ diese in sich zerstrittene Familie mit ihrer vielfältigen Verärgerung übereinander ihrem Schicksal. Wenige Stunden später war die alte Frau gestorben. Ihre Kinder, so bin ich davon überzeugt, hätten ihr

Sterben erleichtern und verkürzen können, wenn sie zu Klärung, Vergebung und Verzeihung fähig gewesen wären.

Die *Verdrängung* ist eine weitere Strategie, die aber zu keiner guten Lösung finden lässt. Belastende, schmerzhafte oder unangenehme Erfahrungen, Erinnerungen, Gedanken, Wünsche, ja sogar Gefühle werden als nicht existent abgewehrt. Man blendet sie aus, verbannt sie aus dem Bewusstsein und schiebt sie, weil sie ja trotzdem da sind, ins Unbewusste, wo sie meistens ihr schädliches Unwesen treiben. Mir ist eine Patientin mit ca. 50 Jahren so intensiv in Erinnerung, weil ich deren Verdrängungsverhalten in dieser intensiven Weise vorher noch nie erlebt hatte. Ich will ihre Situation kurz schildern.

Es war die dritte Coronaphase, fast ihre ganze Familie erkrankte an der Deltavariante von Corona. Die meisten durchlitten ihre Coronaerkrankung zu Hause, sie und ihre Mutter mussten aber ins Klinikum. Sie selbst wurde länger auf der Intensivstation beatmet, ihre Mutter, schon knapp 80 Jahre alt, lag in der Corona-Isolierstation mit Sauerstoffbeatmung. Sie spürte, dass ihr diese Erkrankung die Lebenskraft nahm, und bat mich als Priester, ihr die Krankensalbung zu geben. Ich erlebte in ihr einen lebenserfahrenen und positiv lebenssatten Menschen, der bewussten Sinnes sich mit dem herannahenden eigenen Sterben auseinandersetzte. Ihre Art des bewussten und gläubig-vertrauenden Umgangs mit dem baldigen Ende ihres Lebens beeindruckte mich als Mensch und als Christ. Und es war wirklich so – zwei Tage nach unserer tiefen Begegnung verstarb diese Frau an oder mit Corona. Ich durfte ihr in den letzten Minuten noch einmal nahe sein. – Mir wurde von den Schwestern während dieser Zeit auch gesagt, dass es wohl sinnvoll und vernünftig wäre, der Tochter auf Intensiv nichts vom schlimmen Zustand ihrer Mutter zu erzählen, weil ich sie auch besuchte. Das leuchtete mir ein und so schonten wir sie während der schweren Zeit ihrer Mutter.

Als die Tochter dann von Intensiv auch auf die Isolierstation kam – ihre Mutter aber schon verstorben war –, besuchte ich sie dort, um mit ihr darüber zu sprechen. So etwas hatte ich noch nie erlebt: Sie freute sich zwar, dass ich mit allen Schutzmaßnahmen (FFP-3-Maske, wo man fast keine Luft bekommt, Einmalschutzkittel, Handschuhe, Brille und Haarnetz) sie besuchte; sie weigerte sich aber, über den Tod ihrer Mutter sprechen zu wollen und vor allem über die Tatsache, dass diese an oder mit Corona verstorben sei. Sie war eine konsequente und massive Coronaleugnerin, deren Mutter daran gestorben war, und die selbst großes Glück hatte, so davongekommen zu sein. Ihre ganze Familie war von Corona betroffen, aber es gab ja kein Corona.

Mich machte dieses Verhalten in dieser massiven Verdrängung sprachlos und später dann sogar leicht aggressiv. Die Schwestern wollten mit dieser Patientin auch kaum etwas zu tun haben, weil sie total uneinsichtig und gleichzeitig missionarisch unterwegs war mit der Botschaft: Es gibt kein Corona!

Wie wir an den beschriebenen Abwehrmaßnahmen gesehen haben, wollen die meisten Menschen mit den Bereichen »Sterben, Tod und einem Danach« nichts zu tun haben und wissen daher dann auch nicht, damit umzugehen, wenn sie von diesen Realitäten eingeholt werden.

Auf geniale Weise brachten schon die *Gebrüder Grimm* das Verdrängen des Todes in ihrem Märchen »Die Boten des Todes«[6] ins Wort. Ab der 4. Auflage ihrer ›Kinder- und Hausmärchen‹ steht es ab 1840 unter der Nummer 177. Darin geht es um den Tod, der einen Riesen auf dessen Wanderung zum Sterben aufforderte. Da dieser sich weigerte, kam es zu einem Kampf zwischen den beiden, wo der Tod niedergeschlagen in einer Ecke kraftlos liegen blieb. Ein vorbeikommender lebenslustiger junger Mann erbarmte sich des Todes, gab ihm zu essen und zu trinken und richtete ihn wieder auf. Der wieder zu Kräften gekommene Tod forderte natürlich das Leben des jungen Mannes. Aus Dankbarkeit schenkte er ihm aber eine Lebensfrist mit dem Hinweis, dass er ihm Boten des Todes schicken würde, bevor er dann selbst kommen werde. Noch einmal davongekommen und mit dem Wissen, durch Boten vor dem Tod gewarnt zu werden, ging er froh seines Weges weiter und lebte unbedarft in den Tag hinein. Seine Jugend hielt nicht ewig, es kamen Krankheiten und Schmerzen, die aber ohne Angst immer wieder vergingen, weil er ja wusste, dass er ohne Vorwarnungen nicht sterben werde. So ging das immer wieder: gesund und froh, krank und schwach. Eines Tages klopfte der Tod bei ihm an, um ihn abzuholen. Der Mann beschwerte sich darüber, weil er keine Boten des Todes gesehen habe, die sein Kommen ankündigten. Der Tod gab nur zu verstehen, dass Fieber, Krankheiten, Schmerzen, ja, sogar der dem Tod verwandte nächtliche Schlaf seine Boten gewesen seien. Da musste sich der Mann fügen und mit dem Tod mitgehen.

Beiseiteschieben, Ausweichen, Vermeiden oder Verdrängen schützen nicht davor, der todsicheren Tatsache, dass der Tod jeden Menschen heimsuchen wird, auszukommen. Klüger wäre es, sich rechtzeitig damit auszusöhnen und den Wert der Endlichkeit jedes Lebens richtig einzuordnen, die Lebenszeit nicht zu vertrödeln, sondern sinnvoll zu nutzen.

Unwissenheit macht Angst

Unwissenheit und das sich nicht Beschäftigen mit Unumstößlichem lassen Menschen hilflos dem Geschehen ausgeliefert sein. Und dieses Geschehen und die damit verbundenen Zumutungen werden als sehr unwillkommen erfahren und gespürt. Dies verstärkt die Angst vor Tod und Ende und führt zu weiterer Verdrängung, Angst, Verdrängung ... Ein Teufelskreis, der zu nichts führt.

In der Auseinandersetzung mit Sterben, Tod und Trauer ist es wie in allen anderen Bereichen des Lebens auch: Unwissenheit oder mangelnde Übung machen unsicher, ängstlich und auch manipulierbar. Wer sich und sein Leben mit Gesundheit und Krankheit, mit Glück und Unglück, mit Gewinn und Verlust als Lern- und Übungsfeld ansehen lernt, der wird die schweren Zeiten besser und reifer bewältigen können, als wenn er sich nur das vermeintlich Gute herauspflücken will.

Immer wieder erlebe ich in meiner Arbeit als Klinikseelsorger, wie dankbar Angehörige von Sterbenden sind, wenn »ein Kundiger« sie an der Hand nimmt, ihnen beisteht, bestimmte Zustände erklärt, sie auch mit hineinnimmt in rituell-religiöse Handlungen, ihnen in ihrer erlebten Hilflosigkeit Unterstützung anbietet und den schweren Weg eine Zeit lang mitgeht. Gleichzeitig erlebe ich, wie hilfreich es sein kann, wenn Lebenspartner oder erwachsene Kinder sich vor der Situation einer solchen wirklich an die Nieren gehenden Begegnung mit dem Sterben und dem Tod von lieben Angehörigen schon Erfahrungen im Umgang mit diesen Themen gesammelt haben. Aber leider erlebe ich immer wieder auch, wie Menschen, die vom Alter her sich schon längst mit Krankheit, Sterben und Tod auseinandergesetzt haben könnten, sich total hilflos und ohnmächtig angesichts dieser Situationen, denen sie nun nicht mehr ausweichen können, erfahren und verhalten.

Der Sozial- und Kulturhistoriker Professor *Norbert Fischer*[7] vom Institut für Volkskunde der Universität Hamburg hält fest, dass sich der Mensch in der westlichen Welt seit dem 18. Jahrhundert verstärkt vor dem Tod fürchtet, weil das bis dahin geltende, fast geschlossene christliche Weltbild aufbrach und dadurch ein unangenehmes und angstvolles Unbehagen zunahm. Konnte man vorher mehr oder weniger sein Sterben und seinen Tod in Gottes Hand legen, so fiel dies zunehmend weg und in die Hände der Medizin. Mehr und mehr verlor der Mensch sein Grundvertrauen in Gott und erlebte sich aus einer unbewussten und selbstverständlichen Geborgenheit herausgefallen. Der Philosoph *Martin Heidegger* und der Theologe *Rudolf Bultmann* nannten dies das »Geworfensein« des Menschen in die Ungeborgenheit der Welt.

Im 20. Jahrhundert mit seinen zwei Weltkriegen und einem massenhaften Sterben wurde der Tod, weil übermächtig, zunehmend tabuisiert. Gegenwärtig rückt der Themenbereich Sterben, Tod und alles, was damit zusammenhängt, wieder mehr ins Bewusstsein der Öffentlichkeit. Gründe hierfür sind vielfältig:

- Die Zunahme des Lebensalters und die damit zusammenhängenden Fragen der Versorgung, Pflege und Schmerzlinderung.
- Die zunehmend positiv wahrgenommene Arbeit von Sterbehospizen, von spezialisierter, ambulant palliativer, also schmerzlindernder Versorgung (SAPV) und ähnlichen Angeboten.
- Die zunehmende mediale Darstellung, Diskussion und Aufklärung über dieses Thema.
- Der weltweite Coronavirus mit der von ihm verursachten Covid-19-Erkrankung ab Anfang 2020, welche schlagartig die gesamte Menschheit mit der Angst um das eigene oder das Leben von Angehörigen konfrontierte.
- Eine Grundsatzentscheidung des deutschen Bundesverfassungsgerichtes im Februar 2020 mit dem Inhalt, dass, egal wie alt, wie jung, wie reich oder arm, wie krank oder gesund jemand ist: Wer lebensmüde ist, der hat das Recht auf Hilfe zur Selbsttötung![8] Nicht mehr das Schicksal oder ein göttlicher Wille bestimmen über Leben und Tod, sondern meine eigene Selbstbestimmung. Diese Sichtweise stellt einen bis dahin noch

nie vorgekommenen Paradigmenwechsel dar und wurde in einem Buch von *Ferdinand von Schirach* mit dem Titel »GOTT – ein Theaterstück« meisterhaft bearbeitet.[9] Die gleichnamige und in der Mediathek der ARD verfügbare Verfilmung[10] fesselte mich von Anfang an und hinterließ einen inneren Aufruhr und einen Widerspruch des gottgläubigen Menschen, der ich bin. Kann es wirklich sein, dass unser eigener Wille, unser EGO, nun im 21. Jahrhundert den Platz Gottes eingenommen hat? Die Zuschauerquote und die Beteiligung an einer Abstimmung Pro oder Contra Suizid eines nicht mehr leben wollenden Mannes waren sehr hoch. Das Interesse an diesem Thema nimmt stetig zu.

Die Angst rund um dieses Thema bleibt aber trotzdem bestehen.

Angst als Grundbefindlichkeit unseres Lebens

Angst ist nämlich eine Grundbefindlichkeit menschlichen Seins. Dies hatte vor knapp 200 Jahren schon auf sehr gründliche Weise der dänische Philosoph *Sören Kierkegaard* in seinem Werk »Der Begriff Angst«[11] herausgearbeitet. Er unterschied sie von der Furcht, die einen Gegenstand hat (man fürchtet sich vor etwas). Die Angst ist gegenstandslos, man hat Angst als ein Grundgefühl. Angst ist bei Kierkegaard nicht nur negativ, er sieht sie als ein Lernfeld der Reifung, als etwas, durch das der Mensch hindurch muss, um frei zu werden. Angst bietet dem Menschen unzählige Möglichkeiten, aus denen er auswählen kann und muss. Angst ist geradezu die Bedingung von Freiheit und freier Wahl und der Motor menschlicher Entwicklung.

Spätere Existenzphilosophen wie *Martin Heidegger, Karl Jaspers, Jean-Paul Sartre* oder *Gabriel Marcel* arbeiteten die Tiefendimensionen dieses den Menschen von der Wiege bis zur Bahre bestimmenden Gefühls feinsinnig und für unser Selbstverständnis sehr hilfreich heraus. Man kann es drehen und wenden, wie man will, die Angst steckt in jedem Menschen, und dessen Aufgabe ist es, sie wahrzunehmen, zuzulassen und richtig mit ihr umzugehen.

Angst – auch und besonders die Angst vor dem Tod – hat grundsätzlich eine wichtige Funktion für unser Leben und unser Bewusstsein. Sie hat, wenn sie nicht pathologisch-krankhaft ist, eine wichtige und regulierende Funktion und hält uns vor übermäßig riskantem Verhalten zurück. Die Tiefenpsychologin und Psychotherapeutin *Verena Kast* sieht in der Auseinandersetzung mit der Angst generell eine wichtige Aufgabe, um mehr Zugang zu den Bereichen zu bekommen, die wir gerne verdrängen, nicht wahrhaben wollen und daher abkapseln. Sie hält in ihrem Buch »Vom Sinn der Angst«[12] fest, dass wir, wenn wir uns der Angst bewusst stellen würden, mehr Zugang zu dem bekommen könnten, was verändert werden muss, aber auch zu dem, was uns Halt und Orientierung gibt. Wir würden authentischer, echter, ganzheitlicher leben und mehr mit unseren Gefühlen verbunden sein. Daraus folgend würden auch unsere zwischenmenschlichen Beziehungen im privaten wie auch im beruflichen Umfeld authentischer und lebendiger sein.

Formen der Angst vor dem Sterben, dem Tod und einem Danach

Bezogen auf die Angst im Bereich von Sterben und Tod unterscheiden der Klinische Psychologe und Psychotherapeut *Hans Morschitzky*[13] und andere Fachleute grundsätzlich zwischen verschiedenen Umgehensweisen damit:

Die *Furcht vor dem Sterben* beinhaltet Befürchtungen vor der Art des Zu-Tode-Kommens und den damit verbundenen Leidens- und Schmerzenszuständen. – Die *Angst vor dem Tod* schwankt zwischen Akzeptieren-können oder Nicht-akzeptieren-können der Endlichkeit des Lebens hin und her. Das Nicht-mehr-existent-Sein nach dem Tod, das Ausgelöscht-werden kann Schrecken hinterlassen. Das Unwissen über den eigenen Todeszeitpunkt oder die Art des Sterbens sowie das manchmal Miterleben-müssen des Sterbens von Angehörigen hinterlassen Gefühle des Unbehagens, des Unwohlseins oder von Unsicherheit. – Die *Todesangst* unterscheidet sich von der Angst vor dem Tod darin, dass sie angesichts einer realen und lebensgefährlichen Bedrohung akut und bedrängend wird. – Je nachdem, wie jemand in einer Glaubensvorstellung beheimatet ist oder sich mit diesem Thema schon beschäftigt hat, kann die *Angst vor einem Danach* klein oder groß sein. Gibt es ein Weiterleben nach dem Tod, ein Wiedersehen mit seinen Lieben, eine Wiedergeburt oder ein ewiges Leben, oder fallen wir in ein Nichts, ist dann gähnende Leere oder ein schwarzes Loch? All das sind Fragen, die in einem bohren und nagen können. – Es geht aber auch um ein *Danach in dieser Zeit*, also um ein Weiterleben als Partner oder als Familienmitglied nach dem Tod eines Angehörigen und um die Angst vor damit zusammenhängenden Fragen: materielle Sorgen, menschliches sich Alleingelassen-fühlen, Überfordert-sein, Schuldgefühle wegen realer oder nur vermuteter Versäumnisse dem Verstorbenen gegenüber, Vermissen und energieaufsaugende Trauer.

Wir Menschen sind grundsätzlich auch und vor allem von einer Urangst bestimmt, die sich in Träumen, Seelenbildern, Gefühlen und Symbolen ausdrückt. Die Musik- und Psychotherapeutin *Monika Renz*, die auch Theologin mit langjähriger Krankenhauserfahrung ist, benennt diese Bilder so[14]: Einöde, Wüste, Hunger, Monotonie, Vakuum, Öde, Heimatlosigkeit, Fremde, Verbannung, Kälte, Mutterseelenalleinsein, Gottverlassenheit, Chaos, Bodenlosigkeit, Kluft, Abgrund, Verloren-sein und anderes. Kein Wunder, dass niemand diese Zustände fühlen will und Menschen deshalb der Angst, so gut und so oft es geht, auszuweichen versuchen.

Die oben genannten existenziellen Ängste gehören zu unserem Menschsein dazu und wollen, nein sie müssen wahrgenommen werden, wenn man sie als Chance zum eigenen Reifen nutzen will. Rund um den Themenbereich »Sterben, Tod und Danach« gibt es das vielfältige Verleugnen und Verdrängen, aber auch das Suchen nach Antworten. Die Angst vor dem Sterben, dem Tod und einem möglichen Danach kann nicht durch Psychotherapie oder Ähnliches »geheilt« werden, sondern kann nur durch eine ernsthafte Auseinandersetzung mit den Themen »Endlichkeit« und »Vergänglichkeit« zu einer inneren Befriedung führen. Religiosität und Spiritualität können hier nachweislich echte Helfer sein, weil diese Zugangs- und Deutungswege dem Problem der Vergänglichkeit eine Lösung entgegenzusetzen vermögen: die Sinnhaftigkeit von Leiden und die Hoffnung auf ein ewiges Leben.

Fragen über Fragen wird es geben und viele Antworten dazu: Verwirrende, komplizierte, zu einfache, nicht befriedigende, von Religionen oder Philosophien vorgegebene, fantasiegeschwängerte esoterische, auch abstruse und unsere je eigenen, die mehr oder weniger gereift sind und sich aus verschiedenen Quellen nähren.

Wichtig und zielführend ist aber eine Auseinandersetzung mit diesen existenziellen Fragen und nicht ein Verdrängen oder Verleugnen.

Angst ist Schwarz

Wenn ich der Angst eine Farbe zuordnen würde, dann kommt mir das tiefdunkle Schwarz in den Sinn. Angst packt dich, sie verursacht Herzrasen und Schwindel, du stehst gleichsam vor einem gähnenden schwarzen Abgrund, der dich lockt und zieht, um dich verschlingen zu können. Psychologen wie *Max Pfister* (Farbpyramidentest) oder *Max Lüscher* (Lüscher-Test: Persönlichkeitsbeurteilung durch Farbwahl) sehen hinter der Farbe »Schwarz« Hemmung, Blockierung, Tendenzen zur Löschung, Verdrängung oder auch Abwehr. Schwarz symbolisiert tiefenpsychologisch die absolute Grenze, an der das Leben aufhört. Schwarz drückt deshalb auch die Idee des Nichts aus, die wiederum Angst davor nach sich zieht.[15] Angst, Tod und Schwarz hängen irgendwie zusammen.

Seit Langem kleiden sich katholische Priester dunkel, meist schwarz und sind durch einen weißen Priesterkragen leicht zu erkennen. Im Krankenhaus trage ich diese dunkle Kleidung sehr selten. Dies hat für mich verschiedene Gründe. Ich bin Franziskaner und würde normalerweise die braune, erdbezogene Kutte anhaben. Im Krankenhaus ist diese Kleidung aus praktischen und hygienischen Gründen nicht sinnvoll. Ich besuche die Kranken im Klinikum meistens in dezenter Zivilkleidung, die nicht selten aber einen hoffnungsfrohen Farbtupfer hat. Patienten und Patientinnen unterschiedlichen Alters, die es gewohnt sind, einen Priester in dunkler Priesterkleidung zu sehen, sind darüber nicht selten verwundert, nehmen es aber als erfreuliche Lebensbejahung an einem Ort des Leidens wahr. In einem Krankenhaus begegnet man auch vielen Kranken, Mitarbeitern oder Besuchern, die mit Glaube und Religion wenige oder keine Berührungspunkte haben, und jenen, die anderen Weltanschauungen oder Religionen angehören, oder denen, die aus verschiedensten Gründen der katholischen Kirche und somit auch einem ihrer Vertreter eher aggressiv oder feindselig gegenüberstehen. Das Aufdecken (seit 2010) einer Missbrauchsunkultur innerhalb der katholischen Kirche und die schleppende oder sogar behindernde Aufarbeitung dieser Skandale tun hier ein Übriges. Einem katholischen Priester, so ist es zumindest meine zunehmende Wahrnehmung, begegnet man heute eher mit Skepsis, Argwohn oder offener Ablehnung. Gottlob ist es im Ingolstädter Klinikum noch so, dass dies eher, wenn auch leicht zunehmend, die Ausnahmen sind und ich durch meine freundliche, weltzugewandte und offene Art meistens ein willkommener »Gast« bin.

Wenn ich zu Schwerstkranken oder Sterbenden gerufen werde, dann will ich ohne große Erklärungen oder mit dem Hinweis auf mein Namensschild, wo auch »Pfarrer« draufsteht, als Priester erkennbar sein. Ganz selten ziehe ich da das schwarze Priesterhemd an, weil es unbewusst und unausgesprochen bei den Angehörigen der Sterbenden den Eindruck hinterlässt: Jetzt kommt der Bote des Todes, jetzt muss mein Angehöriger sterben. Ich verwende bei solchen Besuchen meist Priesterhemden mit den Farben Weiß, Blau oder Grau – dezent, hoffnungsfroher und doch eindeutig als Priester identifizierbar. Die Wirkung von Farben und Symbolzeichen ist nicht zu unterschätzen!

2. »Ars vivendi – ars moriendi« Lebenskunst – Sterbekunst

Immer wieder kann man in Städten Restaurants oder Cafés finden, die den schönen Namen »Ars vivendi« tragen. Der klingt so schön italienisch, und zu wissen, was die beiden Worte bedeuten, gehört zur Allgemeinbildung: Die Kunst zu leben.

Ja, das will jeder können: richtig und vor allem gut leben. Ein gutes Leben, dazu – so meint man – gehören nicht nur ausreichende finanzielle Mittel, sondern auch angenehme Gesellschaft, ein komfortabler Lebensstil, Urlaub, Wellness, aber vor allem eines: Gesundheit. Die Gesundheit ist dabei das höchste Gut, denn ohne sie ist alles nichts. »Ohne Gesundheit kann man das Leben nicht genießen«, so lautet das Glaubensbekenntnis des modernen Menschen.

Gesundheitsreligion

Der Facharzt für Psychiatrie und Psychotherapie *Manfred Lütz*, der obendrein noch katholischer Theologe ist, entlarvte diese alle Schichten und Altersstufen durchziehende Ansicht als eine Haltung, welche die Züge einer Religion trage. Der Gesundheitsreligion[1] opfere man viel Zeit und Geld. Die Erfüllung der Ursehnsucht nach ewigem Leben und ewiger Glückseligkeit wird hier nicht mehr im Glauben an einen Gott erstrebt, sondern in der Hinwendung zu Medizin und Psychologie. Erfüllen diese die Erwartungen nicht, neigt der betuchte Patient gerne auch zum Instrument der Klage. Die Rechtsabteilungen deutscher Krankenhäuser haben alle Hände voll damit zu tun, und um Ärzte und Krankenhäuser vor solchen Klagen zu schützen, müssen Patienten heute ellenlange Aufklärungsbögen ausfüllen und unterschreiben.

Gesundheit ist zum Zauberwort geworden und zu einem Gut, das man aktiv erstreben und erhalten kann. Man muss etwas tun, um gesund zu bleiben oder um nach einer Erkrankung wieder gesund zu werden. Mit Inbrunst schinden sich Männer und Frauen in Fitnesscentern. Man treibt bis ins hohe Alter hinein und ohne Rücksicht auf das Ersatzknie oder die künstliche Hüfte, die noch bei über Achtzigjährigen eingesetzt werden, Sport. Der Gesundheitsgläubige ist im Unterschied zum Religionsgläubigen völlig auf sich und sein eigenes Wohl bedacht. Ihn interessieren nur seine Laborwerte, seine Prognose und eine krankheitsfreie Zukunft. Und nebenbei schafft die neue Gesundheitsideologie Milliardenumsätze für eine immer mehr expandierende Gesundheitsökonomie.

Der gesunde Mensch ist nach dieser Weltanschauung der eigentliche Mensch. Was aber ist dann mit dem kranken, dem chronisch kranken oder dem behinderten Menschen? Ist dieser als minderwertig anzusehen? Als *Manfred Lütz* sein auch satirisch zu verstehendes Buch »Lebenslust« veröffentlichte, trieb ihn auch die Sorge um, wie dieses Buch auf wirklich Kranke wirken würde. Eine damals 32-jährige Frau schrieb ihm und bedankte sich, weil sie zeit ihres Lebens nie gesund gewesen war. Wegen einer schon früh in ihrem Leben aufgetretenen Erkrankung hatte sie schon sechsmal am Herzen operiert werden müssen. Nie war sie gesund gewesen, aber sie freue sich des Lebens. Das ist dann eine besonders wertvolle Form der »Ars vivendi«, nämlich trotz Einschränkungen oder Behinderungen Freude am Leben zu finden.

Der Tod als Endpunkt und Beschließer unseres Lebens gilt den Anhängern und Anhängerinnen der Gesundheitsreligion als ihr Todfeind. Frühere, vergangene Zeiten sahen das nicht unbedingt so. Sie nannten ihn »Gevatter Tod« oder »Freund Hein«, denn ein unendliches Leben ohne Tod sei die Hölle auf Erden. Früher lebte der Mensch 40, 50 oder 60 Jahre und dazu kam das Jenseits, heute liegt die durchschnittliche Lebenserwartung bei über 80 Jahren, aber die Ewigkeit gibt es nicht mehr. Das Jenseits hinter der Grenze des Todes schrumpft in der Neuzeit zu einem Nichts zusammen, vor dem man sich überaus fürchtet. In das Diesseits muss alles gepackt werden, deshalb kommt es nicht selten auch so verbiestert daher. Ein Leben mit dem Glauben an ein ewiges Leben im Jenseits mit der Chance eines barmherzigen Gottes scheint mir aber allemal gnädiger als ein zunehmend gnadenloses Diesseits, in dem man sich um sein eigenes Wohl ganz allein zu kümmern hat.

Wie anders ging zum Beispiel ein lebenslustiger *Wolfgang Amadeus Mozart* im 18. Jahrhundert mit den Fragen nach der Endlichkeit und dem Tod um. Die meisten von uns wissen, dass er ein genialer Komponist war. Er war aber auch überaus fleißig im Briefeschreiben. Die meisten davon waren an seinem Vater Leopold adressiert. Im letzten Brief an den Vater – dieser ist sterbenskrank und Wolfgang Amadeus weiß nicht, ob er ihn noch einmal lebendig sehen wird – schreibt dieser junge Mensch am 4. April 1787 Beachtliches und wirklich Bedenkenswertes[2]: »Da der Tod (genau zu nehmen) der wahre Endzweck unseres Lebens ist, so habe ich mich seit ein paar Jahren mit diesem wahren, besten Freunde des Menschen so bekannt gemacht, dass sein Bild nicht allein nichts Schreckendes mehr für mich hat, sondern sehr viel Beruhigendes und Tröstendes! Und ich danke meinem Gott, dass er mir das Glück gegönnt hat, mir die Gelegenheit (Sie verstehen mich) zu verschaffen, ihn als den Schlüssel zu unserer wahren Glückseligkeit kennen zu lernen. Ich lege mich nie zu Bette, ohne zu bedenken, dass ich vielleicht (so jung als ich bin) den andern Tag nicht mehr sein werde; und es wird doch kein Mensch von Allen, die mich kennen, sagen können, dass ich im Umgange mürrisch oder traurig wäre; und für diese Glückseligkeit danke ich alle Tage meinem Schöpfer, und wünsche sie vom Herzen Jedem meiner Mitmenschen.«

Mozart zeigt in diesen Worten eine wirklich vollendete »Ars vivendi«, die sich mit dem Tod anfreundet, damit er seinen Schrecken verliert und zum Freund, ja, vielleicht sogar zum Bruder werden kann, wie der heilige *Franz von Assisi* ihn nannte. Dieses sich Anfreunden mit dem Tod und seinen Begleitern (Schmerzen, Leiden, Krankheit, Alter, Sterben ...) ist die »Ars moriendi«, die Kunst zu sterben. Ein Leben ohne diese Wahrheiten wäre vielleicht verlockend, geht aber an der Wirklichkeit vorbei. Unsere Lebenszeit wird erst durch den Tod kostbar und wertvoll. Ohne ihn und seine Vorboten, allen voran den Krankheiten, würden wir den Wert des Lebens weniger zu schätzen wissen. Und wenn man es genau nimmt: Bei allen Mühen, die sich Menschen unterziehen, um ihre Gesundheit zu erhalten, gelingt es ihnen letztlich nicht. Wir haben Gesundheit nicht in der Hand. Die Erwartung, man könne Gesundheit »machen«, muss enttäuscht werden. Wir Menschen werden älter, kränker und schließlich hinfällig. Mitten im Leben sind wir von Krankheit und Tod umfangen und darum ist die sogenannte Gesundheitsreligion – frei nach *Paul Watzlawik* – im Grunde nichts anderes als eine »Anleitung zum Unglücklichsein«.

Krankheiten – Gefährten unseres Lebens

Krankheiten sind nicht nur als gesundheitliche Störfälle anzusehen. Natürlich gilt es, sie so gut wie möglich zu bekämpfen oder nach Möglichkeit zu heilen. Aber Krankheiten, vor allem schwere und chronische, sind häufig Langzeitbegleiter, mit denen man sich arrangieren muss. Sie sind wie Gefährten, die uns an den »Beender« erinnern, Hinweisgeber unserer Endlichkeit und Sterblichkeit.

Zu den Realitäten unseres Lebens gehört es, dass wir uns zwischen den Polen »Gesundheit« und »Krankheit« bewegen und eigentlich jede und jeden von uns früher oder später eine Erkrankung erwischt. Nicht nur eine Erkältung, sondern wirklich etwas Ernstes, das dann unverzüglich behandelt werden muss.

Manche Krankheit, die uns widerfährt, kann mit mehr oder weniger Mühe geheilt werden. Was aber ist bei chronischen Erkrankungen, bei Diagnosen, die immer wieder ärztliche Interventionen, Krankenhausaufenthalte, Bestrahlungen oder Chemotherapie nach sich ziehen? Wie geht es dem Patienten, der Patientin dann nicht nur körperlich, sondern auch psychisch und seelisch? Der Leiter der Spezialambulanz für Psychoonkologie am Universitätsklinikum Eppendorf in Hamburg, *Dr. Frank Schulz-Kindermann*, betont, dass Erkrankte diese Erfahrungen als einen »Sturz aus der Wirklichkeit«[3] wahrnehmen. Solche Erkrankungen ziehen nicht nur Ängste, Niedergeschlagenheit, Antriebslosigkeit, Depression oder Hoffnungslosigkeit nach sich. Sobald wir nämlich lebensbedrohlich, längerfristig oder dauerhaft krank werden, tauchen in uns auch Fragen nach dem »Warum?«, dem »Was habe ich falsch gemacht?« oder dem »Wie geht es weiter?« auf. Der spirituell-christliche Mensch fragt obendrein dann auch nach Gott: Warum mutet »ER« einem dies zu, und: Wie kann Gott helfen? Nicht selten stellen solche Menschen dann auch die Frage: Warum bestraft Gott mich?

Da ich selbst schon viel und leider auch öfter schwer krank war, ist mir das alles sehr vertraut. Über einige Umwege bin ich nun sogar Krankenhausseelsorger geworden. Ich darf für Kranke ein Wegbegleiter in der Zeit im Krankenhaus sein. Als katholischer Priester habe ich noch weitere Möglichkeiten der Hilfe zur Verfügung, die sakramental begründet sind. Sakrament leitet sich vom lateinischen Wort »sacramentum« her, was so viel wie »Heilszeichen« bedeutet. In der katholischen Kirche gibt es sieben Sakramente (Taufe, Beichte, Eucharistie, Firmung, Ehe, Priesterweihe und Krankensalbung). Alle stellen sichtbare Zeichen der verborgenen Heilswirklichkeit der Liebe Gottes durch Jesus Christus dar. Im Klinikum darf ich neben der Beichte und der Eucharistie (Messfeier) vor allem durch die Krankensalbung den Menschen die Nähe Gottes in Krankheit, Sterben und Tod zusprechen.

»Der Gesunde hat tausend Wünsche, der Kranke nur einen.« Dieses Sprichwort begegnet mir Tag für Tag und doch glaube ich, dass Gesundheit nicht das Wichtigste ist. Die Volksweisheit *»Gesundheit ist nicht alles, aber ohne Gesundheit ist alles nichts«* spricht etwas Wahres an, hat aber in dieser Ausschließlichkeit meines Erachtens nicht Recht. Das Kranksein, der Schmerz und das Leiden erhalten in uns eine Empfindsamkeit und führen in die Suche nach einer Vertiefung unseres Lebens.

Der französische Schriftsteller und Literaturnobelpreisträger *André Gide* schrieb 1948 in einer Zeit eigenen schweren Leidens in sein Tagebuch:[4] »Ich glaube, dass Krankheiten Schlüssel sind, die uns gewisse Tore öffnen können. Ich glaube, es gibt gewisse Tore, die einzig die Krankheit öffnen kann. Es gibt jedenfalls einen Gesundheitszustand, der es uns nicht erlaubt, alles zu verstehen. Vielleicht verschließt uns die Krankheit einige Wahrheiten; ebenso aber verschließt uns die Gesundheit andere oder führt uns davon weg, so dass wir uns nicht mehr darum kümmern. Ich habe unter denen, die sich einer unerschütterlichen Gesundheit erfreuen, noch keinen getroffen, der nicht nach irgendeiner Seite hin ein bisschen beschränkt gewesen wäre, – wie solche, die nie gereist sind.«

Sehr ähnlich, wie schon *Wolfgang A. Mozart* den Tod als »Schlüssel zu unserer wahren Glückseligkeit kennen lernen konnte«, geht es für *André Gide* also darum, für verschiedene Türen und Tore, die in neue und weite Räume führen, die richtigen Schlüssel zu finden. Krankheiten sind solche Schlüssel am Schlüsselbund des Lebens. Das Ringen um Sinn und das Suchen nach Halt sowie die spirituell-religiöse Einbindung in eine höhere Geborgenheit und Sinnhaftigkeit, die wir Gott nennen, sind weitere.

Die Botschaft der Krankheiten

Was macht Menschen eigentlich krank? Neben Viren, Bakterien, fehlgeleiteten Zellen, Brüchen, Unfällen, altersbedingten Abnutzungserscheinungen und vielem mehr werden Menschen krank durch Ängste und Sorgen, durch psychische Erkrankungen aller Art, durch wesenswidrige Lebensweisen, durch eine kranke und krankmachende Umgebung und Umwelt, durch falsche Ernährung, durch eine kranke Gesellschaft, durch Überbewertung von zeitlichen Dingen wie Besitz, Geld oder Macht und nicht zuletzt auch durch Fehlformen des Religiösen, die zu einem angst- und negativbesetzten Glauben führen.

Leib, Seele und Geist sind nicht völlig voneinander zu trennende Bereiche, sondern bilden zusammen den ganzen Menschen. Wo die innere Verfasstheit und seelische Gesundheit eines Menschen auf Dauer gestört sind, da wird sich dies auch auf seine körperliche Belastbarkeit auswirken.

Auf der anderen Seite kann ein Mensch, der unter schweren leiblichen Behinderungen oder Schmerzen zu leiden hat, diese Last tragen und ertragen, wenn er nur die entsprechende seelische Kraft und die innere Stabilität besitzt. Wenn der Mensch einen Sinn hat und weiß, wofür er lebt, kann Krankheit leichter erduldet werden, ja, dann kann sein tapferes Leiden zur Hilfe und zum Vorbild für andere werden. Schon *Friedrich Nietzsche* sagte: »Nur wer ein Warum zu leben hat, erträgt fast jedes Wie.«

Der Mensch kann darum trotz Krankheiten und Gebrechen »gesund« sein, wenn er sein Leben und Wohlbefinden in einem größeren Seinszusammenhang eingebunden weiß. Biologisch erklärt die moderne Medizin die Wechselwirkung von Körper, Seele und Geist folgendermaßen: Der geistige Zustand verändert den Zustand im Körper, und zwar auf dem Weg über das zentrale Nervensystem (ZNS), das endokrine System (Drüsen und Hormone) und das Immunsystem. Letzteres wird vom Gehirn gesteuert, entweder direkt durch die Nerven, durch neurochemische Verbindungsstoffe oder aber indirekt durch verschiedene Hormone in der Blutbahn. Dieses komplexe System kann durch die seelische und mental-geistige Verfassung eines Menschen eine tiefgreifende Beeinflussung erfahren. Ein Umstand, auf dem z. B. der Placeboeffekt beruht: Kranke Menschen reagieren manchmal auch auf »Medikamente«, die gar keine Wirkstoffe enthalten. Ihr Zustand verbessert sich allein deshalb, weil sie glauben, dass das »Medikament« ihnen hilft. Eine neue medizinische Teilwissenschaft, die Psychoneuroimmunologie, beschäftigt sich zunehmend mit diesen Phänomenen.

Man kann sich also vorstellen, dass im Rahmen der komplexen Wechselwirkungen in unserem Köper eine Art Kommunikation stattfindet. Verschiedene Prozesse in unserem Körper antworten auf andere Prozesse oder auf äußere Einflüsse. Daraus kann ein, wie ich finde, gefährliches Missverständnis entstehen, nämlich die Ansicht: Unsere Krankheiten wollen uns auch etwas mitteilen. Autoren wie der Heilpraktiker *Kurt Tepperwein* oder der Arzt *Rüdiger Dahlke* deuten in ihren Büchern »Was dir deine Krankheit sagen will«[5] oder »Krankheit als Sprache der Seele«[6] Krankheiten psychosomatisch und primär als Konsequenzen seelischer Vorgänge. Das ist meines Erachtens eine verkürzende Sicht komplexer Sachverhalte und sie ist gefährlich. Gefährlich zum einen deswegen, weil viele Patienten medizinische Interventionen mit Hinweis auf diese Theorien ablehnen. Sie meinen: Wenn ich meine Selbstheilungskräfte aktiviere oder das Fehlverhalten abstelle, auf das mein Körper mit Krankheit antwortet, dann wird alles wieder gut. Das ist ein Holzweg: Natürlich sollte jemand, der Lungenkrebs hat, mit dem Rauchen aufhören; aber das allein wird nicht genügen, um den Krebs zu besiegen.

Hinzu kommt ein Zweites: Wenn Krankheit die Antwort des Körpers auf ein Fehlverhalten ist, dann ist der Patient letzten Endes selbst schuld an der Krankheit. Wer nicht »richtig« lebt, bekommt dann eben Krebs. Neben dem Leiden an der Krankheit hat er dann auch noch eine moralische Schuld für seinen Zustand zu tragen und zu ertragen.

Folgende sehr fragwürdigen Aussagen Dahlkes und Tepperweins arbeiten zum Beispiel mit solchen Schuldzuweisungen[7]:

Ruediger Dahlke schreibt, dass Menschen, die an multipler Sklerose leiden, »rücksichtslos gegenüber den eigenen Bedürfnissen und der Umwelt« seien. Sie hätten MS bekommen, weil sie »eiserne Moralvorstellungen« hätten und »die Welt nach eigenen Vorstellungen bezwingen« wollten.

Auch für Krebs gebe es seelische Ursachen, schreibt Kurt Tepperwein: »Krebs ist immer das Ergebnis eines starken, nicht zu verarbeitenden Konflikterlebnisses.« Und Dahlke behauptet, Frauen, die »zwischen alter und neuer Frauenrolle hin- und hergerissen sind«, würden deshalb Brustkrebs bekommen. Auch Prostatakrebs sei die Folge »verdrängter seelischer Themen«.

Solchen Ansätzen, auch wenn sie sich oft schlüssig anhören und verlockend in ihren Erklärungsansätzen klingen, will ich nicht folgen. Selbstverständlich gibt es neben erblich bedingten Gründen oder Autoimmunerkrankungen, Viren, Bakterien und vielem mehr auch psychische oder psychosomatische Zusammenhänge; eine Verkürzung allein auf diese ist aber nicht richtig und nicht hilfreich.

Als Klinikseelsorger entdecke ich Bücher dieser oder ähnlicher Autoren (*Louise L. Hay* oder *Lise Bourbeau*) nicht selten auf den Nachtschränken von Patienten und komme mit diesen dann darüber vielleicht auch ins Gespräch. Dabei muss ich achtsam sein und vorsichtig argumentieren, denn solche quasi-esoterischen Bücher neigen dazu, beim Patienten in seiner Not und Suche um Abhilfe sehr feste Weltanschauungen oder sogar Glaubensüberzeugungen zu erschaffen.

Manchmal gelingt mir in einem Patientengespräch dann eine abwägende Einordnung des Ganzen. Mein Gegenüber öffnet sich für die Einsicht, dass der Krebs vielleicht einfach Schicksal und nicht die Konsequenz eines verdrängten Konfliktgeschehens ist. Und ich erkenne die sehr persönlichen Sorgen und Nöte, die in der Folge der jeweiligen schweren Erkrankung beim Patienten aufgebrochen sind.

Auf die Krankheit hören lernen

Wir werden nicht nur krank, weil unser Körper auf ein Fehlverhalten antwortet. Aber es bleibt die Aufgabe, auf die Krankheit zu antworten. Für mich unleugbar ist, dass durch Krankheiten:

- unsere Selbstwahrnehmung geschult werden will,
- Verdrängtes hochkommen und verarbeitet werden will,
- Unversöhnliches verziehen und vergeben werden will,
- uns bewusst wird, dass wir keinen Rechtsanspruch auf Gesundheit haben,
- wir eine Idee davon bekommen können, wofür wir leben, und dass wir in einem Seinszusammenhang existieren,
- wir durchlässiger werden können auf einen »Übersinn« oder Gott hin und dadurch
- erfahren könnten, was Paulus im Blick auf seine Krankheit im zweiten Brief an die Korinther geschrieben hat: »… ich will mich meiner Schwachheit rühmen, damit die Kraft Christi auf mich herabkommt. … denn, wenn ich schwach bin, dann bin ich stark.« (2 Kor 12,9-10)

Auf die Krankheit »hören zu lernen« ist ein Generalschlüssel, nicht nur, um mit ihr besser klarzukommen, sondern auch, um einen »Mehrwert« an Leben zu erhalten. Viele »Gesunde« könnten von »Kranken«, die gelernt haben, auf ihre Krankheit zu hören, viel lernen. So sagte eine 35-jährige Mutter, die an einer stark metastasierenden Krebserkrankung litt und nur noch eine knapp bemessene Lebenserwartung hatte, einmal zu mir: »Als ich davon erfuhr, habe ich wochenlang nur geschimpft und gejammert. Jetzt aber bin ich mit Gott im Reinen, ich bin ihm sogar dankbar, dass er mir die Chance gegeben hat, noch einige Zeit sehr bewusst zu leben und alles zu genießen: meine Familie, jeden Sonnenstrahl, jede Blume, eine grüne Wiese – alles Dinge, die ich sonst nie so richtig wahrgenommen hätte. Ich lebe heute viel intensiver und positiver als früher und spüre ganz deutlich, dass Gott mich durch meine Krankheit trägt.«

Dieses Beispiel zeigt: Krankheit muss keine Erfahrung von Sinnlosigkeit sein. Sie kann auch als Chance begriffen werden, als Chance zu einem Neuanfang, zur Umkehr, zur Versöhnung, zur Selbstfindung. Manche sehr schweren und unheilbaren Erkrankungen nötigen uns, uns mit der Endlichkeit des eigenen Daseins und vielleicht sogar mit dem baldigen Tod auseinanderzusetzen. Dabei erlebte Gefühle wie Angst, Wut, Ohnmacht oder Trauer sind schwer mit Partnern, Angehörigen oder Kindern zu teilen. Hier kann ich als Seelsorger ein »Geburtshelfer« sein, damit diese Gefühle wahrgenommen und geäußert werden dürfen und können. Und ich kann dann auch ein Begleiter von Patienten und Angehörigen in der Auseinandersetzung mit diesen Gefühlen sein.

Dabei kann es vorkommen, dass durch eine gemeinsame Auseinandersetzung mit der zum Tode führenden Erkrankung und den damit verbundenen Gefühlen und Gedanken eine große und befreiende Ehrlichkeit entsteht. Es entsteht ein Raum, offene Konflikte oder Missverständnisse zu klären, und es wird einer befreienden Versöhnung das Feld bereitet. Ein ehrlicher Lebensrückblick und ein mit sich selbst, mit den anderen und auch mit Gott ins Reine Kommen können zu einer heiteren Gelassenheit angesichts des baldigen Todes führen. Ähnlich drückt dies ein altes Gedicht aus, das dem deutschen Mystiker *Angelus Silesius* zugeschrieben wird[8]: »Ich komme, ich weiß nicht woher, ich bin, ich weiß nicht wer, ich sterb', ich weiß nicht wann, ich geh', ich weiß nicht wohin, mich wundert's, dass ich fröhlich bin.«

Wer so ein »Angekommensein« schon einmal miterleben durfte, der wird es nicht mehr vergessen. Es hilft, der Vorstellung vom eigenen Lebensende angstfreier zu begegnen.

Leiden und Krankheit annehmen lernen – Patientenbeispiele

Als Klinikpfarrer kann ich durch den täglichen Gottesdienst, der über Radio und TV an jedes Krankenbett übertragen wird, auch geistliche Impulse geben. Am Wochenende geschieht dies innerhalb der hl. Messe sogar mit einer Predigt. Mir ist es wichtig, dass diese Predigt die Kranken in ihrem Suchen und Fragen anspricht, die Sprache einfach ist, Lebenshilfe beinhaltet und auch Trost spendet. Das gelingt nicht immer, manchmal aber auch sehr gut – und wie es gelang, bei vier Patientinnen etwas in Bewegung zu bringen, davon will ich erzählen.

Es war Ende März 2022. Die Messe wird immer über Lautsprecheransage angekündigt und so konnten von den vier Frauen eine die Messe am Samstagabend am Bildschirm und zwei Frauen Sonntagfrüh über Radio mit verfolgen. Die vierte hat keine der Gelegenheiten genutzt.

Alle vier Frauen litten unter verschiedenen Krebserkrankungen im fortgeschrittenen Stadium, hatten Operationen hinter sich, durchlebten und durchlitten Chemotherapien und zwei von ihnen auch die Auseinandersetzung mit Metastasen. Frau A., Anfang Sechzig, durfte ich schon über Wochen begleiten. Zwischen ihr und mir bot nicht nur gegenseitige Sympathie, sondern auch eine gemeinsame Glaubenswelt eine gute Verbindungsebene. Mit ihr konnte ich mich auch über ihre leider nur noch gering bemessene Lebenszeit, ihre Wünsche für die ihr noch verbleibende Zeit, aber auch über ein Danach, ein Leben nach dem Tod gut austauschen. Sie hatte am erwähnten Wochenende eine neue Zimmernachbarin, Frau E., Mitte Siebzig, bekommen, die vorsichtiges Interesse an einem Gespräch zeigte, als ich am Samstagvormittag das Krankenzimmer besuchte. Tatsächlich entwickelte sich ein Austausch und ich erfuhr, dass sie als gläubige Katholikin schon »ewig« nicht mehr beichten war und deshalb meinte – wie es früher die gängige Praxis war –, nicht die hl. Kommunion empfangen zu dürfen. Im Gespräch wurde mir klar, dass es der Frau gar nicht um ein Sündenregister ging, sondern sie vielmehr Sehnsucht hatte nach Versöhnung mit ihrer Lebensgeschichte.

Ich bat sie daraufhin, ihre Handflächen auf die Stelle zu legen, wo der Krebs gefunden und operiert worden war. Ich legte meine Hände umhüllt von Handschuhen auf die ihren, bat sie, die Augen zu schließen und sprach dann ein Heilungs- und Segnungsgebet mit freier Wortwahl, das sich auf das bezog, was sie mir vorher erzählt hatte. Schließlich sprach ich sie von ihren Sünden los. Ihre Nachbarin, Frau A., – das bemerkte ich nebenbei – verfolgte das Ganze mit Wohlwollen und einem Lächeln. Sichtlich bewegt öffnete Frau E. nach der Segnung und der Lossprechung die Augen, denen ich ansehen konnte, dass das Geschehen sie tief ergriffen hatte. Mit einem Lächeln, das durch die FFP-2-Maske zwar verdeckt war, das sie aber an meinen Augen ablesen konnte, sagte ich dann zu ihr, dass sie am darauffolgenden Tag nach vielen Jahren die heilige Kommunion empfangen könne. Innerlich ergriffen, mit Tränen in den Augen bat sie darum.

Zu diesen beiden Frauen und den beiden anderen in einem anderen Zimmer auf der gleichen Station kam ich dann nach der hl. Messe Sonntagfrüh mit der hl. Kommunion. Ich hatte auch ein farbig ausgedrucktes Bild für die Patientinnen dabei, auf das sich meine Predigt bezogen hatte:

Rembrandts Bild »Rückkehr des verlorenen Sohnes« und seine Heilkraft

Das Evangelium dieses 4. Fastensonntags hatte das berühmte Gleichnis vom verlorenen Sohn bzw. vom barmherzigen Vater (Lk 15,1-3.11-32) zum Inhalt. Es gehört zu meinen Lieblingsstellen im Neuen Testament. Viele Male durfte ich es schon lesen oder hören, aber seit einigen Jahren erlebe ich es wie eine zweite Haut, in die ich hineinwachsen möchte. Hilfreich bei diesem Wachstumsprozess ist mir ein Buch des geistlichen Autors *Henri J.M. Nouwen* mit dem Titel »Nimm sein Bild in dein Herz«[9] geworden; der Untertitel lautet: »Geistliche Deutung eines Gemäldes von Rembrandt«.

Rembrandt H. van Rijn: Die Heimkehr des verlorenen Sohnes, um 1666/1669. Öl auf Leinwand, 262 x 206 cm; St. Petersburg, Eremitage; © der Vorlage: akg-images.com – im Bildteil zu sehen

Henri Nouwen erzählt von dem berühmten Ölgemälde Rembrandts »Rückkehr des verlorenen Sohnes« und seine ihn in seinem Innern verwandelnde Wirkung auf ihn. Auch mich hat das Bild schon immer innerlich berührt. Jedes Mal, wenn ich die Szene des barmherzigen alten Vaters mit rotem Umhang auf mich wirken lasse, wie er liebevoll seinen abgerissenen und heruntergekommenen Sohn in die Arme nimmt, da wird es mir ganz warm ums Herz. Der Sohn fällt ergriffen auf die Knie, die Arme und Hände des Vaters nehmen ihn liebevoll und behutsam auf, drücken ihn sanft an seine Brust und umfangen ihn mit Liebe und Wärme.

Der Junge kehrt quasi in den Mutterschoß des Vaters zurück, was durch Rembrandt einfühlsam und genial dargestellt wird. Das hebräische Wort für »Barmherzigkeit« ist abgeleitet vom Wort für Mutterschoß. Die Hände des Vaters sind ganz besonders gemalt. Die eine wirkt wie eine kräftige Hand eines Mannes, die andere wie eine zärtliche Frauenhand.

Zwischen 1666 und 1669, gegen Ende seines eigenen von Erfolg aber auch von Unglück und Leid erfüllten Lebens, malte *Rembrandt van Rijn* dieses Meisterwerk. Die Betrachtung des Bildes und das sich Hineinfühlen in Jesu Gleichnis führen zu einer inneren Herzenserkenntnis, die ich auch bei den Patientinnen erleben durfte, als ich ihnen das farbige Bild ausgedruckt schenkte. Man findet sich und sein Leben im Bild des heruntergekommenen Sohnes gut ausgedrückt. Am Ende eines langen Kampfes mit dem Krebs fühlt man sich wohl genauso: verloren, bedürftig, sehnsüchtig nach Verständnis und Geborgenheit, nach Heilung. Die liebende Umarmung des Vaters gibt dies alles und lässt einen aufatmen. Bei allen vier Patientinnen zeigte sich dies durch Tränen, die ins Fließen kamen. Eine feierliche und stille Betroffenheit, ein Angenommen- und Verstandensein gerade in der je eigenen Verletzlichkeit und Verwundetheit.

Der alte Vater des »verlorenen Sohnes« ist nicht nur von Liebe und Barmherzigkeit erfüllt, sondern ihn zeichnet auch große Weisheit aus. Und Sehnsucht! Er hält immer wieder Ausschau nach seinem Sohn, um ihn dann endlich in seine Arme schließen zu können. Der barmherzige und mütterliche Vater verkörpert die Seelenqualität, auf die hin wir uns entwickeln dürfen. Gleichzeitig ist diese Figur ein Sinnbild für Gott, den Gott, von dem Jesus immer wieder erzählte.

Rembrandt konnte durch seine einfühlsame und gleichzeitig geniale Art des Malens nicht nur die verschiedenen Facetten des Lebens darstellen, er konnte seine eigenen Seelenanteile so in das Bild hineinlegen, dass es unser Empfinden ins Schwingen bringt. Vor allem verwundete Menschen spricht dieses Bild im Innersten an. So auch die beiden anderen Frauen, Frau S. und Frau R.

Frau S., ca. 80 Jahre alt, kannte ich schon seit Längerem als Gottesdienstbesucherin. Sie kam schon vor der Coronazeit und vor ihrem Klinikaufenthalt als Besucherin in die Klinikkapelle zum Gottesdienst. Wegen starker Atemnot und Bauchschmerzen war sie nun eingewiesen worden. Vor Jahren hatte sie schon Blasenkrebs gehabt, der durch Operation und Chemotherapie behandelt worden war. Nun zeigte sich ein neues Krebsgeschehen, und zwar im Darm. Mit Frau S. konnte ich auf einer vertrauensvollen Ebene über dies oder das sprechen, natürlich auch über ihre Ängste vor dem Kommenden. Hinzu kam noch, dass ihr Mann vor Jahren an Darmkrebs verstorben war und bei ihr deswegen auch entsprechende Befürchtungen hochkamen.

Wie so oft ergab sich bei einem Seelsorgebesuch mit ihr vor diesem Wochenende auch ein Gespräch mit Frau R., ca. Anfang 50, die anfangs mir gegenüber eher ablehnend war. Der Grund hierfür lag leider in dem, was wir seit Jahren als katholische Priester immer wieder zu hören bekommen. Der unmögliche Zustand in der katholischen Kirche, der andauernde Skandal des sexuellen Missbrauchs und vieles mehr hatten bei Frau R. dazu geführt, aus der katholischen Kirche auszutreten. Immer wieder suchte sie aber geistliche Heimat und Nahrung in der evangelischen Kirche, ohne dort einzutreten. Diese Frau hatte vor ein paar Jahren eine Krebserkrankung durchstehen müssen und litt nun unter mehreren Metastasen, die sich in der Lunge, der Leber und im Gehirn zeigten. Eine Metastase hinter dem rechten Auge lies dieses hervorquellen und machte nicht nur Schmerzen, sondern entstellte sie auch.

Nach und nach fand ich in mehreren Begegnungen mit ihr einen besseren Kontakt, und so war am Sonntagvormittag, als ich mit dem Rembrandtbild und der hl. Kommunion kam, der Boden für ein heilendes Geschehen bereitet. Sie hatte keine der Gottesdienstübertragungen wahrgenommen; Frau S., die Zimmernachbarin, hatte noch die Samstagsübertragung in Erinnerung. Ich lud sie ein, das Bild noch einmal anzuschauen und vielleicht ein paar Worte dazu für sich zu finden. Nach und nach entdeckten beide die tieferen Botschaften des Bildes und waren davon angerührt. Ich selbst war zu Tränen gerührt, als ich sah, wie Frau R. weinte und aus ihrem gesunden Auge die Tränen flossen. Das gemeinsam Erlebte wurde nicht zerredet. Wir ließen es stehen und ich besiegelte es mit einem persönlichen Segen, mit Berührung auf die Stirn der beiden. Als ich das Zimmer verließ, bemerkte ich noch, wie Frau R. das Bild vorsichtig auf ihrem Nachtschrank so hinstellte, dass sie es sehen konnte.

Suchen und Finden auf meiner Lebensreise

Rembrandts Bild von der Rückkehr des verlorenen Sohnes und Jesu Gleichnis im 15. Kapitel des Lukasevangeliums gehören zu den Geschenken, die mich selbst seit Jahrzehnten in den Irrungen und Wirrungen, aber auch in den Glücksmomenten und den Erfülltheiten meines Lebens begleiten – ähnlich wie *Hermann Hesses* Romane »Narziss und Goldmund« und »Siddhartha«, die ich in verschiedenen Lebensabschnitten mehrmals gelesen habe, helfen sie mir, mich, meine Fragen, mein Suchen und Finden, mein ganzes Leben als eine Entwicklung anzusehen, anzunehmen und vertrauensvoll und voller Zuversicht in Gottes liebende Umarmung hineinzugeben. Rembrandts Bild ist mein eigenes Seelenbild, mein eigenes Glaubensbild geworden. So kann ich im Auf und Ab, im Hin und Her des Lebens Ruhe und Frieden finden. Und ich kann dies manchmal wie an diesem Wochenende auch an andere auf ganz wertvolle Weise weitergeben.

Ich finde es interessant, dass sich seit dem Mittelalter, näherhin seit der Zeit, in der Menschen durch ihre massenhaften Erfahrungen von Sterben und Tod durch Seuchen wie die Pest, durch immer wiederkehrende Kriege, durch Naturkatastrophen und im Horizont der Angst vor einem strafenden Gott eine Form der Lebenshilfe ausbildeten, die man »Ars moriendi – Die Kunst des Sterbens« nannte.

Es geht bei dieser Kunst tatsächlich um das Leben: Sie will Menschen für die Bedeutung des Todes sensibilisieren, indem sie vor Augen führt, dass die Lebenszeit begrenzt und darum sorgfältig mit ihr umzugehen ist. Immer wurde durch Gedichte, Kunst (Totentänze), Musik, Predigten und vieles mehr an Vergänglichkeit, Endlichkeit und Sterblichkeit erinnert, oft auch mit moralinsaurem Beigeschmack. Eine besondere Ars-moriendi-Literatur verarbeitete die Erfahrungen des Sterbens und versuchte, Menschen Hilfen in den letzten Lebensstunden an die Hand zu geben. Einige solcher Leitfäden sollten bei der Begleitung Sterbender helfen, andere gaben den Sterbenden selbst Anweisungen, wie sie sich in Gebeten auf den Tod vorbereiten sollten, den Anfechtungen des Teufels widerstehen, ihr Sterben annehmen und auf Gottes Hilfe vertrauen konnten. Ähnliche Hilfen gab es auch in anderen Kulturkreisen, die interessanterweise heute wieder neu entdeckt werden. Das tibetische oder das ägyptische Totenbuch wollen den Menschen befähigen, jeden Augenblick des Lebens mit dem gleichen Ernst zu leben, als wäre er der letzte. Darüber werde ich im achten Kapitel einiges sagen.

Aufgrund vieler Krankheiten, die ich von Kindesbeinen an durchmachen musste – und es waren auch lebensbedrohliche dabei – setzte ich mich ab Mitte Zwanzig, zu einer Zeit also, in der man eigentlich seine Lebenspläne verfolgt, immer wieder mit den Themen Sterben, Tod, Trauer und einem eventuellen Leben danach auseinander. Als ich mich aufgrund von neurologischen Ausfällen, ausgelöst wohl durch langanhaltenden beruflichen und seelischen Stress, im Frühjahr 2000 mit einer Verdachtsdiagnose von Multipler Sklerose auseinandersetzen musste – ein Verdacht, der sich Gott sei Dank so nicht bestätigte –, war ich sehr niedergeschlagen und geknickt. Während eines Klinikaufenthaltes im Zentralklinikum Augsburg las ich – quasi als radikale Lebenshilfe für mich – ein Buch, das meinen behandelnden Arzt zu einem leichten Aufbrausen brachte. Der Schweizer Strafrechtsprofessor *Peter Noll* erfuhr mit 56 Jahren von seiner unheilbaren Blasenkrebserkrankung. Er lehnte eine Krebstherapie ab und reflektierte schreibend, angestoßen durch seinen Freund, den berühmten Schriftsteller *Max Frisch*, seine letzten Monate. »Diktate über Sterben und Tod«[10], so heißt das Buch, das als moderne Form einer »Ars moriendi« angesehen werden kann. Es stellt einen Versuch dar, mit der eigenen Endlichkeit umzugehen, den persönlichen Sterbeprozess tagebuchartig zu reflektieren und dadurch angstfreier und gefasster zu werden. Genau das war auch mein Anliegen als Patient mit einer schweren Verdachtsdiagnose.

Mein Arzt rügte mich dafür. Ich solle mich als Enddreißiger mehr mit dem Leben auseinandersetzen und nicht solche Bücher lesen. Eine junge Neurologin und Psychiaterin – ich bin ihr heute noch sehr dankbar dafür – erkannte meine innere Not und kümmerte sich außergewöhnlich und über ihre Arbeitszeit hinaus um mich. Immer wieder kam sie an mein Krankenbett, sprach mit mir, interessierte sich für mich und meinen Lebensentwurf als Franziskaner und junger katholischer Priester. Auf meine Frage, warum sie das tue, antwortete sie für mich verblüffend, dass ihre Schwester evangelische Pfarrerin sei. Diese sei ähnlich wie ich sehr idealistisch gesinnt, engagiere sich sehr viel für andere und vergesse dabei sich selbst auf sträfliche Art und Weise. Deshalb wolle sie mir jetzt einerseits eine Gesprächspartnerin, gleichzeitig aber auch eine korrigierende Mahnerin sein. Ihr christlicher Background gab ihr obendrein die entsprechende Motivation dazu. Heute weiß ich, dass ich dieser Frau viel zu verdanken habe. Sie hat mir indirekt auch gezeigt, wie wichtig es ist, Zeit für Patienten zu haben, deren Geschichte, das Weh und Ach, aber auch ihre Freuden, Sehnsüchte und Träume kennenzulernen und vor allem eine aufrichtige *Wertschätzung* zu leben und dadurch auszustrahlen. Das Wertschätzen als innere Haltung ist mir zu einer zweiten Natur geworden.

Der Tod gehört zum Leben

Zurück noch einmal zu der kurzen Begleitung der vier schwer krebskranken Patientinnen Ende März 2022. Mithilfe eines religiösen Bildes des begnadeten Malers Rembrandt zu dem Gleichnis Jesu vom barmherzigen Vater bzw. verlorenen Sohn wurde mir ein Doppeltes klar: Es kommt darauf an, Worte und Hilfen zu finden, die beim Gegenüber etwas ins Schwingen bringen können, weil es mit der Lebensrealität dieses Menschen zu tun hat. Gleichzeitig gibt es dem Patienten die Möglichkeit, mit seiner Sehnsucht und seiner spirituell-religiösen Dimension in Kontakt zu kommen.

Der schwer Krebskranke erfährt tagtäglich seine Endlichkeit und seine Gefährdung, er will aber fast immer seine Lebenszeit, wenn irgend möglich, verlängern. Wir alle sind seit Kindesbeinen an auf Erfolg, auf Gelingen, auf Glück und Erfüllung trainiert. Misslingen, Schwäche, Krankheit, Misserfolg und Scheitern wollen nicht wahrgenommen werden und werden deshalb so lange wie möglich weggeschoben oder sogar verdrängt.

Wenn man sich aber mithilfe so eines Bildes eines heruntergekommenen Menschen, der sich liebevoll in die Umarmung eines barmherzigen Vaters, der für Gott steht, fallen lassen kann, sich in der Tiefe seiner eigenen Bedürftigkeit angesprochen fühlt, dann kann man sich schweigend und gleichzeitig innerlich bewegt seiner Realität, von deren todernsten Botschaft ja man weiß, zaghaft nähern und sie dadurch etwas annehmen. Der Schwerkranke kann dadurch sein Urvertrauen, seine Selbstachtung und auch, wenn irgendwie vorhanden, sein Gottvertrauen wiedergewinnen. Nach einer heilenden Stille können Gebetsworte des Seelsorgers, in das Schweigen Gottes hineingesprochen, das Gefühl im Kranken stärken, dass er von Gott nicht verlassen, sondern ganz im Gegenteil von ihm umarmt, umfangen, gehalten und getragen ist. Solche

Gebets- und Segensworte können helfen, Gottes Gegenwart als vergebend und heilend wahrzunehmen, sie können eine Hilfe zum Leben und eine Hilfe zum Sterben sein.

Die entscheidende Erkenntnis, mit der wir uns anfreunden dürfen, lautet: Der Tod gehört zum Leben. Wer von diesem Blickwinkel auf sein Leben zu sehen lernt, wird wertvolle und positive Impulse für das aktuell zu lebende Leben empfangen.

3. Wissen hilft – Was beim Sterben geschieht

Der Tod gehört zum Leben, er ist dessen Endpunkt und dessen Vollender. So individuell sich der Lebensweg jedes Menschen ausprägt, so unverwechselbar ist auch sein Sterben: Jeder Mensch stirbt seinen eigenen Tod. Wenn dieser nicht durch Unglück, Katastrophen, Krieg oder ähnliche schicksalhafte Ereignisse plötzlich und unvorhergesehen kommt, dann vollzieht sich das Sterben bei aller Individualität des Erlebens auf der psychischen Ebene und auf der biologischen Ebene aber doch mit einer gewissen Regelhaftigkeit. Fachleute verschiedenster Fachrichtungen haben sich mit dem Ablauf des Sterbeprozesses beschäftigt. Wenn man, wie ich, fast täglich mit dem Sterben von Menschen im Krankenhaus zu tun hat, dann ist es sehr sinnvoll und hilfreich, ein Kundiger darin zu werden, wie das Sterben »gewöhnlich« verläuft.

Der äußere Sterbeprozess

In westlich orientierten Gesellschaften sind wir es gewohnt, die Bereiche Gesundheit und Krankheit, das Sterben und den Tod primär medizinisch und somit naturwissenschaftlich zu betrachten und zu bewerten. In den letzten Jahren hat das Interesse an Themen wie Altern, Sterben und Tod erstaunlich zugenommen. Buchveröffentlichungen von Medizinern, Palliativmedizinern, Fachkräften aus der Hospizbewegung sowie von Juristen zu diesen Themenbereichen wurden teilweise sogar Bestseller.[1]

Ich möchte nicht nur diesen sehr wichtigen, messbaren und nachprüfbaren naturwissenschaftlichen Erkenntnissen über das Sterben und den Tod Raum geben, sondern unbedingt auch dem Wissen und den vielfältigen Einsichten jahrhundertealter philosophischer Traditionen und Religionen, um so dem Menschen in seiner Geist-Seele-Körper-Einheit gerecht zu werden. Deshalb beschreibe ich neben einem »äußeren Sterbeprozess« einen »inneren Sterbeprozess«. Der äußere ist beobachtbar, den inneren kann man erahnen.

Aus der Fülle der naturwissenschaftlich-medizinischen Erkenntnisse bezüglich Sterben und Tod seien hier vor allem diejenigen von *Elisabeth Kübler-Ross* genannt.

Die Sterbephasen nach Elisabeth Kübler-Ross

Die Schweizer Psychiaterin und Sterbeforscherin *Elisabeth Kübler-Ross* trat 1969 mit ihrem Buch »On Death and Dying«, das 1971 unter dem Titel »Interviews mit Sterbenden« auf Deutsch veröffentlicht wurde, an die Öffentlichkeit. Darin machte sie ihre Erfahrungen aus Hunderten von Sterbebegleitungen für eine breite Leserschaft zugänglich und half dabei, ein Tabuthema ans Licht zu bringen und zu einem menschlicheren und kundigeren Umgang mit sterbenden Menschen und deren Angehörigen beizutragen.

Ihre Erkenntnisse zeigten, dass das Erleben Sterbender typische Verläufe nimmt, die sie in fünf Sterbephasen einteilte.

Die erste Phase: Nichtwahrhabenwollen oder die Hoffnung auf Irrtum

Sobald der Patient von seinem bald bevorstehenden Tod erfährt, zeigt sich meistens eine Art Schockreaktion, die ein Nichtwahrhabenwollen (englisch: denial) der Tatsachen zur Folge hat. Die Haltung »Es kann nicht sein, was nicht sein darf« ist eine sinnvolle Schutzfunktion für die Seele. Sie kann auf Dauer aber nicht durchgehalten werden und wird durch die nächste Phase abgelöst.

Die zweite Phase: Zorn oder die Frage nach dem Warum

Wohl oder übel erkennt der sterbende Mensch, dass die Diagnose den Fakten entspricht. Nun reagiert er oder sie mit Zorn (englisch: anger), der versteckt oder deutlich gegenüber seinem Umfeld (Angehörigen, Pflegenden, Ärzten) zum Ausdruck gebracht wird. »Warum trifft es ausgerechnet mich?« wird zur bohrenden Frage, die keine Antwort findet und noch wütender macht.

Die dritte Phase: Verhandeln oder der Wunsch nach Aufschub

Irgendwann erkennt der sterbende Mensch, dass sein Zorn das Ende nicht aufhält. In der nun folgenden relativ kurzen Phase fängt er an, mit den Ärzten, dem Schicksal, dem Leben und auch mit Gott zu verhandeln (englisch: bargaining). »Wenn …, dann …« – »Wenn ich das und das noch erleben darf, dann werde dies und das (an Wohlverhalten) tun.«

Die vierte Phase: Depression oder die Trauer um vergebene Chancen

Aber auch Verhandlungen führen zu keinem Aufschub und so umfängt den todkranken Patienten mehr und mehr ein Gefühl, das als Depression (englisch: depression) umschrieben wird. Das grundlegende Empfinden, einen schweren Verlust zu erleiden, ist in dieser Phase vorrangig und dominant. Die Trauer um nicht genutzte Lebenschancen tritt in den Vordergrund, oftmals aber auch das Sich-Kümmern um Dinge, die man selbst noch regeln will wie z. B. das Verfassen eines Testaments. In dieser Phase werden mögliche Therapieveränderungen als sinnlos angesehen und abgelehnt.

Die fünfte Phase: Zustimmung oder die Abkopplung von der Umwelt

Schließlich kann sich ein ruhiger, fast apathischer, leidenschaftsloser Zustand der Ergebung in das Schicksal einstellen. Dieses »Aufgeben« oder »Zustimmen« (englisch: acceptance) kann, muss aber nicht am Ende des Sterbeprozesses stehen. Der Todkranke hat jetzt kaum noch das Bedürfnis, zu sprechen oder Besuch zu empfangen.

Kritik am Model von Elisabeth Kübler-Ross

Elisabeth Kübler-Ross betonte, dass jeder Mensch im Sterben sein eigenes Tempo beim »Durchlaufen« dieser Phasen habe, auch in einem Stadium steckenbleiben oder in ein bereits durchlebtes zurückfallen könne. Ihr Modell wurde 1975 durch *Robert N. Swanson* ergänzt: Er erkannte nach der fünften Phase eine sechste, nämlich die der Erfüllung. *Paul Sporken* schließlich stellte 1977 den fünf Phasen, die Kübler-Ross unterschieden hatte, die Phase der »Unwissenheit« und »Unsicherheit« voraus.

Wegen seiner Anschaulichkeit und Nachvollziehbarkeit erlebt das von Kübler-Ross eingeführte Sterbephasenmodell bis heute viel Beachtung. Es ist nach wie vor sehr verbreitet, obwohl es unterdessen auch in der Kritik steht. Manche anderen Forscher, wie zum Beispiel der Thanatologe *Randolph Ochsmann* beanstanden v.a. methodische Schwächen:[2] Das Modell gründe vor allem auf selektive Beobachtungen einer einzelnen Person und deren subjektive Interpretation des Beobachteten. Methodisch würde Kübler-Ross die jeweilige Biografie des sterbenden Menschen, seinen Krankheitsverlauf und seine spezifischen Lebensumstände vernachlässigen. In systematischer Hinsicht fehle es an der klaren Abgrenzung der Phasen voneinander, und habe Kübler-Ross den Nachweis, dass die von ihr identifizierten Sterbephasen objektiv nach wissenschaftlichen messbaren Kriterien unterschieden werden könnten, nicht erbracht.

Einem Hauptkritikpunkt möchte ich mich persönlich anschließen: Es besteht die Gefahr, dass ein beschreibendes (deskriptives) Modell, wie es das von *Elisabeth Kübler-Ross* ist, als Vorschrift (präskriptiv) missverstanden wird. Ich habe bei Schulungen von Auszubildenden in der Krankenpflege erlebt, dass dieses Fünfphasenmodell wie gottgegeben angenommen und von Lehrkräften scheinbar unhinterfragt so weitergegeben wird. Die Schüler und Schülerinnen lernen es dann auswendig und haben es wie einen abzuarbeitenden Standardablauf im Hinterkopf, wenn sie im Beruf mit Sterbenden zu tun haben. Das Sterben hat dann so und nur so abzulaufen, wie es das Modell angeblich vorsieht. Eine solche Haltung wird aber vielen, vielleicht sogar den meisten Sterbenden nicht gerecht.

Es ist gut, Hintergrundwissen zu haben, aber es muss achtsam und auf den jeweiligen Menschen und die jeweiligen Situationen bezogen werden. Als Angehörige, Pflegende, Ärzte, Psychologen oder Seelsorger wissen wir nie, in welcher »Phase« sich der sterbende Mensch befindet. Heute kann er gefestigt und morgen wieder völlig verzweifelt sein oder umgekehrt. Es ist eine schwere aber notwendige Kunst, sich immer wieder neu auf den Patienten einzulassen, so, wie er gerade ist. Dann werden wir ihm gerecht. Und dann kann er sein Ringen und Hoffen wirklich leben, sich seiner selbst bewusster werden und *seinen* Tod und *nicht einen Tod nach Plan* sterben.

Wenn man das im Hinterkopf behält und sich bei jeder Begegnung jeweils wieder neu auf den sterbenden Menschen einstellt, dann wird die Sterbebegleitung zu etwas Besonderem. Das habe ich selbst, Gott sei Dank, immer wieder erleben dürfen. Im tagtäglichen und nicht selten hektischen Krankenhausbetrieb können solche Begleitungen zu sinn- und friedengebenden Haltepunkten werden. Ich habe erlebt, dass so in der Sterbebegleitung bereichernde Beziehungen und sogar Freundschaften entstehen konnten. Von der mit Max, dem ich während seiner letzten Zeit im Krankenhaus, aber auch schon im Laufe von immer wiederkehrenden stationären Aufenthalten zuvor ein menschlicher und priesterlicher Freund werden durfte, will ich später erzählen. Zuvor möchte ich die psychischen und physischen Veränderungen beschreiben, die Sterbende mehrere Tage bis hin zu wenigen Stunden vor ihrem Tod zeigen. Es ist hilfreich, diese »Sprache« der Sterbenden zu verstehen und die Zeichen, die sie geben, deuten zu können. Aber auch hier gilt: Die beschriebenen Phänomene können, sie müssen aber nicht auftreten. Sie zeigen allerdings über alle Individualität hinweg auffallende Ähnlichkeiten.

Symptome der Finalphase des Sterbens

Dem eigentlichen Sterben gehen sehr oft längere Krankheitsphasen voraus, in denen die Kraft des Patienten nach und nach schwindet. Meistens werden die Menschen in diesen Phasen medizinisch im Krankenhaus, in Pflegeeinrichtungen oder in der häuslichen Pflege behandelt und sind irgendwann fast immer bettlägerig und auf fremde Hilfe angewiesen. Fachlich wird dieser Zeitraum die Rehabilitationsphase des Sterbeprozesses genannt: Die Krankheit schreitet voran, die Lebenserwartung beträgt nur noch wenige Monate, Wochen oder Tage je nach der Intensität, mit der das Siechtum voranschreitet.

Wenn die Krankheit ein Stadium erreicht hat, in dem definitiv keine positiven Entwicklungen, geschweige denn eine Heilung zu erwarten sind, dann spricht man von der Finalphase des Sterbens.

Symptome für diese Phase sind:

- Das Hunger- und Durstgefühl lässt deutlich nach. Ein Abmagern und »Austrocknen« sind die Folge. Der sterbende Mensch verliert an Gewicht, hat trockene Lippen und eine trockene Zunge und scheidet nur wenig dunklen Urin aus.
- Das allgemeine sensorische Empfinden (Fühlen, Hören, Sehen, Schmecken, Riechen) lässt nach.
- Der Stoffwechsel und die Körperfunktionen verlangsamen sich. Urin oder Stuhl werden nur noch in geringen Mengen ausgeschieden, der Körpergeruch verändert sich. Bei Patienten, die über einen längeren Zeitraum Medikamente zu sich nehmen mussten, kann der sich verändernde Geruch sehr auffallend sein.
- Der sterbende Mensch zeigt eine große Unruhe. Anzeichen dafür sind: ein dauerndes Zupfen an der Bettdecke, ein sich immer wieder Aufdecken, ein fahriges oder ruckartiges Bewegen des

Kopfes, der Arme und Beine oder ein mit den Händen in die Luft greifen, ein meist mit dem Zeigefinger wildes in der Luft Herumwedeln (Krozidismus), ein mit den Füßen an das Bettende Stoßen im Sinne von einem Sich-Durchstoßen, ein Sich-Aufrichten oder ein Stammeln von unverständlich scheinenden Wörtern. Bei einem im Sterben liegenden über 90-jährigen Großbauern konnte ich durch achtsames Zuhören herausbekommen, was ihn so unruhig machte, dass er eine erstaunliche Energie aufbrachte, um aus dem Bett auszusteigen. Es ging um das Aussäen von Saatgut. *»Ein Bauer wie ich hat hier nicht faul herumzuliegen, sondern er muss seine Felder bestellen«*, so meinte er. Geistesgegenwärtig fiel mir ein, dass es erst Anfang Januar war und die Aussaat normalerweise erst im März stattfindet. Das sagte ich ihm in einfacher und freundlich-bestimmter Weise und erlebte Erstaunliches. Er machte die Augen auf, sah mich an oder besser: eigentlich durch mich hindurch und meinte erleichtert: *»Ja, des stimmt. Ausgesät wird im März. Des is ja zu früh.«* Er wurde auffallend ruhiger und einen halben Tag später konnte er in Frieden sterben.

- Abnehmende Durchblutung ist ein weiteres Indiz des voranschreitenden Sterbeprozesses: Der Puls wird schwächer und schneller, die Körpertemperatur sinkt, Hände und Füße fühlen sich jetzt kalt an. Das bläuliche Verfärben der oberen Fingerglieder zeigt das Voranschreiten des Sterbeprozesses. Beginnen sich an den Füßen und Beinen bläuliche Verfärbungen abzuzeichnen, ist der Tod meistens nur noch wenige Stunden entfernt.
- Sehr oft kann man erleben, dass Sterbende sich in eine Art »Embryonalstellung« zusammenrollen, was tiefenpsychologisch wohl als ein Zeichen von Geborgenheitssuche zu deuten ist. Wir können dieses Verhalten auch als einen Hinweis auf die Verwandtschaft von Geburt und Sterben lesen. Sterbende

und Neugeborene eint eine Ursprünglichkeit im Sinne eines Urvertrauens und gleichzeitig einer totalen Abhängigkeit von Zuwendung und Versorgung. Dazu werde ich später noch mehr sagen.

- Sterbende Menschen zeigen eine signifikante Veränderung des Atmens: Mal geht der Atem schnell, flach oder unregelmäßig, mal gibt es längere Atemaussetzer, die Angehörigen Angst machen können. Je näher das Lebensende kommt, desto stärker kann die Atmung röchelnd oder rasselnd werden. Man spricht von »Rasselatmung« oder »Todesrasseln«. Ursache dafür sind eine Schleimbildung in den Atemwegen und die zunehmende Unfähigkeit des Körpers, diesen abzuhusten. Die Rasselatmung ist interessanterweise sowohl bei wachen wie auch bei Menschen im Koma zu beobachten. Sie tritt bei 60 – 90 Prozent aller Sterbenden auf und ist seit Jahrhunderten als Zeichen des sehr bald bevorstehenden Todes bekannt. Die Rasselatmung muss nicht zwingend auch eine Atemnot anzeigen. Man kann als Begleiter darauf hinweisen und somit eine gewisse Gelassenheit entstehen lassen.
- Die meisten Sterbenden halten die Augen geschlossen. Sie schlafen dabei aber oft nicht, sondern ihre zunehmende Schwäche führt dazu, dass sie die Augen selten oder gar nicht mehr öffnen. Sehr oft bekommen sie die Anwesenheit, das Sprechen und die Berührungen von Anwesenden mit, auch wenn es nicht so aussieht. Beim Berühren soll und darf man achtsam sein und sensibel wahrnehmen, ob dies dem Sterbenden angenehm ist. Sehr oft ist dies so, manchmal zeigen sie aber mehr oder weniger deutlich, dass sie das überhaupt nicht oder nicht an dieser besonderen Stelle, z. B. im Gesicht, berührt werden wollen. Eine Abwehr von Berührungen ist ein Ausdruck der Persönlichkeit, die der Sterbende bis zuletzt ist.

Phänomene an der Grenze zum Tod

Das Sterben und die Todesnähe sind eine Phase des Übergangs, in dem eine Konzentration auf Wesentliches stattfindet und zugleich ein radikales Loslassen geschieht. Nicht selten finden in dieser Phase eine Art innere Rückschau auf das Leben und ein Nacherleben von Erfahrungen aus vergangenen Lebensabschnitten statt. Das kann man manchmal sogar als Anwesender erahnen, weil die Kommunikation des Sterbenden mit der Innenwelt nach außen in Form von meist unverständlichen Äußerungen, von zuckenden Bewegungen oder in Versuchen, sich aufzurichten, wahrnehmbar wird. Diese Menschen scheinen weit weg zu sein und falls sie kurz wieder in den Wachzustand wechseln, erkennen sie ihre Umgebung oder die Anwesenden nicht sofort und sprechen unvermittelt über Menschen aus ihrem Leben. Dabei blicken ihre Augen meist in die Ferne und durch die Anwesenden hindurch. Der Sterbenskranke sollte dann in seiner Welt bleiben dürfen, man soll ihn nicht in die Realität des Krankenzimmers zurückzwingen. Wenn man sich auf ihn und seine andere Realität einlässt, hilft man ihm am meisten.

In dieser Phase kann es auch zu Phänomenen kommen, die einerseits physiologisch oder psychologisch-psychiatrisch zu erklären sind, andererseits aber vielleicht auch auf eine »andere Dimension« hinweisen, die uns umgibt. Nicht selten »erscheinen« Sterbenden liebe Verstorbene, ein Engel oder ihr Engel oder eine Jesusgestalt, die verschiedene Reaktionen auslösen können: heftige, aber gute Unruhe, ein Ergriffensein, ein Überwältigtwerden, das sich in den Gesichtszügen des Sterbenden erahnen lässt. Gott sei Dank eher selten kommen Erschrecken, Angst und die Abwehr irgendeiner dunklen und gefährdenden »Wesenheit« vor, mit der sich der Sterbende in einer Art Ringen oder einem Kampf befindet.

Träume und Visionen begleiten diese Phase des Weggehens aus der Wirklichkeit. Manchmal können Menschen davon sogar erzählen.

So geschehen bei einer 86-jährigen Patientin, die schon zweimal eine Begegnung mit dem Tod hatte, den sie aber in die Flucht schlagen konnte. Jedenfalls war sie davon felsenfest überzeugt. Als ich sie kennenlernte, stand sie kurz vor der Finalphase des Sterbens, war dabei aber sehr wach und ausgesprochen gut gelaunt. Das, was sie mir erzählte, kam mir fast vor wie die Geschichte vom »Brandner Kaspar und das ewige Leben«. In dieser Komödie von Tod und Leben nach einer Erzählung von *Franz von Kobell* überlistet der schelmische Brandner Kaspar den »Boandlkramer« (Tod), der ihn zum Sterben abholen will, mit Kartenspiel und Kirschgeist und kann dadurch weitere 18 Lebensjahre gewinnen. Dieses Theaterstück wurde vielfach inszeniert und ist ein Muss für jeden, der mit Ernst und Humor an das Thema Tod herangehen will. Unvergessen amüsant und überaus empfehlenswert ist die Fernsehfassung der Inszenierung des Residenztheaters Bayerisches Staatsschauspiel München aus dem Jahre 1975 u.a. mit Fritz Strassner, Toni Berger und Gustl Bayrhammer.

Die Patientin erzählte mir nun von zwei Erlebnissen, die sie mit dem Tod zwei Jahre zuvor hatte. Einmal erschien ihr in einer Art Mischung von Traum und Wirklichkeit vor ihrem inneren Auge eine ihr bekannte Frau, die sie nicht mochte und nur mit Nachnamen ansprechen konnte. Diese hielt ihr ein weißes Gewand vor die Nase, das sie anziehen sollte. Auf meine Rückfrage, ob das ihr »Totenhemd« gewesen sei, antwortete sie lächelnd mit einem »Ja« und erzählte mir dann, wie sie diese Frau deutlich und nachhaltig mitsamt dem Gewand verscheuchte. Ein Jahr nach diesem Erlebnis erschien ihr im Traum eines Nachts eine »G'wamperte«, also eine gut beleibte Frau mit dem deutlichen Hinweis, dass sie sie jetzt abholen werde. Diese verjagte sie mit einem Fußtritt. Jetzt aber, falls der Tod nochmals kommen sollte, werde sie sich wohl fügen müssen, so sagte sie zu mir mit einer Mischung aus Ernsthaftigkeit und Humor. »Vorher möchte ich aber mit Ihnen, Herr Pater, noch a bisserl reden.« Und das taten wir dann auch insgesamt dreimal, bevor sie wirklich friedlich sterben konnte. Für mich war neben dieser wertvollen zwischenmenschlichen Begegnung vor allem neu, dass der Tod sich in Form einer Frau zeigte, mal personifiziert als unangenehme Bekannte, mal als »G'wamperte«.

Symptome unmittelbar vor dem Tod

Steht der Tod unmittelbar bevor, dann zeigt sich das an weiteren Merkmalen, die ich hier kurz schildere:

- Der Atem wird flacher, hektischer und die Atemaussetzer werden häufiger. Tiefe Seufzer, nicht selten verbunden mit Schmerzäußerungen (auch trotz lindernder Medikamente oder Infusionen), kommen wie Wellen.
- Die Muskulatur erschlafft, der Mund öffnet sich und kann als »schwarze Höhle« unangenehm dominant die Wahrnehmung des Gesichtes des sterbenden Menschen bestimmen.
- Falls die Augen ab und zu geöffnet sind, ist es auffallend, dass die Pupillen kaum noch auf Lichtveränderungen reagieren und der Blick ins Weite oder nach innen geht.
- Je näher der Todeszeitpunkt kommt, desto stärker sinken Augen und Wangen ein. Die Haut im Gesicht wird fahl, bleich und welk. Das sog. »Todesdreieck« von der Nasenwurzel bis zum Kinn wirkt wie durchscheinend transparent. Die sogenannte »Facies hippocratica«, eine spitze, bleiche Nase, gilt als weiteres sicheres Zeichen des Verlustes der Mimik und des nahen Todes.

- Parallel hierzu wird der Kreislauf immer schwächer. Das Blut sammelt sich auf der Körperunterseite an und bildet dunkle Flecken, die dann nach dem Tod ein wichtiges Todeszeichen bei der Leichenschau sind.

Der gelöste Gesichtsausdruck nach dem Eintritt des Todes

Es kommt dann der Zeitpunkt, an dem der letzte Atemzug getan ist. Was für mich als Mensch und als Begleiter der Angehörigen von Verstorbenen oft ein echter Trost ist, ist der Gesichtsausdruck des Toten. Ein vorher oft schmerzverzerrtes Gesicht wandelt sich im Tod und auch noch danach. Es gibt dafür teilweise medizinische Erklärungen; letztlich vollzieht sich hier eine Veränderung, die sich nicht vollständig verstehen oder erklären lässt. Das Phänomen hat mich vor gut 20 Jahren zum ersten Mal berührt und sogleich fasziniert: Ein qualitativ hochwertiger Bildband mit dem Titel »Noch mal leben vor dem Tod. Wenn Menschen sterben« öffnete mir die Augen und die Seele für das Leben angesichts des baldigen Todes. Menschen erzählten kurze Zeit vor ihrem Sterben von ihrem Leben und ihrer Auseinandersetzung mit dem Tod. Sie wurden – mit ihrer Zustimmung – dezent und ausdrucksstark in Schwarz-Weiß-Aufnahmen kurz vor ihrem Tod und dann kurz, nachdem dieser eingetreten war, fotografiert. Dieses Buch erlebte mehrere Auflagen und die Bilder wurden in einer Ausstellung gezeigt. Ich selbst durfte diese in Augsburg und nochmals in Bamberg besuchen. Damals ahnte ich noch nicht, dass dieses Thema eines werden würde, das mein Denken, Fühlen und Tun noch sehr beeinflussen sollte.

Wenn es sich ergibt, dann »studiere« ich zusammen mit den Angehörigen die Gesichter der soeben Verstorbenen im Krankenzimmer. Je nachdem, wie zugänglich oder bereit die Angehörigen dafür sind, kann es eine echte Hilfe in der ersten Trauer sein, das Gesicht des Verstorbenen intensiv zu betrachten und zu beschreiben. Sehr oft ist ein Ausdruck von Gelöstheit und Frieden zu erahnen, der dann auf die Anwesenden übergeht. – In dem erwähnten Buch wird der Schriftsteller *Marcel Proust* aus seinem Werk »Auf der Suche nach der verlorenen Zeit« zitiert, der dieses Phänomen sehr gut beschreibt: »Das Leben ging und nahm die Enttäuschungen des Daseins gleichfalls mit sich fort. Ein Lächeln schien auf den Lippen meiner Großmutter zu liegen. Auf dies letzte Lager hatte der Tod sie wie ein Bildhauer des Mittelalters mit den Zügen eines jungen Mädchens hingestreckt, das sie einst gewesen war.«[3]

Für mich immer wieder faszinierend ist es, dass man die beiden Gesichtshälften, die bei den meisten Menschen unterschiedlich sind, »lesen« lernen kann. Eine Gesichtshälfte zeigt oft das Leiden, die Erschöpfung, die Leere, das Nichts oder den Tod. Die andere das Gelöst- und Erlöstsein, Entspannung, Frieden, manchmal sogar ein Erstaunen oder ein Lächeln. Ich weise die Anwesenden, wenn es passt, darauf hin und lade sie ein, je nach dem, auf welcher Seite des Sterbebettes sie stehen, von der leidenden zur erlösten Seite zu wechseln. Wenn wir dann gemeinsam manchmal noch 30 Minuten oder länger dort verweilen, beten oder uns über das Leben des Verstorbenen austauschen, dann löst sich im Laufe der Zeit auch die Gesichtshälfte, die eher dem Schweren Ausdruck gab, entspannt sich und nähert sich dem Ausdruck der »erlösten« Gesichtshälfte an. Das zu erleben ist immer wieder sehr tröstlich, und es ist für mich ein Geheimnis, das ich nicht hinterfragen oder medizinisch erklären können muss.

Sterbebegleitung von Max W. – Im Sterben zum Freund werden

Weiter oben habe ich Max schon kurz erwähnt. Ich durfte ihm während verschiedener Klinikaufenthalte ein menschlicher und priesterlicher Freund werden, ihm in seiner letzten und allerletzten Zeit beistehen und ihm und seiner Familie sogar eine wunderschöne Verabschiedung in einem Friedwald schenken. Warum ich von ihm erzählen möchte, liegt wohl daran, dass er von Anfang an einen Draht zu meinem Herzen gefunden hat. 1954 geboren, als Krankenpfleger arbeitend, über 40 Jahre verheiratet, ein Sohn und eine Tochter – das sind die biografischen Rahmendaten eines Mannes, der 2019 mich, den Pfarrer, zu einem Gespräch in sein Krankenzimmer rufen lies. Und er schaffte es auf eine Weise, die ich heute noch nicht wirklich durchschaue, mich schon in diesem ersten Gespräch mit einem gewissen Charme im Inneren zu berühren. Bauchspeicheldrüsenkrebs war damals die Diagnose. Der Krebs wurde mit Chemotherapie und Bestrahlungen behandelt. Im Laufe von zwei Jahren kam er immer wieder ins Klinikum, und wir führten unsere Gespräche über Gott, die Welt und vor allem seine Familie weiter.

Diese Aufenthalte fielen dann in die sog. Coronazeit, das heißt, ein Besucher von außen durfte nur dann ins Klinikum kommen, wenn es sehr ernst um einen Kranken stand. Im Juni 2020 durfte Max stolzer Opa eines kleinen Enkels werden, den er liebevoll seinen »Burli« nannte. Dieses Enkelkind bescherte Max viele Sonnenstunden und ließ ihn immer wieder für einige Momente seine schwere Erkrankung vergessen. Ganz besonders liebte er es, mit dem Kleinen auf seinem mobilen Elektrorollstuhl spazieren zu fahren. Obwohl Max als Krankenpfleger ja vom Fach war, nannte er seine Krankheit ungern beim Namen. Er sprach immer wieder von einem »Schnupfen«, der irgendwann wieder vergehen würde.

Es war ein ständiges Auf und Ab, wie es bei Krebserkrankungen sehr oft der Fall ist. Eine Zeitlang sah es sogar sehr gut aus, und es bestand sogar die Hoffnung, dass der Krebs vollständig durch eine OP entfernt werden könnte. Dann aber stellte sich heraus, dass der Krebs schon gestreut und Metastasen in anderen Organen gebildet hatte. In den letzten zwei Wochen seines Lebens – zwei Jahre nach dem Ausbruch der Krankheit – verschlimmerte sich sein Zustand enorm. Max bekam immer schlechter Luft und in seinem Körper sammelte sich literweise Wasser an.

In dieser letzten Zeit seines Lebens durfte ich ihn als Krankenhauspfarrer jeden Tag besuchen, ihn in ernsthaften, aber auch hoffnungsstarken Gesprächen auf seine letzte Reise vorbereiten und mich mit ihm auch über das ewige Leben austauschen, an das er fest glaubte. Einmal war auch seine Frau dabei anwesend. Schon Tage vorher hatte Max, dem das Sprechen zunehmend schwerfiel, mir in gebrochenen Worten berichtet, dass ihm seine Mutti immer wieder in der Nacht erscheine. Ich ermunterte ihn, mit ihr Kontakt aufzunehmen, mit ihr zu reden, sie zu bitten, ihm zu helfen und ihn zu sich zu holen. Für diesen Hinweis war Max nicht nur offen, sondern sogar sehr dankbar. Als ich ihn nun im Beisein seiner Frau auf seine Mutti ansprach und er, so gut er noch konnte, bestätigte, dass diese nun in diesem Augenblick anwesend sei, wurde seine sonst nicht gerade schweigsame Frau sehr ruhig, weinte leise vor sich hin und wusste, wie ich auch, dass es nun bald so weit sein und Max von seiner Mutter geholt werden würde.

Nach fast zwei Jahren Kampf gegen den Krebs schlief Max, unterstützt durch Morphiuminfusionen, friedlich nach dem Besuch seiner Lieben im Klinikum Ingolstadt für immer ein und wurde von seinen andauernden Schmerzen erlöst.

Ich durfte diesen Menschen im Laufe von zwei Jahren kennenlernen, ich durfte ihn verstehen lernen, auch wenn er sich nicht mehr richtig verständlich machen konnte. Unsere gemeinsame Basis waren Sympathie füreinander und das Fundament eines gemeinsamen Glaubens.

Normalerweise übernehme ich keine Beerdigungen verstorbener Patienten, auch wenn dies immer wieder gewünscht wird. Der Hauptgrund hierfür liegt darin, dass mir einfach die Zeit dafür fehlt, weil ich ja voll und ganz im Klinikum da sein muss. Die Vorbereitung für eine gute und würdevolle Beerdigung oder Urnenbestattung benötigt viel Zeit und während meines Tuns am Friedhof müsste ich für eine priesterliche Vertretung im Krankenhaus sorgen, was immer schwieriger wird.

Bei Max aber war es anders. Schon zwei Jahre vor seinem Sterben bat er mich mit seinem Charme, seine Beerdigung zu übernehmen, und ich versprach es ihm. So stand ich im Wort und löste es auch ein. Mit seiner Tochter, der Mutter des geliebten »Burli«, konnte ich vorab per Email den Inhalt und den Ablauf der Urnenbestattung im Pappenheimer Friedwald gut planen. Ich fand auch eine Vertretung für mich im Klinikum und möchte diese Erfahrung im Friedwald, die für mich auch neu war, nicht mehr missen. Den gesamten Verlauf der Trauerfeier mit all den Texten schenkte ich in digitaler und ausgedruckter Form seiner Familie, zu der ich einen guten losen Kontakt pflege. Als seine Tochter vor Kurzem zum zweiten Mal Mutter werden durfte und ihr Kind im Klinikum zur Welt brachte, war ich sehr bald bei ihr und dem Neugeborenen, um beiden den Segen Gottes zu geben. Max war dabei lächelnd anwesend, darüber waren seine zu Tränen gerührte Tochter und ich uns einig.

Der innere Sterbeprozess

Neben dem äußeren mess- und beobachtbaren Sterbeprozess gibt es auch einen inneren Sterbeprozess. Dieser sowie die Frage, was nach dem Tod kommt, wird seit Jahrtausenden vor allem durch die Religionen beschrieben.[4] In den Weltreligionen Hinduismus, Buddhismus, Judentum, Christentum und im Islam gibt es viele interessante Lehren und daraus folgende Rituale und Umgangsformen. Verschiedene andere Deutungsformen werden im Schamanismus, der Esoterik, den verschiedensten Ahnenkulten und einigen anderen Anschauungen gelehrt und praktiziert.

Vor vielen Jahren wurde ich von einem Freund auf das sog. Tibetische Totenbuch aufmerksam gemacht, das ich dann auch gelesen habe. Der Inhalt dieses Werkes ist für einen christlich-abendländisch geprägten Menschen zuerst sehr fremdartig, weil es aus einem ganz anderen Denken und Fühlen geboren ist. Im Laufe der Jahre wurde mir aber vor allem die zeitgemäße Ausgabe des tibetischen Meditationsmeisters *Sogyal Rinpoche* zu einer wichtigen Ergänzung meines Denkens und Fühlens in Hinblick auf die Fragen um Sterben, Tod und einem eventuellen Leben danach.[5] Wie schon manches Mal zuvor durfte ich fernöstliche Gedanken als sehr fruchtbare Ergänzungen zu meinem christlichen Glauben erfahren.

Die fünf Sterbephasen im Tibetischen Totenbuch

Grundannahme des Tibetischen Totenbuches ist, dass unser physischer Leib einen messbaren materiellen Anteil besitze, gleichzeitig aber auch eine immaterielle Seite, die physikalisch oder chemisch nicht messbar sei. In allen fernöstlichen Weltanschauungen, so also auch im Tibetischen Totenbuch, wird in Bezug auf die immaterielle Seite des Körpers von Energie gesprochen, die den Körper auf Energiebahnen durchwirke. Ähnlich wie das Blut im Blutkreislauf oder die Lymphe im Lymphkreislauf durchströme die Lebensenergie unseren feinstofflichen Körper auf diesen Bahnen. Sie seien, so die Vorstellung im Totenbuch, mit den fünf Elementen Erde, Wasser, Feuer, Luft und Raum verbunden. Diese Elemente lösen sich in der aktiven Sterbephase nacheinander und ineinander auf. Erst, wenn dieser Auflösungsprozess beendet ist, endet nach dieser Lehre das Leben in einem Körper, und die Seele kann sich vom verstorbenen Körper lösen – eine Ansicht, die dem christlichen Glauben nicht fremd ist.

Das Tibetische Totenbuch beschreibt fünf Sterbephasen, die mit äußerlich erkennbaren Anzeichen einhergehen, die aber vom Sterbenden innerlich empfunden werden. Diesen Empfindungen sind die buddhistischen Mönche seit vielen Jahrhunderten in Meditationspraxis und auf dem Hintergrund der dadurch geschulten sensitiven Beobachtungsgabe nachgegangen. Ihre Ergebnisse sind wirklich hilfreich im Verständnis und im Umgang mit Sterbenden. Die in der Begleitung von Sterbenden sehr erfahrene buddhistische Palliativschwester *Dorothea Mihm* nennt für Pflegende, Hospizbegleiter oder Angehörige von Sterbenden erprobte und sehr hilfreiche Verhaltensweisen, die sich auf diese einzelnen Phasen beziehen.[6]

Erste Phase: Auflösung des Erdelements

Der sterbende Mensch fühlt eine große Schwere oder eine übergroße Last, die ihn niederdrückt. Diese – die Bettdecke ist dafür stellvertretend – will er abschütteln und loswerden. Deshalb ist er sehr unruhig, er versucht, sich aufzusetzen, aufzustehen oder das Bett zu verlassen. Er stöhnt, bewegt unkontrolliert Arme und Beine und verzieht das Gesicht, so, als ob er große Schmerzen habe. Dies ist nicht nur für den Sterbenden, sondern auch für die Pflegenden und Angehörigen sehr anstrengend. Deshalb werden hier nicht selten Beruhigungsmittel gegeben.

Nach und nach verändert sich dieser Zustand, weil durch die Auflösung des Erdelements den Menschen alle körperliche Kraft verlässt. Der Sterbende wird immer schwächer, sein Körperbewusstsein zieht sich nach innen zurück, die Muskulatur erschlafft, er kann sich kaum noch bewegen und liegt schwer im Bett. Sein Gesicht wird blasser und fahler, seine Augen verlieren den Glanz. Das Tibetische Totenbuch spricht davon, dass den Sterbenden gleichzeitig innerlich ein gelbes Licht überflute, das ihn blende oder alle Konturen seines inneren Blickes verschwimmen lasse.

Dieser Prozess kann sich über Tage hinziehen, allerdings auch viel schneller verlaufen. Das hängt vom einzelnen Sterbenden und seiner gesamten Lebensgeschichte ab.

Zweite Phase: Auflösung des Wasserelements

Nach dem Erleben der ersten Phase, der Auflösung des Erdelements, wird der Sterbende ruhiger und zeigt keinen Bewegungsdrang mehr. Regungslos liegt er im Bett, ist unendlich schwach, seine ganze Erscheinung bekommt eine Art teigige Struktur. Die Nase wird spitzer (»Facies hippocratica«, s.o.), das Dreieck zwischen Nase und Mund wird blass.

Aus Mund und Nase tropfen unkontrolliert Wasser, Sekret oder Schleim. Vor allem in der Lunge sammelt sich verstärkt Flüssigkeit sowie ein schaumiges, zähes Sekret. Dies löst das sogenannte »Todesrasseln« aus – der Atem wird röchelnd, brodelnd, rasselnd. Früher wurde der Schleim oft abgesaugt, was unangenehm, schmerzhaft und wenig hilfreich war, weil er sich sehr bald nachbildete.

Die Poren der Haut werden durchlässiger und öffnen sich. Ein süß-säuerlich-scharfer Geruch – der Todesgeruch – wird abgegeben. Dieser kann manchmal unerträglich sein.

Die Kontrolle über die Körperausscheidungen lässt nach. Stuhl und Urin gehen oft unkontrolliert ab.

Der Sterbende fühlt sich innerlich nur noch vom Wasser umgeben und meint, darin zu ertrinken. Dies geht einher mit der Wahrnehmung eines bläulichen Lichts. Sein Bewusstsein trübt sich ein, der sterbende Mensch wird unklar und verwirrt. Er weiß oft nicht mehr, was um ihn herum passiert. Er erlebt Halluzinationen, bereits verstorbene und mit ihm vertraute Menschen erscheinen, und er versucht, sie anzusprechen. Er hat aber auch noch Momente, wo er im Hier und Jetzt mitbekommt, was um ihn herum geschieht.

Äußerlich erscheint der Sterbende ruhig, innerlich ist er sehr aufgebracht. Erahnbar und auch sichtbar wird dies an den regen Augenbewegungen hinter meist verschlossenen Lidern.

Dritte Phase: Auflösung des Feuerelements

Obwohl die Haut des sterbenden Menschen kalt und auch am ganzen Körper wenig Wärme zu spüren ist, beginnt er zu schwitzen. Schweißperlen bedecken sein Gesicht. Das Abwischen bringt keine Änderung. Ein kühler Waschlappen auf der Stirn ist hilfreich.

Alles, was den Sterbenden bedeckt, würde er am liebsten loswerden; er ist aber zu schwach, Bettdecke oder Laken abzuschütteln. Alles um ihn und in ihm scheint zu brennen. Die Farbe Rot wird dabei als verzehrend erlebt. Dies versetzt ihn in innere Panik – nach außen hin scheint alles ruhig zu sein.

Nach einer individuell verschieden langen Zeit lässt dieses Wärmegefühl nach, als ob das Feuer verlöschen würde. Arme und Beine werden eiskalt. Diese Kälte breitet sich dann über den ganzen Körper aus. Es zeigen sich sodann blass-violette Flecken auf den Extremitäten, später am ganzen Körper, die sogenannten Todesflecken. Seine Atmung wird schwach und flach, sie verlangsamt sich auffallend und setzt zeitweise sogar aus.

Vierte Phase: Auflösung des Luftelements

In dieser Phase sind vor allem Veränderungen bei der Atmung des Sterbenden wahrzunehmen. Sie wird immer schwächer und unrhythmisch. Das Einatmen ist kurz, manchmal heftig, das Ausatmen wird immer länger, oft von langen Atempausen unterbrochen. Oft haben Beobachtende den Eindruck, dass der Tod schon eingetreten sei, doch dann folgt wieder ein Atemzug.

Nach außen scheint alles ruhiger zu werden; innerlich erlebt der Sterbende die Angst, von einem starken Wind umgeworfen oder weggetragen zu werden. Eine grünliche Farbe herrscht vor.

Außer der Herzgegend wird der gesamte Körper nun eiskalt, die Augen des Sterbenden verdrehen sich nach oben, sodass man das Weiße der Augäpfel sehen kann. Nichts kann mehr bewegt werden, kein Händedruck ist mehr möglich. Der Kontakt zur Außenwelt bricht nun ab.

Fünfte Phase: Auflösung des Raumelements

Die letzte Lebensenergie verlässt den Sterbenden. Er erlebt innerlich visionär die Begegnung mit dunklen und hellen Geistwesen, die ihn erschrecken oder beglücken. *Monika Renz*, eine vielfach qualifizierte Psychotherapeutin, Psychopathologin, Musiktherapeutin und Theologin beschreibt dieses Phänomen aus der Perspektive einer Psychologie, die offen ist für eine »andere Wirklichkeit«, und nennt es »Sterben als apokalyptische Erfahrung«.[7] Sterbende werden im Durchleben von Grenzerfahrungen zu Bürgern zweier Welten mit oft mystischen Gotteserfahrungen, die ganz unabhängig von Religions- oder Konfessionszugehörigkeit sind.[8]

Von außen beobachtet, nimmt man beim Sterbenden jetzt die letzten Atemzüge wahr, die wie ein zwanghaftes Schnappen nach Luft erscheinen können. Irgendwann kommt dann der letzte Atemzug, und das Herz hört zu schlagen auf.

Nach unserer westlichen Wahrnehmung gilt der Mensch nun als tot, auch wenn medizinisch letztlich der Hirntod als Todeskriterium definiert ist. Das Tibetische Totenbuch allerdings sieht es so, dass die psychische Energie des Toten sich erst in den drei bis vier darauffolgenden Tagen vom Körper löse.

Dieses Phänomen erlebe ich in Sterbebegleitungen immer wieder, wenn Angehörige und manchmal auch ich nach dem Tod des Patienten noch seine Präsenz im Raum spüren. Die Seele und/oder der Geist des Verstorbenen sind noch deutlich wahrnehmbar. Dies kann sich wirklich über Stunden und Tage hinziehen.

Früher wurde auf diese Wahrheit wohl intuitiv reagiert, wenn man die Verstorbenen drei Tage lang aufbahrte und Totenwache bei ihnen hielt.[9]

Der fundamentale Unterschied zwischen naturwissenschaftlicher und geistig-spiritueller Deutung von Sterben und Tod

Immer wieder wird kritisiert, dass die Ansichten und Erkenntnisse solcher Quellen wie es das Tibetische Totenbuch ist, nicht nachweisbar oder verifizierbar seien. Können solche Beschreibungen nicht auch einer regen Fantasie oder aus Wunschvorstellungen entstehen? Geistige und geistliche Traditionen entziehen sich, das gehört zur Natur des Geistes, immer wieder einem wissenschaftlichen Erkennen. Die nach dem Tibetischen Totenbuch beschriebenen Wirklichkeiten eines inneren Sterbens entstammen einer jahrhundertealten Beobachtung und zugleich einer Meditationspraxis, die einem Sterbeprozess gleichkommt. Wer wirklich ernsthaft buddhistisch meditiert – und im Christentum war das nicht anders, wie Biographien der alten Wüstenväter oder von Heiligen wie Franz von Assisi, Ignatius von Loyola und vielen anderen zeigen –, kommt dem Sterben sehr nahe und erfährt dadurch dessen Stufen und Realitäten. Anfang Januar 2023 konnte ich bei einem Besuch im Franziskanerkloster Dietfurt an der Altmühl (Bayern) mit dem früheren Leiter des Meditationshauses ein sehr erhellendes Gespräch führen.

Der Zen-Meister Othmar Franthal[10], der über 25 Jahre in Dietfurt strenge Zen-Meditationskurse leitete, reagierte sehr interessiert, als ich ihm von meinen Erfahrungen mit Sterben und Tod im Klinikum Ingolstadt erzählte. Er erzählte mir, dass im Zen und im Za-Zen, also in der meditativen Praxis des Zen, das Ich sterben müsse, bevor man geistig-geistlich weiterkommen könne. Dieses Sterben finde auf dem Sitzkissen statt, sei körperlich und seelisch schmerzhaft und könne sich über Jahre hinziehen. Ob man zu einer Erleuchtung (»Satori«) komme, bleibe offen.

Folgende Zen-Geschichte will genau diese Erkenntnis darstellen. Erst durch den Ich-Tod kann der Durchbruch in eine neue Seinsweise gelingen. Der Mönch in der Geschichte ist jederzeit bereit zu sterben und zeigt somit echte Freiheit vom Ego.

Der General und der Mönch

Ein General, der mit seinen Soldaten zu Pferd unterwegs war, traf auf einen Zen-Mönch, der in Zazen saß.
Der General rief ihm zu:
»He, du da! Mönch! Geh mir aus dem Weg.«
Der Mönch saß regungslos da und schwieg.
»Bist du denn taub? Hast du nicht gehört? Ich habe dir gesagt, du sollst mir aus dem Weg gehen.«
Aber der Mönch blieb weiterhin unbeweglich und still.
Von seinem Pferd herunter rief der General ihm drohend zu:
»Ich glaube, du weißt nicht, wen du vor dir hast? Vor dir ist ein Mensch, der dich jederzeit töten kann, ohne mit der Wimper zu zucken.«
Da schaute der Mönch auf und antwortete:
»Ich glaube, du weißt nicht, wen du vor dir hast? Vor dir sitzt ein Mensch, der jederzeit sterben kann, ohne mit der Wimper zu zucken.«[11]

Alle Religionen und religiösen Traditionen versuchen, das Sterben und den Tod zu deuten. Gerade hier liegt der fundamentale Unterschied zur naturwissenschaftlichen Betrachtung der beiden Phänomene: Die Naturwissenschaft beschreibt, was die Religion zu interpretieren versucht. Beide Herangehensweisen müssen nicht im Widerspruch zueinander stehen, sondern ergänzen sich. Wissenschaftlich sehen wir, was wie geschieht, religiös und philosophisch können wir diesem Was und Wie Bedeutung und Sinn zusprechen.

4. Geburt und Tod – Erstaunliche Ähnlichkeiten

Eines Nachts kam um 3.00 Uhr ein Ruf. Ich solle auf die Geburtsstation kommen. Eine Mutter habe ein totes Kind geboren und wünsche sich seelsorgerlichen Beistand. Für mich brachte dieser Ruf nicht nur ein jähes Erwachen, sondern er öffnete mir die Tür zu einem anderen Verständnis meines Tuns, was mir aber erst im Laufe der nachfolgenden Wochen und Monate bewusst wurde.

Als ich auf der Geburtsstation ankam, musste ich noch etwas warten. Die junge Mutter war nach den Anstrengungen der Geburt noch sehr erschöpft. Sie und ihr Mann, der bei ihr war, brauchten noch etwas Zeit. So lernten die wirklich patente junge Hebamme, die bei der Geburt dabei gewesen war, und ich uns kurz kennen. Sie gehörte keinem Glauben an, zeigte aber großes Interesse an mir und meinem Tun. Sie fragte mich, ob sie nicht bei meinem priesterlichen Tun dabei sein könnte. Ich freute mich über dieses echte Interesse und im Stillen war ich sogar sehr froh darüber, denn dann war ich der Herausforderung, die auf mich zukam, nicht alleine ausgesetzt.

Als ich dann der erschöpften jungen Mutter und ihrem Mann begegnete und den kleinen, fast vollständig entwickelten toten Buben vorsichtig berührte, da flossen auch schon die Tränen bei allen Anwesenden, einschließlich mir. Wenige Worte, das ehrliche

Dasein, kein Nachfragen oder kein Einholen von Informationen, sondern das Trösten durch Worte und Gesten und das »Gott-ins-Spiel-bringen« durch Gebete und Segensworte ließen eine Atmosphäre entstehen, die ich mit dem Beginn von »Heilung« beschreiben möchte. Sehr erstaunt war ich über die echte, mit beiden Beinen in der Realität stehende Gläubigkeit dieser durch ein hartes Schicksal getroffenen jungen Menschen. Ich erlebte diese als eine große Hilfe für mein Tun. Wir sprachen die gleiche Sprache, die gleichsam Brücken über Sinnloses, Unerklärliches und überaus Schmerzvolles bauen kann. Ein Glaube, der daran festhält, dass das Erfahrene nicht das letzte Wort hat, sondern eine Hoffnung über den Tod hinaus besteht, gab uns ein festes Geländer, an dem wir uns festhalten konnten. Die wachen Augen der Hebamme, die diese Glaubenssprache nicht kannte, zeigten dabei großes Interesse an dieser so scheinbar anderen Welt des Glaubens.

Die Eltern hatten ihrem Buben auch schon einen Namen gegeben: Leo. Irgendwann stand dann die sehnliche Bitte der Mutter im Raum, den kleinen Leo noch taufen lassen zu können. Die christliche Taufe ist leider daran gebunden, dass der zu taufende Mensch lebendig sein muss. Einerseits ist mir diese Vorgabe einsichtig, andererseits erlebe ich in solchen Situationen dann leider immer wieder, welche Enttäuschung sie bewirkt. Dass ihr totes Kind ungetauft bleiben muss, ist für die betroffenen Eltern eine zweite tiefe Verletzung nach der Totgeburt. Gläubige Menschen verstehen das dann oft so, als ob ihr Kind kein Kind Gottes werden dürfe.

In mir sträubt sich immer mehr etwas in solchen Situationen, und ich nehme dieses Kirchengesetz nur widerwillig hin. Für mich ist die Seele des totgeborenen Kindes immer noch an dessen Körper gebunden, ähnlich wie ich es bei Sterbenden erlebe. Und deshalb, wenn auch schon tot, wäre für mich in so einer Sondersituation vor allem auch aus menschlich-pastoralen Gründen eine Ausnahme von Nöten, im Mutterleib oder während der Geburt gestorbene Kinder auch taufen zu können.

Ich versuchte zu trösten, indem ich eine der Taufe sehr ähnliche Segnung mit Wasser und einem Öl vollzog. Den Eltern sagte ich meine tiefste Überzeugung zu, dass ihr kleiner Leo nun ein »Kind Gottes« sei und seinen Platz im Himmel finden werde. Diese Eltern konnten diesen Trost annehmen, bei anderen, so musste ich es leider erleben, bleibt oft ein Gefühl der Sorge und Unzufriedenheit zurück.

Das junge Paar, das den Buben in einem kleinen Körbchen aus Tüchern immer wieder liebevoll herzte, sprach dann auch von dem Platz im Grab bei der Oma zu Hause wie von einem neuen Zuhause für ihr Kind. Was für tapfere junge Menschen, die bei sich daheim schon alles vorbereitet hatten: ein eigenes Zimmer für Leo mit Wiege, Babywäsche, Spielzeug und vielem mehr. Und jetzt würde das Zuhause ein Platz im Grab bei der Oma sein.

Nach gut eineinhalb Stunden machte ich mich langsam und innerlich sehr bewegt wieder auf in meine Wohnung und mein Bett, konnte aber lange keinen Schlaf finden. Solche Begleitungen gehören mit zu den emotional bewegendsten in meinem Beruf.

Leben, um zu sterben – Sterben, um zu leben

In den folgenden Wochen und im Nachdenken über die Ereignisse dieses frühen Morgens kam mir immer wieder ein Wortspiel in den Sinn: »Hebamme – Sterbeamme – Lebensamme«. Es sollte mich auf eine Spur bringen, die mein persönliches Fragen und Leben und gleichzeitig mein professionelles Arbeiten als Seelsorger und Priester an einem großen Klinikum bereicherte.

Es gibt zahlreiche Ähnlichkeiten oder Analogien zwischen der Zeit einer Schwangerschaft, die mit der Geburt endet, und einem Sterbeprozess, an dessen Ende der Tod steht. Eine Schwangerschaft und eine Geburt können leichter oder schwerer verlaufen, ähnlich ist es mit dem letzten Lebensabschnitt und dem Sterben. Das Gewahr-werden der eigenen Sterblichkeit könnte man mit einem Schwanger-sein vergleichen. Der Atem, die Schmerzen und die Einstellung spielen bei der Geburt und dem Sterben sowie den vorausgehenden »Vorbereitungszeiten« eine sehr ähnliche Rolle. Die Schwangere darf durch Atemübungen lernen, ihre teilweise als unerträglich erfahrenen Schmerzen während der Geburt besser annehmen zu können oder zu lindern. Das richtige Atmen schützt vor Verkrampfungen während der Schwangerschaft und erleichtert das Sich-Hingeben in der Geburt. Der Atem spielt auch beim Sterben eine wichtige Rolle. Indem man sich als Sterbebegleiter in den Atemrhythmus des Sterbenden hineinbegibt, kann dieser entkrampft und erleichtert werden.

Ähnliches gilt für das Vertrauen-können. Wer im Laufe seines Lebens eine Art Grundvertrauen ins Leben und in Gott gelernt hat, wird sich ins Schwanger-sein, ins Gebären wie auch ins Sterben anders hineinbegeben als jemand, der niemandem und nichts vertrauen kann. Nicht nur das Leben, sondern auch das Sterben und der Tod sind wichtige Lehrmeister, die uns Vertrauen und Hingabe lehren in das, was geschieht.

Schwangerschaften und Geburtsvorgänge verlaufen sehr individuell und hinterlassen Spuren in der Seele des neuen Menschen. So ist es auch beim Sterben. Jeder Mensch stirbt trotz gewisser allgemeiner Ähnlichkeiten im Sterbeverlauf seinen je eigenen, individuellen Tod und nimmt diese Erfahrungen, so glaube ich, ins neue Leben mit.

Noch eine andere Überlegung gestattet uns der Vergleich des Sterbens mit der Geburt. Bei der Geburt gilt die Steißlage als eine

Komplikation. Rückwärts gewandt hat es das Kind schwer, die enge Pforte des Geburtskanals zu passieren. In früheren Zeiten hat man versucht, diese Steißlage durch behutsames Drehen zu korrigieren. Dies gilt auch heute noch. Oft wird aber auch der sogenannte Kaiserschnitt angewandt, um das Kind auf die Welt zu bringen.

Wichtig ist mir hier dieser Vergleich: Könnte es sein, dass viele Menschen heute in geistlicher Steißlage sterben, den Kopf nicht nach vorn richten können zu dem, was sie jenseits des Todes erwartet? Sie klammern sich mit aller Gewalt an das, was sie hier in diesem Leben vor Augen hatten, und weigern sich, den Blick in ein Jenseits des Todes zu richten – weil wir ja nichts Genaues darüber wissen können. Und so bleiben sie hoffnungslos, ungetröstet und können nicht mitatmen, mitarbeiten bei dem Weg, der auch im Sterben zu bewältigen ist.

Nach der Geburt ist der Säugling vollständig von seiner Mutter abhängig und davon, dass er von den Eltern gepflegt und umsorgt wird. Man könnte sagen, dass seine Bedürftigkeit dem höchsten Pflegegrad 5 (*»schwerste Beeinträchtigung der Selbstständigkeit mit besonderen Anforderungen für die pflegerische Versorgung«*) entspricht. Sterbende, vor allem Langzeitsterbende sind irgendwann in gleicher Weise von der Versorgung durch andere total abhängig.

Viele Geburten und auch das Sterben finden in den Kliniken statt. Seit vielen Jahren entstehen aber immer mehr Geburtshäuser, um persönlichen und individuellen Wünschen von werdenden Eltern mehr entsprechen zu können. Analoges ist an der anderen Seite des Lebens zu beobachten. Positive Entwicklungen in der Hospizbewegung, der Palliativbewegung, der Abschieds-, Bestattungs- und Friedhofskultur kommen dem zunehmenden Bedürfnis eines »anderen letzten Lebensabschnittes« entgegen.

All diese Analogien kamen mir nach und nach in den Sinn. Geburt und Tod ähneln sich in vielen Facetten, genauso wie die Zeit der Schwangerschaft und die Zeit des Sterbens strukturelle Analogien haben. Und das gilt auch für die Berufe, die das Werden und das Vergehen von Leben begleiten. Zu der jungen Hebamme, die in jener traurigen Nacht dabei war, sagte ich: »Unsere Berufe sind doch sehr ähnlich. Sie begleiten während der Schwangerschaft und der Geburt. Ich begleite während der letzten Lebenszeit und im Sterben.« Sie bejahte dies, und tatsächlich gibt es nicht nur Hebammen, sondern auch »Sterbeammen«.

Sterbeamme – Lebensamme

Der Begriff »Sterbeamme« wurde, soweit ich feststellen konnte, 2003 erstmals von *Claudia Cardinal*[1], einer gelernten Goldschmiedin, verwendet. Sie war durch schwere Schicksalsschläge herausgefordert worden. Mit Anfang 30 verlor sie innerhalb kürzester Zeit die Großmutter, den Schwager, den Schwiegervater und den Vater, und dann starb auch noch ihre zweite Tochter mit nur sechseinhalb Jahren an Leukämie. Um all dies verkraften zu können, absolvierte sie eine Ausbildung zur Heilpraktikerin. Sie schulte sich selbst zur Sterbe- und Trauerbegleiterin, entwickelte nach und nach das Berufsbild der Sterbeamme, schrieb mehrere Bücher zu den Themen »Sterben, Tod und Trauer«[2] und gründete 2001 den ersten Standort der »Sterbeammen*Sterbegefährten –Akademie nach Claudia Cardinal«® mit Hauptsitz in Hamburg. Mittlerweile wurden durch Frau Cardinal und andere Ausbilderinnen über 500 Sterbeammen / Sterbegefährten ausgebildet. Auf diese Weise hat sich ein neues Berufsbild entwickelt und etabliert, das meinem Beruf als Priester in der Sterbebegleitung an einem großen Klinikum in vielem sehr ähnlich ist. Eine ausgebildete Sterbeamme, Jana Brüschke, legte

2017 eine genaue Darstellung des Berufsbildes dieser neuen Profession in einem Fachbuch[3] vor.

Meine Arbeit als Priester in der Sterbebegleitung verschiedener Kranker im Klinikum geschieht meist nur sporadisch, auf Bitte der Kranken oder ihrer Angehörigen hin, im besten Falle über ein paar Wochen hindurch. Fast immer begleite ich Menschen, die meinen gleichen »Glaubenskosmos«, den christlich-katholischen Glauben, teilen. Meine evangelischen Kollegen begleiten neben evangelischen Christen auch Menschen ohne Bekenntnis oder andere Weltanschauungen. Ich persönlich bin dafür offen, es ergibt sich aber eher selten. In den Palliativstationen oder Hospizen lernen Mitarbeitende Sterbende und deren Angehörige meist auch nur über kurze Zeiträume begleitend kennen. Mitarbeiter der SAPV, d.h. der »spezialisierten ambulanten palliativen Versorgung«, sind mobil und nicht selten über längere Zeiträume bei Sterbenden und deren Angehörigen vor Ort zu Hause und helfen medizinisch-pflegerisch professionell und auch menschlich sehr hoch engagiert.

Der Unterschied zwischen meiner Arbeit und der gerade genannten professionellen Helfer zur Arbeit von Sterbeammen oder Sterbebegleitern ist, dass der Beginn der Begleitung dort schon viel früher und nicht erst dann beginnt, wenn das Sterben sozusagen akut wird. Es geht, so betont es Frau Cardinal immer wieder, darum, »Sinnverluste« bei Menschen in Krisen und unter schweren Lebensumständen frühzeitig zu erkennen und dann zu begleiten. Die Suche nach Lebenssinn und die begleitende Sinnsorge nach sinnlos erfahrenen Schicksalsschlägen sind die Aufgabe einer Sterbeamme, die dadurch zu einer Lebensamme wird. Dabei ist die Arbeit in der Begleitung ganz bewusst an keine Religion, Konfession oder feste Weltanschauung gebunden. Entscheidend sind die Sinnsorge und der feste Glaube, dass die Wahrscheinlichkeit nach einem Leben nach dem Tod eine sehr hohe ist. Aber wie verhält es sich damit? Was können wir über das »Danach« sagen?

Sterben, Tod und danach Niemandsland?

Viele Menschen, auch Christen, sind heute genau in dieser Frage höchst verunsichert, haben eine unklare und damit hilflose Haltung gegenüber geistig-spirituellen Fragen. Die Todesgrenze führt sie als trauernde Angehörige ins Niemandsland und nicht mehr in ein vertrauendes Hoffen und Ausschauhalten nach Kontakten zu ihren Verstorbenen oder Gott. Die geistige Welt auf der sogenannten »Jenseite«, so ist es mein fester Glaube und auch meine Erfahrung, wartet nur darauf, von der »Diesseite« aus kontaktiert zu werden. Eine alte spirituelle Weisheit drückt genau dies aus: »Wenn du dich wirklich auf die Suche machst, dann kommt dir das Gesuchte entgegen.«

Leider herrschen heute Hilf- und Sprachlosigkeit im Umgang mit dem »Danach« nach dem Eintritt des Todes. Als Priester bin ich darum sehr froh, dass der Ansatz der Sterbeammen*Sterbegefährten genau für diese Fragen sehr offen ist. Frau Cardinal beschreibt in einem ihrer Bücher eine solche Verunsicherung einer 85-jährigen Witwe. Ich kann diese Beschreibung aus eigenem Erleben gut nachvollziehen:[4] »Da stehen ein Bild von dem Verstorbenen und eine Kerze oder auch eine Blume und dann sagt sie mir so'n bisschen verschmitzt: Ab und zu proste ich ihm auch zu. Und dann hab ich nur gesagt zu ihr: Ach so, Sie gehen davon aus, dass es ihn gibt. Und dann hat sie richtig gestutzt und hat aber abgelenkt, da wollte sie nicht rein. Und ich würde sagen, die größte Krankheit ist, dass wir nicht konsequent weiterdenken. Hat die nun 'ne Erinnerung gepflegt oder hat sie einen Kontakt gepflegt – das ist doch 'ne ganz grundsätzlich unterschiedliche Aussage.«

Sterbeammen*Sterbegefährten eröffnen ermutigend, auf eine geistige Welt jenseits der Grenze des Todes zu vertrauen, Wege aus einer stockenden Trauer heraus und somit hin zu neuen Lebensmöglichkeiten. Nichtgläubigen können sie damit einen Glauben an ein Leben nach dem Tod vermitteln. Dieser Glaube hat nicht nur ein starkes Energiepotenzial der Hoffnung, sondern er stärkt auch die Widerstandskraft, die Resilienz in scheinbar hoffnungslosen und festgefahrenen Situationen. Sterbeammen/Lebensammen helfen Trauernden, ihre Gefühle und Empfindungen anzunehmen und auszudrücken, sowie Sprachlosigkeiten zu überwinden. Die Verstorbenen werden nicht als »weg« erfahren, sie sind in einer anderen Sphäre. Darüber zu reden, ja, sogar mit den Verstorbenen zu reden hilft den Lebenden, die Toten wieder in ihr Leben zu integrieren und den Kontakt zu behalten.

Verdrängte Trauer kann krankmachen

Wie wichtig die Trauer auch um totgeborene Kinder ist, soll folgende an mich gerichtete Mail einer Patientin des »Zentrums für psychische Gesundheit« (Psychiatrie) am Klinikum Ingolstadt zeigen, die ich hier veröffentlichen darf. Frau Karin H. (57 Jahre alt) schreibt: »Die Nachricht meiner Tochter, dass sie wieder schwanger ist und Zwillinge bekommt, trafen mich mitten ins Herz. Natürlich kullerten erst einmal Freudentränen, aber es weckte auch Erinnerung an meine eigene Zwillingsschwangerschaft. Leider starben beide Kinder in der 20. Schwangerschaftswoche in meinem Bauch. Obwohl es schon 33 Jahre her war, wurde mir schmerzlich bewusst, dass ich dieses Kapitel nie richtig abgeschlossen hatte. Meine Gedanken kreisten immer wieder darum, dass ich damals keine Möglichkeit hatte, mich von ›meinen beiden Buben‹ zu verabschieden. Auch konnten sie nicht begraben werden, da es 1987 keine Möglichkeit gab, sie aus der Pathologie, wohin sie geschickt wurden, um eventuelle Fehlbildungen auszuschließen, zurückzubekommen.

Da ich wegen meiner erneut aufgetretenen schweren Depression auf einer psychiatrischen Station im Klinikum in Ingolstadt war, besuchte ich fast jeden Tag den Gottesdienst in der Klinikkapelle. Der Seelsorger P. Christoph Kreitmeir dort hat die Gabe, die Menschen in ihrem Herzen zu erreichen. Mir kam der Gedanke, ihn um Rat zu fragen. Ihm konnte ich mich anvertrauen. Deshalb bat ich ihn nach dem Gottesdienst um ein Gespräch. Das fand dann am nächsten Tag zu einer vereinbarten Zeit in der Sakristei statt. Nachdem er die ganze Geschichte gehört hatte, wurde er ganz still und dachte nach.

Er machte mir den Vorschlag, da es für einen würdigen Abschluss auch nach Jahrzehnten ein angemessenes Ritual braucht, dass ich etwas Symbolisches anstatt der Zwillinge in unserem Familiengrab begraben sollte. Er ließ es offen, was ich dafür aussuchen würde.

In der Ergotherapie formte ich während meines Klinikaufenthaltes aus Ton zwei kleine Herzen, die ich liebevoll verzierte. Die lies ich an der Luft trocknen, ganz bewusst nicht brennen, damit sie zu Staub zerfallen konnten. Als ich sie ihm zeigte, war er richtig berührt. Wir beteten noch zusammen und ich verließ ihn mit einem beruhigten Gefühl.

Nach meiner Entlassung ließ ich die beiden Tonherzen noch ein paar Tage bei mir im Schlafzimmer liegen. Das war eine sehr emotionale Zeit. Mehrmals habe ich geweint und gebetet. Als ich das Gefühl hatte, dass es jetzt gut für mich ist, wickelte ich sie in ein schönes Papier und brachte sie zum Friedhof.

Dort grub ich sie in unserem Familiengrab ein. An der Stelle pflanzte ich Vergissmeinnicht. Nun gab es endlich einen Platz, an dem ich trauern und für die beiden beten konnte.

Aus ganzem Herzen danke ich noch heute dem Klinikseelsorger, der mich so gut verstand und mir mit seinem einfühlsamen Gespräch den richtigen Weg zeigte.«

Hinter den Grenzen des Erklärbaren

Auch ich ermutige Trauernde immer wieder, mit ihren Verstorbenen in Kontakt zu treten und werde dann – nicht selten hinter vorgehaltener Hand – von Geschichten überrascht, die von ungewöhnlichen Erfahrungen erzählen. Wer es mit Geburt und Tod zu tun hat, der kann in Situationen kommen, die mit rein natürlichen und wissenschaftlichen Erklärungen allein nicht zu fassen sind. Das, was da geschieht, ruft eine Art Ehrfurcht vor Größerem hervor, eine Art Schauder, ein Berührt-sein und auch ein Ahnen dessen, was unser Leben umfängt. Seit Menschengedenken haben an den Lebensübergängen ja auch spirituelle oder religiöse Handlungen und Deutungen ihren Ort. Diese verleihen einen sicheren Rahmen und Halt in Situationen, die uns haltlos machen können.

Für mich als katholischen Priester ist der Glaube an Gott, einen höheren Sinn und an ein Leben nach dem Tod das A und O für mein eigenes Leben und deshalb auch für mein seelsorgerliches

Handeln. Ich wehre mich gegen eine immer stärker um sich greifende Einstellung, die behauptet, dass es nach der Lebenszeit nichts mehr gebe, dass mit dem Tod alles aus sei. Der dahinterstehende Materialismus, für den nichts Geistiges existiert, entwickelt sich immer mehr zu einer Art kultureller Grundhaltung. Die ehemals christlichen Kulturen in großen Teilen Europas sind so nicht nur säkular, sondern materialistisch geworden, bestenfalls mit Spuren eines Humanismus. Die Grundaussage dieser materialistischen Weltanschauung ist: Der Tod ist Vernichtung und Auslöschung. Es gibt danach nichts mehr.

Materialismus und Nihilismus hinterlassen innere Leere

Der Mensch hat aber von Natur aus einen »Willen zum Sinn« (Viktor E. Frankl). Die Vorstellung des Nichts macht ihm Angst und diese Angst hat psychosomatische Rückwirkungen auf unser Leben hier und jetzt. Frustration, Sinnlehre, Haltlosigkeit, Nihilismus und ein existenzielles Vakuum machen sich immer mehr breit und hinterlassen auch seelische Verwüstungen. Depressionen, Angststörungen, Kraftlosigkeit und Lebensüberdruss nehmen weltweit zu. Der Philosoph *Friedrich Nietzsche* analysierte diesen mittlerweile über den ganzen Globus um sich greifenden Nihilismus schon 1882 in seinem berühmten Werk »Die fröhliche Wissenschaft« auf geniale Weise als ein Losketten von Gott und damit ein ins Bodenlose Fallen. Nietzsche lässt den »tollen Menschen« am helllichten Tage mit einer Lampe auf dem Marktplatz verzweifelt nach Gott suchen:[5] »Was taten wir, als wir diese Erde von ihrer Sonne loskettteten? Wohin bewegt sie sich nun? Wohin bewegen wir uns? Fort von allen

Sonnen? Stürzen wir nicht fortwährend? Und rückwärts, seitwärts, vorwärts, nach allen Seiten? Gibt es noch ein Oben und ein Unten? Irren wir nicht wie durch ein unendliches Nichts? Gott ist tot! Gott bleibt tot! Und wir haben ihn getötet.«

Diese prophetischen Worte Nietzsches Ende des 19. Jahrhunderts gelten heute zu Beginn des 21. Jahrhunderts ganz existenziell für immer mehr Menschen: Ohne einen Glauben an Gott bricht ein ganzer Weltzusammenhang in sich zusammen. Um dieser Orientierungs- und Haltlosigkeit zu entkommen, muss der Mensch an die Stelle Gottes treten und sich um seine Sinnsorge selbst kümmern. Für die meisten Menschen ist dies aber zu anstrengend und so verbleiben sie lieber in einer Unsicherheit und Unklarheit, die sie lähmt und zum Spielball von Krisen, Schicksalsschlägen und Katastrophen werden lässt. Im Klinikum erfahre ich immer wieder, wie hilfreich und wertvoll es ist, eine Weltanschauung oder eine Spiritualität zu haben, die mit ihren Fragen und Antworten an der Schwelle des Todes nicht verstummt, sondern noch etwas zu sagen weiß.

Spiritualität als Lebenshilfe

Ein Beispiel dafür, was eine spirituelle Haltung über Leben und Tod sagen kann, findet sich in einer genialen Geschichte, die ich, als ich sie zum ersten Mal gelesen hatte, tief berührte. Der Zielsatz »Es gibt ein Leben nach der Geburt« lässt mich bis heute nicht los. Die Originalgeschichte stammt von *Henri J. M. Nouwen.*[6] Ich will sie hier gerne nacherzählen:

Die Zwillinge im Mutterleib

Es geschah, dass in einem Mutterschoß Zwillinge – ein Mädchen und ein Junge – empfangen wurden. Die Wochen vergingen und die beiden wuchsen heran. In dem Maß, in dem ihr Bewusstsein wuchs, stieg auch das Interesse an Fragen. »Sag, ist es nicht großartig, dass wir empfangen wurden? Ist es nicht wunderbar, dass wir leben?« Die Zwillinge begannen, ihre Welt zu entdecken. Als sie die Schnur fanden, die sie mit ihrer Mutter verband und die ihnen die Nahrung gab, da waren sie voller Freude. Als aber die Wochen vergingen und schließlich zu Monaten wurden, merkten sie plötzlich, wie eng es in ihrer Welt geworden war. »Was soll das heißen?«, fragte der Junge. »Das heißt«, antwortete sie, »dass unser Aufenthalt in dieser Welt bald seinem Ende zugeht.« »Ich will doch gar nicht gehen«, entgegnete der Bub, »hier ist es doch ganz gut und wir haben alles, was wir brauchen!« Nach einer Weile sagte das Mädchen zu ihrem Bruder: »Spürst du nicht ab und zu einen Schmerz, einen unangenehmen Druck? Ich glaube, dass dieses Wehtun einen Sinn hat. Wir sollen vorbereitet werden auf eine andere Welt. Und, wir werden dann wohl unsere Mutter sehen.« Der Bruder reagierte gereizt und rief: »Eine Mutter, eine Mutter? Wer hat denn schon je eine Mutter gesehen? Nein, die Geburt ist das Ende und niemand, der geboren wurde, kehrte an den Platz zurück, wo er vorher war. Lass mich in Ruhe!« Die Schwester ließ sich den Mund nicht verbieten und nach einer Weile flüsterte sie: »Es gibt ein Leben nach der Geburt. Davon bin ich fest überzeugt!«

Und so waren die letzten Tage im Schoß der Mutter gefüllt mit Schweigen, Warten und … Schließlich kam der Moment der Geburt. Als die Zwillinge ihre Welt verlassen hatten, öffneten sich ihre Augen. Sie schrien. Und, was sie sahen, das übertraf ihre kühnsten Träume.

Die Frage, was nach dem Tod sein wird, lässt uns nicht in Ruhe, sie schwelt mit ihrer Glut immer vor sich hin. Für mich ist das Sterben – wie in der Geschichte beschrieben – wie eine Geburt anzusehen. Unseren Körper streifen wir wie eine Hülle, die nicht mehr gebraucht wird, ab. Diese Hülle zerfällt in der Erde oder wird im Krematorium verbrannt. Unsere Seele aber, unser innerster Personenkern, wird neu geboren ins Licht hinein, hin zu Gott. Dort wird uns seine Liebe heilen und zu neuem Leben hin verwandeln.

Wir Menschen können so leben, als sei dieses auf wenige Jahrzehnte beschränkte Dasein alles, was wir haben. Dann müssen wir ganz viel, gierig und unter Druck und Hast in diese Lebensspanne hineinpacken. Der Tod ist zu verdrängen und am Ende zähneknirschend hinzunehmen. Wir können aber auch so leben, als ob dieses Dasein eine Art Schwangerschaft und Vorbereitungszeit für ein ganz anderes, neues und sogar ewiges Leben bei Gott ist. Krankheit, Sterben und vor allem der Tod sind dann als zwar schmerzliche, aber gesegnete Durchgänge auf unserem Weg zu Gott hin anzusehen. Diese Sicht gibt meiner Seele Zuversicht, Vertrauen, Hoffnung und Sinn.

»Zuversicht«, »Vertrauen«, »Hoffnung« und »Sinn« sind für mich nicht nur große Worte, sondern vor allem Therapeutika, die aus einer »Trotzdem-Kraft« ihre Energie schöpfen und die ich in mir selbst immer wieder finden darf, damit ich sie authentisch ausstrahlend an die mir Anvertrauten weitergeben kann. Diese »Trotzmacht des Geistes« und deren Kraft liegt für mich in zwei Bereichen, aus denen ich seit Jahren schöpfe: meinem reflektierten und immer wieder überprüften christlichen Glauben und der Logotherapie *Viktor Emil Frankls*, einer »Sinnlehre gegen die Sinnleere«, in der ich ausgebildet bin. So kann ich in der Haltlosigkeit unseres Lebens und vor allem auch in der Begleitung von Menschen, die sich in besonderen Krisenzeiten befinden, immer wieder Brücken über Abgründe bauen, und werde damit zum »Pontifex« = »Brückenbauer«.

Dieses Brückenbauen hat eine besondere und sehr konkrete Bedeutung für die Seelsorge am Sterbebett. Mein Glaube lässt mich nicht einer Vernichtung oder einem Auslöschen von Leben beiwohnen, sondern ich begleite einen Menschen und dessen Angehörige bei seinem Dahinscheiden und seinem Hinübergehen in eine andere Welt. Am Sterbebett begleite ich Sterbende in ihren Wehen wie ein Geburtshelfer durch mein Dasein, durch hilfreiche Handlungen, ein bewusstes Mitatmen, Beten und durch religiöse Rituale.

5. Sinnsorge – Seelsorge – Lebenssorge

Schon länger ist mir bewusst, dass ich als Seelsorger und Vertreter der Kirche im Gefüge des Krankenhauses eine besondere Position habe. Die theologische Ausbildung ist eine geisteswissenschaftliche, die Ausbildung der Ärzte eine naturwissenschaftliche. Und die Ausbildung der Krankenschwestern, der Pfleger und Ergo- und Physiotherapeuten, der Logopäden, der medizinisch-technischen Berufe in den spezifischen Fachabteilungen sowie all der Mitarbeitenden, die im Hygiene-, Versorgungs- und Verwaltungsbereich tätig sind, unterscheidet sich ebenfalls sehr von der, die wir »Kirchenleute« absolviert haben. Das bringt durchaus auch Probleme mit sich. Die »Kirchensprache« läuft Gefahr, gar nicht (mehr) verstanden zu werden und das äußere Auftreten zumindest der Priester, die durch besondere Kleidung kenntlich sind, kann in Zeiten der Kirchenkrise eher als Hürde und weniger als Brücke zu den Menschen erfahren werden.

Ich bemühe mich darum schon seit vielen Jahren, Menschen aus anderen, mir eher fremden Milieus offen zu begegnen. Ich habe festgestellt, dass ich von ihnen lernen kann, gerade auch im Hinblick darauf, wie ich etwas sage oder ausdrücke. Ein Krankenhaus mit 1.200 Patienten und über 3.000 Mitarbeitern und Mitarbeiterinnen, die vom Küchen- und Reinigungspersonal bis zu den

Chefärzten aus aller Herren Länder und aus den verschiedensten Kulturen kommen, bietet dafür ein weites Übungsfeld.

Die eigene Krankheit als Lehrer – eine Patientenbegegnung

Sehr konkret erlebte ich die Spannung zwischen kirchlichem und »weltlichem« Milieu als ich im Juni 2022 wegen einer Erkrankung selbst für mehrere Tage zum Patienten wurde. Wie es sich gehört, stellte ich mich meinem Zimmernachbarn – ich nenne ihn hier einmal Edi – vor und sagte ihm, dass ich jetzt für die nächsten Tage mit ihm zusammen sein würde und im Klinikum zufällig auch der Pfarrer sei. Der ohnehin schon wortkarge Mann von 66 Jahren quittierte meinen ersten Kontaktversuch mit der Feststellung: »Einen Pfarrer brauche ich nicht!« und signalisierte deutlich, seine Ruhe haben zu wollen.

»Echt schlecht gelaufen«, dachte ich mir, und so blieb jeder für sich, ohne mit dem anderen irgendwie in Kontakt zu kommen. Mir ging es nicht gut, ihm ging es nicht gut. Am nächsten Morgen kam sein Arzt, um mit ihm die Diagnose zu besprechen. Diese war sehr klar: Leberkrebs! Bösartig!

Eine Woche später sollte für ihn die Chemotherapie beginnen, in den nächsten Tagen sollten noch Voruntersuchungen gemacht werden. Der junge Arzt war freundlich und professionell, wirkte angesichts der schlimmen Botschaft aber auch distanziert und etwas hilflos. Nachdem er meinem Zimmergenossen das alles mitgeteilt hatte, verabschiedete er sich von Edi, klopfte ihm auf die Schulter und wünschte ihm einen guten Tag. Und weg war er.

Wie mochte mein Zimmernachbar sich nach dem soeben Erlebten fühlen? Ich empfand vor allem den Abschied des Arztes als wirklich misslungen und daneben. Ich spürte, wie sehr Edi sich mit dieser Hiobsbotschaft alleingelassen fühlen musste. Da er mir gegenüber aber ja deutlich gemacht hatte, dass er keinen Kontakt wolle, ließ ich ihn für mehrere Stunden mit sich alleine. Einmal telefonierte er wortkarg mit seiner Frau, die offenbar schockiert reagierte. Immer wieder verließ er das Krankenzimmer, um eine Zigarette zu rauchen. Irgendwann am Nachmittag wagte ich einen neuen Versuch, mit ihm zu reden. »Edi?« … »Was?« … »Des is doch echt Scheiße, was der Arzt dir da gesagt hat, was?« … Schweigen … Nach endlosen fünf oder zehn Minuten fing er an zu erzählen, wandte mir aber unentwegt den Rücken zu: Sein Vater sei mit 69 an Krebs gestorben, er habe eine über 90-jährige Mutter. Wer würde sich um die kümmern? Er sei erst seit Kurzem in Rente und habe mit seiner Frau nach all den Jahren schwerer Fabrikarbeit noch einiges nachholen und erleben wollen. Seine Tochter wohne leider in Norddeutschland und …

Ich hörte einfach nur zu, sagte fast nichts, und irgendwann war er dann wieder still. Ich hütete mich, nun mein Repertoire an Helferargumenten abzuspulen. Ich ließ das Gesagte einfach so stehen, betete aber im Stillen für ihn. Am Abend, er konnte lange nicht einschlafen, entstand dann doch noch eine Art Gespräch. Ich sagte ihm, dass niemand genau sagen könne, wie lang seine Lebensfrist noch sei. Ich erzählte ihm dann, und ich meinte ein gewisses Interesse zu spüren, dass es Statistiken gebe, wonach die Chemotherapie, die er in bestimmten Zyklen zu absolvieren habe, den Tumor und die Metastasen verkleinern und seine Lebensqualität den Umständen entsprechend verbessern könnte. Sein Lebensende sei aber wegen dieser sehr ernsten Erkrankung abzusehen. Als ich noch erwähnte, dass ich selbst erst zwei Jahre zuvor durch eine

Prostatakrebserkrankung hatte gehen müssen, was auch kein Spaß gewesen sei, war eine gewisse Vertrauensbasis hergestellt.

Von seiner Seite kam allerdings wenig und wenn er sich äußerte, dann nur in einer stoisch-fatalistischen Weise. »Man kann ja nicht viel machen« oder »Man muss es nehmen, wie es ist« waren seine Sätze, die mir auf erschreckende Weise zeigten, dass Edi wenig seelischen Proviant und spirituell-religiösen oder weltanschaulichen Trost in seinem Gepäck hatte. Ob er überhaupt einer Religion oder Konfession angehörte, erfuhr ich nicht; ich wusste nur, dass er Banatschwabe aus Rumänien ist und als junger Mann nach Deutschland gekommen war.

Am übernächsten Morgen wurde ich in ein anderes Zimmer verlegt und er war mir gegenüber etwas offener. Ich versuchte, ihm noch eine Art Rat mitzugeben, der, so spürte ich es, bei ihm wirklich ankam: »Nutze deine Zeit, solange es dir noch gut geht. In der guten Zeit lebe gut, in der schweren Zeit ertrage mannhaft und tapfer, was kommt. Warum? Damit du den Deinen nicht zur Last fällst, du ihnen viel eher ein Beispiel gibst, wie man bis zuletzt nicht aufgibt. Ach ja: Und deine Tochter motiviere bitte dringend, an einer Krebsvorsorgeuntersuchung teilzunehmen, da bei dir und deinem Vater ja eine familiäre Vorbelastung in diesem Bereich da ist.« Vor allem für den letzten Rat war er mir spürbar dankbar.

Verschiedene Sprachebenen und Sprachspiele

Die Erfahrungen, in einem Krankenzimmer für ein paar Tage mit einem anderen Patienten eine Schicksalsgemeinschaft zu bilden, ließ mich länger nicht los. In mir arbeitete die Frage nach der Sprache von uns Kirchenleuten. Sie wird oft nicht (mehr) verstanden. Ihre Sprachebenen, Bilder und Begriffe, das ganze »Sprachspiel« ist sehr vielen Menschen fremd und nicht (mehr) zugänglich, weil sie keinen oder nur noch wenig Kontakt mit der kirchlich-religiösen Lebenswelt haben.

Darüber sprach ich mit einem Kollegen. Der junge Mitbruder im geistlichen Dienst gab mir dann ein Buch aus der amerikanischen Pfingstlerbewegung. *George G. Hunter* analysiert in seinem Werk »Kirche an Hecken und Zäunen«[1] in ein paar sehr klaren Punkten dieses Problem. Er unterscheidet drei Ebenen in der Weltsicht von Menschen: Unten, Mitte und Oben.

Die untere Ebene umfasst die reale, natürliche und materielle Welt, die mit unseren Sinnen wahrnehmbar ist.

Die mittlere umfasst Aspekte des Sozialen, der Geschäftswelt, des Alltagslebens, der Gesundheit, auch der Unsicherheiten und Ungewissheiten der Zukunft, der Gegenwartskrisen und dergleichen. Hier geht es um die sozialen Beziehungen einerseits und um die Unverfügbarkeit und Schicksalshaftigkeit des Lebens andererseits.

Die obere Ebene ist schließlich die transzendente geistliche Ebene, welche die großen Sinnzusammenhänge und kosmischen Aspekte zu deuten versucht.

Eine zunehmende Erfahrung ist, dass sich immer mehr Menschen (Christen wie Nichtchristen) auf der Suche nach Antworten auf Fragen, die vor allem die mittlere und obere Ebene betreffen, immer weniger an die klassisch dafür ausgebildeten ratgebenden Berufe wie Sozialarbeiter, Psychologen oder Pfarrer und Pfarrerinnen wenden, sondern sich Heilpraktikern, Astrologen, Gurus, Esoterikern, Schamanen, Wunderheilern und anderen »Helfern« zuwenden. Warum ist das so? Hunter meint: Weil die Hochreligionen, also Christentum, Hinduismus, Buddhismus, Islam und Judentum, dazu neigten, sich in erster Linie auf die Deutung der höchsten

Ebene zu beschränken und dies nicht selten zu einer gewissen »Lebensfremdheit« führe. Sie gäben denen, die Nahrung suchen, keine oder sehr wenig und führten sich und ihre Daseinsberechtigung damit ad absurdum. Echte Missionare, so Hunter, sprächen nicht nur die Sprache derer, für die sie da sind, sie fühlten auch wie diese.

Hinzu kommt, dass die Welt nach der Aufklärung von einem wissenschaftlichen Geist beherrscht ist, der meint, nur noch im Materiellen, Empirischen und Messbaren Wahrheit zu erkennen. Dass es Bereiche der Wirklichkeit gibt, die nicht im Materiellen aufgehen und dennoch wahr sind, gerät dabei leicht aus dem Blick.

Dem wissenschaftlichen Geist begegne ich im Krankenhaus immer wieder im Umgang mit vielen Ärzten und Ärztinnen und auch im Umgang mit Psychiatern und Psychologen, deren Sicht- und Vorgehensweise ja von naturwissenschaftlicher Lebensdeutung und Methodik bestimmt ist. Der Geistliche, der Pfarrer, der hier zu Kranken und Sterbenden kommt, wird aus dieser Perspektive nicht selten als fremd erfahren.

Andererseits erlebe ich aber auch sehr viel Offenheit mir und meinem Tun gegenüber. Mir scheint, dass gerade da, wo es um Leben und Tod geht, sichtbar wird, dass die Naturwissenschaft zwar vieles *erklären*, aber nicht alles *so klären und deuten* kann, dass Menschen es ertragen und durchleiden können. Das wissen auch die Ärztinnen und Ärzte: Die Naturwissenschaften können das »Das« und das »Wie« erklären, Religion, Theologie und Seelsorge können Menschen helfen, das »Wozu«, den Sinn des Ganzen, zu finden.

Bei dieser Deutungsarbeit ist es mir sehr wichtig, mich in die Denk- und Lebenswelt meines Gegenübers hineinzudenken, mich hineinzufühlen und auch die Sprachspiele meines Gegenübers zu erkennen und zu nutzen. Dabei sind mir die Erkenntnisse *Viktor E. Frankls* und andere therapeutische Methoden eine große Hilfe geworden.

Logotherapie – Eine Sinndeutungshilfe

Schon in meinem Studium der Sozialpädagogik Mitte der Achtzigerjahre kam ich mit der Logotherapie und Existenzanalyse nach Viktor Emil Frankl in Berührung. Es handelt sich hier um eine *Sinnlehre* gegen die *Sinnleere*, und ich dachte mir damals, dass ich als Ordensmann und Priester nicht nur im Glauben daheim sein müsse, wenn ich mit hilfesuchenden Menschen in allen möglichen Notsituationen zu tun hätte. Ich suchte darum auch in der Philosophie und der Psychologie nach Antworten und Deutungshilfen im Umgang mit den Problemen dieser Welt.

Nach dieser ersten theoretischen Begegnung mit der Logotherapie konnte ich im Laufe der darauffolgenden Jahre neben meinen sozialpädagogischen und theologischen Ausbildungen ein Praktikum bei der international bekannten Schülerin Frankls und damaligen Leiterin des süddeutschen Instituts für Logotherapie in Fürstenfeldbruck, der Psychologin Frau Prof. *Elisabeth Lukas*, absolvieren. Darauf aufbauend und durch Begegnungen mit kalifornischen Logotherapeuten während eines Sabbatjahres an den amerikanischen Universitäten in Berkeley und San Francisco bereichert, absolvierte ich dann die Ausbildung in Logotherapie und Existenzanalyse bei dem evangelischen Theologen Prof. *Wolfram Kurz* und der Psychologin Frau Dr. *Boglarda Hadinger* in Tübingen. Diese theoretische und praktische Ausbildung bereichert mein Denken, Fühlen und Tun bis auf den heutigen Tag. Sie ermöglicht es mir, mein Tun auf zwei sich sehr gut ergänzende Säulen aufzubauen: auf der für mich hilfreichen christlich-katholischen Glaubenswelt und auf die weltliche Lehre vom Sinn, wie sie die Logotherapie entwickelt hat. Zwei persönliche Begegnungen mit Prof. Viktor E. Frankl und seine Ermutigung, 1995 meine theologische Abschlussarbeit über die Logotherapie und Existenzanalyse unter dem Titel »Sinnvolle

Seelsorge«[2] zu veröffentlichen, brachten mich in dieser Symbiose von Seelsorge und Logotherapie weiter.

Eine sehr wertvolle Ergänzung meines logotherapeutischen Tuns stellte dann – ich war schon als Seelsorger tätig – eine zweijährige Ausbildung in »Wertimagination« bei einem Schüler von Viktor E. Frankl, dem damals in Lüneburg lebenden evangelischen Theologen Prof. *Uwe Böschemeyer* dar. Diesen ganz besonderen und auch für mich persönlich wertvollen Zugang zu unserer Innenwelt habe ich in meinem Buch »Sehnsucht Spiritualität«[3] genauer beschrieben.

All dies konnte ich dann mit einer zweijährigen Ausbildung in Personenzentrierter Gesprächsführung nach *Carl Rogers* noch erweitern. So verfüge ich heute in der Klinikseelsorge in der Begegnung mit den verschiedensten Menschen gleichsam über einen Werkzeugkasten, in dem ich verschiedenste Werkzeuge zur Hand habe, um Menschen in ihrem Fragen, Ringen, Suchen und Hadern beistehen zu können. Dem Gläubigen kann ich mit und in der Glaubenswelt begegnen, dem eher philosophisch Orientierten auf eine Weise, die ihm entspricht, und Menschen mit bodenständiger Prägung durch eben genau die eigene Bodenständigkeit. Es ergibt sich aus der konkreten Situation oder der Begegnung, wie ich mich verhalte und worauf ich zurückgreife. Gewöhnlich wissen die Patienten und Patientinnen, dass sie es bei mir mit einem Pfarrer zu tun haben und verhalten sich dementsprechend. Mal sind sie offen, mal vorsichtig abwartend, selten lehnen sie ein Gespräch dankend ab. Wenn sie aber merken, dass ihr Gegenüber ein normaler Mensch mit normaler Sprache ist, dann öffnen sie sich sehr oft für eine gute Begegnung.

Da die Logotherapie eine wirklich sehr hilfreiche Deutungshilfe im Umgang mit existenziell-menschlichen Fragen und Problemen auch bei Kranken im Krankenhaus ist, möchte ich diese sinnzentrierte Psychotherapie hier in ihren wichtigsten Grundzügen erklären und dann auch an Fallbeispielen erläutern.

Der Wille zum Sinn

Die Sinnorientierung ist nach Frankl die Primärmotivation des Menschen. Das Leben als sinnvoll zu erfahren, dass ist die große Herausforderung, vor der die Menschen stehen. Nicht der »Wille zur Lust« und die Triebbefriedigung, wie *Sigmund Freud* meinte, oder das Streben nach oder der »Wille zur Macht«, wie *Alfred Adler* betonte, sondern der »Wille zum Sinn« treibt den Menschen im Tiefsten um und an. Alle drei tiefinnerlichen Triebfedern sind für unser Leben bestimmend. Wer in seinem Leben aber keinen Sinn mehr sieht, der ist nicht bloß existenziell frustriert und unglücklich, er ist weit mehr, er ist kaum mehr lebensfähig. Die andere Seite der gleichen Medaille ist nach Frankl die Wahrheit, die er selbst in zweieinhalb Jahren in vier KZs vorlebte: »Wer in seinem Leben um ein Wofür weiß, der erträgt fast jedes Wie.« Und genau diese Grunderkenntnis ist in der Lebenswelt eines Krankenhauses eine sehr wichtige, auf die ich immer wieder und meist indirekt in Patientenbegegnungen hinweise. Wer einen Menschen hat, für den, oder eine Aufgabe, für die er wieder gesund werden oder zumindest ein tapferes Beispiel im Leiden geben will, für den sind die Zumutungen verschiedenster Krankheiten leichter zu ertragen als für den, der nur für sich lebt und nur um sich selbst kreist.

Im Hintergrund der praktisch ausgerichteten Logotherapie steht die philosophisch beeinflusste und von Frankl entworfene Existenzanalyse. Es handelt sich hierbei um angewandte Anthropologie, die Anleihen in Geisteswissenschaften und der Existenzphilosophie macht. Deshalb nennt Frankl seine Sinnlehre in Abgrenzung zu der sogenannten Tiefenpsychologie *Sigmund Freuds* auch Höhenpsychologie.[4] Vor allem die Phänomenologie *Edmund Husserls*, die Existenzphilosophie *Karl Jaspers'*, die Ontologie von *Nicolai Hartmann* sowie die Anthropologie und Wertlehre *Max Schelers* sind dabei inspirierende Quellen.[5]

Der Wille zum Sinn öffnet die geistige Dimension des Menschen, die für Frankl das »spezifisch Humane« ist, welches den Menschen zum Menschen macht. Dieser Bereich umfasst die Wertfühligkeit des Menschen, seine freie Willensentscheidung, sein ethisches Empfinden, den Raum der Kunst, der Spiritualität und Religiosität, der Suche nach Sinn und auch den alles umfassenden Letztsinn, der als Übersinn oder »Gott« bezeichnet werden kann. Frankl war es wichtig, durch die Logotherapie die Tür zur Transzendenz offenzuhalten, aber an der Schwelle stehen zu bleiben. Ihm gebührt das Verdienst, die Sinnfrage »säkularisiert« und weltanschaulich oder religiös neutral wieder in die Psychotherapie eingebracht zu haben.

Die drei Säulen der Logotherapie und Existenzanalyse

Der Arzt, Psychiater und Philosoph *Viktor Emil Frankl* sieht den Menschen in seiner unteilbaren körperlichen, seelischen und geistigen Einheit, Ganzheit und Einmaligkeit der Person. Die Logotherapie und die Existenzanalyse beruhen auf drei Säulen:

1. Das Menschenbild/die Anthropologie beschreibt den Menschen als potenziell mit einem freien Willen ausgestattet und nicht determiniert (Freiheit des Willens).

2. Die Heilkunde/Psychotherapie betrachtet den Menschen als grundsätzlich willensorientiertes Wesen (Wille zum Sinn).
3. Das Weltbild/die Philosophie geht von einem bedingungslosen Sinn aus, der unter allen (!) Umständen gegeben ist (Sinn des Lebens). Der Sinn ist nach Frankl kein herstellbares Produkt und kann nicht gegeben werden. Er kann und muss aber gefunden werden, um seine lebensfördernde Kraft entfalten zu können.

Trotzmacht des Geistes, Selbstdistanzierung und Selbsttranszendenz

Der Mensch besitzt die wunderbare Fähigkeit, sich aufgrund seiner Ausstattung mit Geist zu seinem Körper und seiner Seele im psychologischen Sinne (beides zusammen wird als Psychophysikum bezeichnet) zu verhalten. Er kann sich erkennen und sich dem Psychophysikum manchmal sogar entgegenstellen. Frankl nennt dieses Potenzial die »Trotzmacht des Geistes«. Sehr griffig und einsichtig spricht er davon, dass »er [d. h. der Mensch, CK] sich von sich selbst nicht alles gefallen lassen muss«.[6] Mithilfe dieser geistigen Trotzmacht ist der Mensch zur Selbstdistanzierung und zur Selbsttranszendenz fähig. Er ist somit den schicksalhaft gegebenen Umständen des Lebens nicht vollkommen ausgeliefert – er kann dazu Stellung beziehen. Durch die Selbstdistanzierung, also durch die Fähigkeit, Distanz zu der gegebenen Situation einzunehmen, kann er Abstand von ihn beengenden Situationen und Erfahrungen gewinnen. Und durch die Selbsttranszendenz entwickelt der Mensch Interesse für etwas oder für jemanden, was er nicht selbst ist, sondern das über ihn hinausgeht. Zahlreiche psychologische Untersuchungen bestätigen, dass wenn jemand für jemand anderen oder für eine Sache lebt, er dadurch einen viel größeren Überlebenswillen oder einen Sinn gewinnt, am Leben bleiben zu wollen, als wenn er nur für sich selbst lebt oder nur um sich selbst kreist. Hier gilt wieder der Satz: »Wer ein Wozu hat, erträgt fast jedes Wie.« Für Frankl, der dies ja selbst in der Hölle von Auschwitz (er)lebte, ist die Fähigkeit zur Selbsttranszendenz das zentrale Merkmal, das den Menschen zum Menschen macht.

Sehr eindrücklich erlebte ich die Fähigkeit zur Selbstdistanzierung am eigenen Leib, als ich 2020 nach meiner Prostataoperation sehr schmerzhaft Komplikationen erfahren musste. Eines Morgens einige Tage nach der Operation entwickelte mein Körper innerhalb einer kurzen Zeit einen Harnverhalt. Meine Blase füllte sich immer mehr, ich konnte aber kein Wasser lassen. Dies wurde so schmerzhaft, dass ich nach dem Pflegepersonal läutete, aber niemand kam. Unendlich lange 10 Minuten mit unerträglichen Schmerzen zwangen mich dazu, einfach nur so laut wie möglich zu schreien. Innerhalb kürzester Zeit kam dann eine Schwester, die mich schmerzverkrümmt und schreiend im Bett fand. Sie rief einen Arzt, der sofort nach einem anderen telefonierte. Dieser kam mit einem mobilen Ultraschallgerät, mit dem ich dann untersucht wurde.

Während dieser mir fast ewig vorkommenden Minuten trat ich aus meinem Körper heraus und konnte von allen Schmerzen distanziert das Geschehen von oben betrachten. Dieses Phänomen der Selbstdistanzierung oder auch der »Depersonalisierung« wird immer wieder bei Menschen mit schlimmsten Schmerzen, Traumata oder Gewalt- und Missbrauchserfahrungen beschrieben. Ich erlebte mich irgendwie zweigeteilt, einerseits als schmerzverkrümmtes Häufchen Elend im Bett und andererseits als in mich ruhend, mich selbst und das ganze Geschehen vom Bettende aus beobachtend. Besonders interessant war für mich dabei, dass ich während der schlimmsten Phase die Präsenz meiner vor 15 Jahren verstorbenen Mutter spürte, die sehr schmerzerprobt gewesen war, weil sie viel zu erleiden gehabt hatte. Diese geistige Nähe, die der am Bettende stehende Christoph irgendwie sogar auch körperlich spürte, gab mir neben Trost und innerer Ruhe auch das innere Wissen, dass ich nicht alleine bin und dass ich das Schlimme überstehen werde. Im Laufschritt wurde ich dann im Bett liegend in die Urologie geschoben, wo mir unter großen Schmerzen ein Katheder gelegt wurde, der dann sofort Linderung brachte. Total verschwitzt und erschöpft bekam ich dann nur noch unter einer Art Nebel mit, dass ich wieder auf mein Zimmer gebracht wurde, wo ich dann lange schlief.

Die tragische Trias: Leid, Schuld und Tod

Irgendwann begegnet jeder Mensch in seinem Leben Herausforderungen wie Krankheit, Schicksalsschlägen, Gewalt, Krisen und anderen Zumutungen. Frankl benennt vor allem das Leid, die Schuld und den Tod als die drei unausweichlichen Herausforderungen des Lebens, denen niemand entkomme. Er bezeichnet diese drei großen Einschnitte im Leben eines Menschen als die »tragische Trias«, deren Negativität mit der »Trotzmacht des Geistes« ein individueller Sinn abgerungen werden könne.

Das *Leid* gehört zum menschlichen Leben, niemand kann ihm entrinnen. Der Mensch ist nach Frankl ein »Homo patiens«, ein grundsätzlich Leidender. Er hat eine Art Gestaltungsspielraum im Umgang mit Leid durch die Hilfen, die Medizin, Psychologie, Psychiatrie oder auch andere heilende Praktiken, die versuchen, lindernd oder heilend einzuwirken, zur Verfügung stellen. Es wird aber immer ein mehr oder weniger großer Rest bleiben, der unheilbar oder unveränderbar bleibt. Hier kann der Mensch durch seine innere Einstellung Einfluss auf sein Schicksal nehmen, das Leiden ertragen, tragen und sogar »umwandeln«, indem er trotz und inmitten des Leides einen tieferen Sinn findet.

Auch wenn im Gegensatz zu früheren Zeiten der Mensch heute kein Empfinden mehr dafür zu haben scheint, ist *Schuld* wie auch Leid im Leben des Menschen allgegenwärtig. Sie ist der Preis für die Wahlmöglichkeiten des Menschen und für seine Freiheit, sich zwischen Sinn und Widersinn zu entscheiden. Ist seine Wahl widersinnig, dann macht er sich schuldig. Bewusste und noch viel mehr unbewusste Schuld wird sehr oft in die innersten Winkel der menschlichen Seele verdrängt und treibt dort ihr unheilvolles Unwesen. Hinter so mancher seelischen und nicht selten auch körperlichen Erkrankung steht solch unbewusste oder uneingestandene Schuld.

Der *Tod* ist so sicher als Endpunkt des Lebens, dass die Auseinandersetzung mit ihm sehr gerne verdrängt, verschoben oder verweigert wird. Es ist, so meinen die meisten Menschen, mehr als unangenehm, sich mit ihm zu beschäftigen. Und doch werden wir mit ihm immer wieder konfrontiert. Er stellt die unüberwindbare Grenze unseres Lebens dar, so ist die menschliche Erfahrung. Das Leben ist zeitlich begrenzt und diese Begrenzung fordert uns heraus, die Zeitspanne, die jedem vergönnt ist, nicht zu vergeuden, sondern sinnvoll zu gestalten. Viktor Frankl formulierte für sich und seine Lehre eine Art »kategorischen Imperativ«: »Lebe so, als ob du zum zweiten Mal lebst und das erste Mal alles falsch gemacht hättest, wie du es zu machen im Begriffe bist.«[7]

Tragischer Optimismus und Verwirklichung von Werten

Viktor Frankl sprach angesichts der Auseinandersetzung mit diesen fundamental tragischen Zuständen unseres Lebens von der Notwendigkeit, einen »tragischen Optimismus« zu entwickeln. Dieser versucht, Negativem noch etwas Sinnvolles abzuringen und es in Positives zu transformieren: das Leid in Leistung, die Schuld in Wandlung und den Tod in einen Ansporn zu verantwortetem Tun.[8] Diesen tragischen Optimismus kann man nicht verordnen, er kann aber vorgelebt werden. Hier kommt der Aspekt des »Vorbildes«[9] zum Tragen. Wenn ein Mensch sich tapfer und für andere vorbildlich seinem Schicksal und der tragischen Trias stellt, so kann das von ihm Vorgelebte eine positive und ermutigende Wirkung auf andere haben, es ihm nachzutun.

Der Mensch versucht dabei, Sinn durch die Verwirklichung von Werten zu erfahren. Beeinflusst von der Werteethik *Max Schelers* postulierte Viktor Frankl drei verschiedene Wertkategorien, die das Erleben und Handeln von uns Menschen bestimmen: die schöpferischen Werte, die Erlebniswerte und die Einstellungswerte. Durch Wertverwirklichung ereignet sich Sinnerfüllung.

Aber bevor ich diese Dynamik genauer beschreibe, soll das Beispiel einer Patientin den produktiv ansteckenden Vorbildcharakter, den Menschen haben, die sich der tragischen Trias stellen, erhellen.

Die »positive Ansteckung« eines Vorbildes

Paula G. durchlief als Endfünfzigerin wegen ihrer Krebserkrankung eine Chemotherapie, die sich aufgrund von gesundheitlichen

Rückfällen länger als geplant hinzog. Im Rahmen meiner seelsorgerlichen Begleitung wuchs über sieben Wochen ein Vertrauensverhältnis zwischen Frau G. und mir. Eine gegenseitige Sympathie erleichterte die Begegnungen obendrein. Vor der Begegnung, von der ich nun erzählen will, war ich Maria H. begegnet, einer Dame von etwas über 80 Jahren, die ebenfalls an Krebs litt und deswegen eine Operation und anschließende Chemotherapie durchmachte. Auch sie begleitete ich schon zwei Wochen lang. Frau H., deren Ehemann ein paar Jahre zuvor an Krebs im selben Klinikum verstorben war und die deshalb sehr ängstlich war, erzählte mir recht aufgebracht, dass ihre weit weg lebende Tochter einige Zeit zuvor am Telefon zu ihr gesagt habe: »Mutti, du bist oft wie eine Giftkröte.« »Herr Pfarrer«, suchte sie bei mir Unterstützung, »das sagt die zu mir! Das geht doch nicht!« Ich atmete tief durch, und weil ich Frau H. ja auch aus meiner Gottesdienstgemeinde schon vor ihrem Klinikaufenthalt kannte, erwiderte ich ihr: »Frau H., also ich erlaube mir jetzt, Ihnen das zu sagen. Ich verstehe Ihre Tochter. Sie sind manchmal wirklich wie eine Giftkröte.« Mit großen Augen schaute die alte Dame mich sichtlich um Fassung ringend an. Die Fortführung dieses Gespräches war aufgrund meiner Ehrlichkeit in dieser Situation nicht mehr gut möglich, und nach wenigen weiteren Sätzen verabschiedete ich mich. Ich wusste, dass ich ein Wagnis eingegangen war, aber von den Stationsschwestern wusste ich auch, dass Frau H. mit ihrer »Krötenhaftigkeit«, mit ihrer Unzufriedenheit, gepaart mit einer gewissen fordernden Grundhaltung, die Stimmung auf dieser Station belastete.

Diese Begegnung noch recht präsent in mir habend, besuchte ich Frau G. kurz danach. Jetzt lag sie allein in einem Zweibettzimmer, was unserer Begegnung zugute kam. Nach über sieben Wochen Krankenhausaufenthalt freute sie sich auf das in Aussicht gestellte Nachhausekommen. Deshalb bat ich sie, kurz nach innen zu spüren, was denn nun ihr Grundgefühl sei im Hinblick auf die lange Zeit, die sie im Krankenhaus war. Sie spürte wirklich nach, blickte länger still aus dem Fenster und sagte dann mit weicher Stimme: »Ich bin hier eigentlich gut aufgehoben gewesen.« Darauf ich: »Das ist ja super. Sie haben ja weiß Gott auch ganz schön schwere Zeiten gehabt mit Erbrechen, Unverträglichkeiten und vielem mehr. Finden Sie noch etwas?« »Ja«, sagte sie langsam, »ich bin eigentlich dankbar, dass mir hier geholfen wurde. Dankbar bin ich für meine mich behandelnde Onkologin, Frau Dr. G., dankbar bin ich für die Pfleger und Schwestern … dankbar bin ich auch für die Seelsorge.« Meine Reaktion darauf war echte Freude und der spontane Ausruf: »Ich könnte Sie jetzt knuddeln. Sie sind echt klasse. Sie haben so viel Schweres mitgemacht und wenn Sie kurz nachspüren und nachdenken, dann fühlen sie Dankbarkeit, Zufriedenheit und Geborgenheit.«

Eine produktive Stille entstand zwischen uns, die ich dann unterbrach, indem ich von der unzufriedenen Frau H. ein paar Zimmer weiter erzählte. Ich erwähnte auch, was die Tochter der Mutter auf den Kopf zugesagt habe. Auf einmal rollten Tränen über die Wangen von Paula G. »Was ist denn los?«, fragte ich sie. Daraufhin machte sie ihre Nachttischschublade auf und sagte: »Ich muss Ihnen etwas zeigen.« Sie holte eine Klappkarte heraus, vorne mit einem Blumenstrauß und hinten mit der Aufschrift »Um deine Tage zu erhellen.« Ihre über 80 Jahre alte Mutter schrieb darin, dass sie sich bei ihr bedanke und dass sie sich nach ihr sehne. Sie bedankte sich für sie, die tapfere Tochter, und wünschte sich sehr, dass sie endlich nach Hause komme. Dass es Zeit werde und sie sie vermisse. Und dass sie zu Hause ein kleines Morgenritual für sie entwickelt habe, nämlich, dass die Familienmitglieder, sobald sie aufgestanden seien, für sie beten und darum bitten, dass sie noch einige Jahre habe.

Nach einiger Zeit der Stille erzählte mir Paula G. dann, dass sich dieses gute Verhältnis erst in letzter Zeit entwickelt habe. Sie habe lange eine schwierige Beziehung zu ihrer Mutter gehabt. Erst, als sie spät gelernt habe, sich selbst zu lieben, und durch die schwere Erkrankung sei es besser geworden. Nicht mehr der Mutter alles recht machen zu müssen, sondern zuerst sich selbst zu lieben, das sei nun ihr Fokus. Mit ihrer eigenen inneren Wandlung habe sich auch die Beziehung zur Mutter geändert. Und dann sei dieser Brief gekommen.

Mit dieser Geschichte in meiner Seele besuchte ich zwei Tage später wieder Frau H. Ich ließ ganz bewusst einen Tag zum »Gären« bei ihr dazwischen. Als ich dann in ihr Zimmer kam, war ich schon darüber verwundert, wie positiv sie mich begrüßte. Sie fiel dann auch gleich mit der Tür ins Haus. Sie habe sich das Gespräch zu Herzen gehen lassen, viel nachgedacht, auch geweint und sie wolle sich ändern. Sie wisse nur nicht wie, und sie habe ja auch nicht mehr viel Zeit angesichts der Schwere ihrer Erkrankung. Ich erzählte ihr – und während ich das tat, begann Frau H. zu weinen – von Paula G., deren Mutter und dem Brief. Mehrere Begegnungen in den darauffolgenden Tagen zeigten mir dann, dass die Geschichte von Frau G. und ihrer Mutter eine vorbildhafte und ansteckende Wirkung auf die alte Dame hatte. Ihre Unzufriedenheit nahm ab und die negative Ausstrahlung auf ihre Umgebung ebenso. Einige Zeit nach ihrer Entlassung nach Hause erhielt ich von ihr – und das erstaunte mich auf dem Hintergrund ihres Alters dann doch – eine Mail mit Dankesworten. Irgendwie hatte sie meine Homepage und die Kontaktmöglichkeit darauf und irgendwie auch zu einer neuen Sichtweise gefunden.

Schöpferische Werte, Erlebniswerte und Einstellungswerte

Sehr wichtig und auch in der Begleitung von Patienten überaus hilfreich ist die folgende Erkenntnis Frankls: »Wir müssen lernen und die verzweifelnden Menschen lehren, dass es eigentlich nie und nimmer darauf ankommt, was wir vom Leben noch zu erwarten haben, vielmehr lediglich darauf, was das Leben von uns erwartet!«[10] Frankl betont immer wieder, dass nicht wir diejenigen sind, die Fragen an das Leben zu stellen haben, sondern dass das Leben selbst es ist, »das dem Menschen Fragen stellt. Er hat nicht zu fragen, er ist vielmehr der vom Leben her Befragte, der dem Leben zu antworten – das Leben zu ver-antworten hat. Die Antworten aber, die der Mensch gibt, können nur konkrete Antworten auf konkrete ›Lebensfragen‹ sein.«[11]

Als Klinikseelsorger werden mir immer wieder von Kranken Fragen gestellt wie: »Warum habe ich diese Krankheit?« »Warum gerade ich?« »Was habe ich falsch gemacht?« Bis hin zu: »Warum lässt Gott mich leiden?« Jedes Mal muss ich diese Fragen ernst nehmen, gleichzeitig aber auf genau die Wahrnehmungsänderung hinarbeiten, auf die Frankl hinwies. Auf das »Warum?« bekomme ich keine Antwort. Aber wenn ich lerne, darauf zu hören, welche Fragen mir mein Leben in meiner konkreten Situation ganz konkret stellt, dann kann ich, indem ich auf diese Fragen antworte, einen Sinn finden.

Drei Wertekategorien werden in der Logotherapie dabei als Wege zur Sinnfindung und Sinnverwirklichung gesehen:

Schöpferische Werte

Durch kreatives Tun und das Erschaffen von etwas Wertvollem setzt der Mensch Werte in die Welt und erlebt sich und sein Tun dadurch als sinnvoll. Das aktive Schaffen in Arbeit, Beruf und Freizeit ist hier gemeint. Der Mensch ist der »homo faber«, der schaffende Mensch.

Erlebniswerte

Hier liegt das Augenmerk auf dem Erleben, dem Erfahren. Durch das Erleben der Natur, der Kunst, der Musik, von etwas Schönem und Gutem nimmt der Mensch ursprünglich Wertvolles in sich auf und verwirklicht dadurch Sinn. Liebende Begegnung mit anderen gehört zu den stärksten und zutiefst bereichernden Erlebniswerten eines Menschen. Der Mensch wird als »homo amans«, als der liebende und zur Liebe fähige Mensch, gesehen. Dieser Mensch blickt primär von sich weg auf jemand anderen oder eine Aufgabe hin.

Einstellungswerte

Wenn nichts mehr geht, wenn kaum oder nicht mehr gehandelt oder erfahren werden kann, wenn ein Schicksal nicht mehr veränderbar ist, dann kann immer noch die Einstellung zu diesem Schicksal beeinflusst werden. Der Mensch ist nach Frankl seinem Schicksal nie gänzlich ausgeliefert, er kann dazu Stellung nehmen. Durch eine Blickwinkelveränderung, durch eine geistige Einstellungsveränderung kann Leiden nicht nur angenommen und dadurch bewältigt werden, es kann sogar ein Sinn im Leiden gefunden werden. Der »homo patiens«, der leidende Mensch, ist nach Frankl der, welcher die Möglichkeit hat, den höchsten Wert zu verwirklichen und den tiefsten Sinn zu erfüllen.

Maria L. – Gelingendes Annehmen und Umdeuten von Schwerem

Ich habe im Klinikum viele Patienten und Patientinnen erlebt, denen dieser letzte große Schritt menschlicher Sinndeutung in einer Einstellungsänderung angesichts unveränderlichen Leids und des baldigen Todes gelungen ist. Beispielhaft will ich von Maria erzählen, die sich im Alter von 61 Jahren mit der Diagnose Bauchspeicheldrüsenkrebs auseinandersetzen musste und die ich in ihrem Sterben, das sich über vier Wochen hinzog, begleiten durfte. In den letzten Monaten ihrer tödlichen Erkrankung kamen zur Grunderkrankung noch Metastasen in der Leber hinzu. Die Chemotherapie konnte anfangs das Krebsgeschehen eindämmen, es aber nicht abstellen und heilen.

Maria war eine gläubige Frau, die nicht nur eine persönlich reife christliche Spiritualität lebte, sondern – was ich selbst gut nach- und mitvollziehen kann – auch Kontakt zu ihren Verstorbenen hatte. Ihr Mann war zwei Jahre zuvor an einem Herzinfarkt gestorben und ihr Vater 15 Jahre früher an der gleichen Krebserkrankung, wie sie sie nun zu erleiden hatte. Mit beiden war sie in gutem Kontakt in der »Anderwelt« und vor allem auf ihrem Vater vertraute sie, dass er ihr beistehen würde.

Jedes Mal, wenn wir uns trafen, erlebte ich sie im Auf und Ab von Schwäche, Erbrechen, Erschöpfung, aber auch immer wieder in einer geistigen Wachheit, die sich in ihren klaren offenen Augen zeigte. Mit einem müden Lächeln begrüßte sie mich meistens und wir kamen in unseren Begegnungen oft sehr schnell zu wichtigen Themen wie der Hoffnung auf ein Leben nach dem Tod, dem Wiedertreffen mit den Vorangegangenen und einem Sein bei Gott. Maria verehrte wie auch ich eine Heilige aus unserer Gegend, die hl. Anna Schäffer aus Mindelstetten.

Anna Schäffer aus Mindelstetten – Sinn finden in der spirituellen Deutung von Krankheit

Am 4. Februar 1901 im Alter von 18 Jahren erlitt Anna Schäffer ihre persönliche Katastrophe. In einer Waschküche verbrühte sich diese einfache Magd beide Beine so schwer, dass sie danach fast 25 Jahre lang ans Krankenbett gefesselt war. Im Laufe dieser Leidensgeschichte – sie musste z. B. 30-mal operiert werden und das unter den damaligen Umständen – entwickelte sie durch ihre Frömmigkeit die Fähigkeit, ihre Lebensbrüche im Blick auf Jesus und dessen Mutter Maria nicht nur anzunehmen, sondern mit Sinn zu füllen. In genau dem Sinn, wie Frankl die Einstellungswerte beschrieb, konnte sie aus etwas Negativem mit Gottes Hilfe etwas Positives machen und dadurch für viele Menschen damals wie auch heute im Umgang mit körperlichem und/oder seelischem Leid ein Vorbild und eine Helferin sein, nämlich darin, nicht zu zerbrechen, sondern zu reifen.

2020 konnte ich ein kleines Büchlein mit dem Titel »Die Hoffnung hilft auf«[12] veröffentlichen, in dem ich die Leidensgeschichte dieser einfachen Frau mit dem Kreuzweg Jesu Christi und Aussagen des weltberühmten Wiener Psychiaters Viktor Emil Frankl verbinde. Für Kranke, Leidende, Sterbende und deren Angehörige geht es immer wieder auch darum, nachvollziehbare, realistische, erfahrungserprobte und auch spirituelle Hilfen im Umgang mit diesen besonders herausfordernden existenziellen Lebenssituationen zu bekommen. Das Büchlein versucht, ein sinnstiftendes Angebot zu machen, um die Wegstrecke der Krankheits- und Sterbebewältigung sogar über den Tod hinaus sinnvoll deuten zu können.

Mit der Patientin Maria L. konnte ich immer wieder bei meinen kurzen Besuchen bei ihr – zuletzt auch auf der Palliativstation – an die Geschichte der hl. Anna Schäffer anknüpfen, die einmal auch im Blick auf Jesus sagte: »Im Leiden habe ich dich lieben gelernt.« Maria L. hatte auch diese Fähigkeit, ihr Leiden auf einen größeren Sinnhorizont hin zu deuten, nicht zu verhärten, sondern sogar im Leiden liebend zu reifen. Ausgezehrt und kraftlos, aber bis zuletzt voll von einer Stärke, die aus einer anderen Dimension kommt. Maria wird die Liebe finden – davon bin ich überzeugt – auf dem Weg zu ihren Lieben, zu Gott und ins Licht.

Viktor Frankl, der die Hölle von Auschwitz und anderen Konzentrationslagern überlebte, wurde einmal von seiner Schülerin Elisabeth Lukas gefragt:[13] »‚Herr Professor, Sie haben mit Ihrem Leben bezeugt, was Sie lehren. Aber was sollen wir Schüler machen, die wir keine Kriegsgräuel erlebt haben und keine persönliche Bewährung mitten in der Hölle vorweisen können?' Frankl sah mich ernst an. ›Ach, Frau Lukas‹, antwortete er, ›jeder Mensch hat sein Auschwitz!‹« Verblüfft schwieg Frau Lukas, um dann im Laufe der Zeit in der Arbeit mit Leidenden herauszubekommen, dass Frankl damit recht gehabt hatte.

Den »homo patiens«, den leidenden Menschen, gibt es auf der ganzen Welt, zu allen Zeiten und in verschiedensten Gestalten. Niemand entkommt dem Leid, jeder und jede hat sein/ihr »Auschwitz«.

Es kommt darauf an, den Blick dennoch offenzuhalten und verwurzelt und geborgen in einem tieferen Sinn und mit der Trotzmacht des Geistes und auch des Glaubens über das alles hinauszuwachsen und zu bestehen.

Positive Vorbilder im Umgang mit Leid

Menschen können Vorbilder im Umgang mit Schwerem, mit Leid, mit Unabänderlichem werden. Wir alle kennen Menschen, die uns in der Art und Weise, wie sie mit schweren Zumutungen und Einschränkungen des Lebens positiv umgehen, in unserem eigenen Ringen geistige Kraft geben. Der Philosoph *Max Scheler* sieht im Vorbild »das primäre Vehikel aller Veränderungen in der sittlichen Welt« und betrachtet Vorbilder als die »ursprünglichen Heiligen«, ganz unabhängig von Religion oder Konfession.[14] Solche vorbildlichen Menschen ziehen uns wie Magnete an, weil sie Zeugen für eine potenzielle Kraft des menschlichen Geistes sind. Sie laden zur »Nachfolge« ein, es ihnen ähnlich zu tun. Von solchen »maßgebenden Menschen« (Karl Jaspers) geht eine Kraft aus, die uns selbst wachsen lässt.

Das »Trotzdem Ja zum Leben sagen« kann durch das Erleben von Menschen, die einem dieses Ja authentisch und glaubwürdig vorleben, geweckt, genährt und gestärkt werden. Ihr Durchhalten und Aushalten im Blick auf ein Ziel können ansteckend wirken und lassen die Kräfte der Resilienz, der seelischen Widerstandskraft, in einem wieder lebendig werden.

Viktor E. Frankls Scheunengleichnis

Vor vielen Jahren, ich war noch im Studium, hatte ich ein großes Aha-Erlebnis, welches das sog. »Scheunengleichnis« Viktor Emil Frankls auslöste. Es gab mir in einer Zeit, in der ich nagende Zweifel am christlichen Auferstehungsglauben hatte, menschlichen und philosophischen Trost. Heute erzähle ich dieses Gleichnis in der Begegnung mit Sterbenden oder mit trauernden Angehörigen immer wieder in einer Kurzform und erlebe, wie es angesichts einer unausweichlichen Realität einen gewissen Trost und eine versöhnliche Rückschau auf das gelebte Leben ermöglichen kann.

Worum geht es?

Viktor Emil Frankl besaß die Fähigkeit, einen anderen, einen tieferen, ja, einen oft alles auf den Kopf stellenden Blick auf das Leben und die Realität zu werfen und zu trainieren. Die neuen Erkenntnisse, die er dabei fand, fasste er dann in Bilder, in poetische, ja, in fast mystische Texte und Gleichnisse, deren Wahrheits- und Sinngehalt einen auf neue Wege bringen können. Seine Schülerin Elisabeth Lukas fasste »Frankls Gleichnisse« in einem ihrer Bücher zusammen.[15] Dort finden sich wahre Schätze menschlicher Geistigkeit und Lebensbewältigung.

Weil der Mensch an seiner Zeitlichkeit leidet, unterscheidet Frankl immer wieder genial und philosophisch richtig zwischen »Vergänglichkeit« und »Vergangenheit«. Wir Menschen leben im Fluss der Zeit und erleben dabei die Vergänglichkeit allen Lebens umso schmerzlicher, je gebrechlicher, kränker oder älter wir werden. Wir neigen dann dazu, wehmütig auf die immer kürzer werdende Zeitspanne zu schauen und dabei traurig und niedergeschlagen zu werden. In verschiedenen Versionen greift Frankl in seinem berühmten »Scheunengleichnis« genau diese Situation des Leidens an der Vergänglichkeit auf, wenn er sinngemäß sagt: »Der Mensch sieht immer nur die abgeernteten Stoppelfelder der Vergänglichkeit und übersieht dabei die vollen Scheunen der Vergangenheit.«

Dieses Gleichnis lädt zu einer Blickwinkeländerung, zu einer Bewusstseinsänderung und dadurch zu einer Einstellungsänderung ein. Das Leben geht immer einher mit Werden und Vergehen, Wachsen und Sterben. Das Abernten der Saatfrüchte setzt voraus, dass etwas ausgesät wurde. Der Tod ist der permanente Mahner, unsere Lebenszeit mit dem Aussäen von sinnvollen Taten zu füllen. Wenn diese geerntet werden, dann sind diese Früchte ja nicht weg, sie werden in die Scheunen eingebracht. Was wir in unserem Leben getan und eingebracht haben, das geht nicht verloren, das wurde in die Vergangenheit hineingerettet. Dort ist es für immer aufbewahrt, dort ist es bewahrt vor der Vergänglichkeit. In der Vergangenheit ist nichts unwiederbringlich verloren, sondern es ist unverlierbar geborgen. Während die Zeit vergeht, gerinnt das Geschehene zur Geschichte, und zwar zur höchstpersönlichen, jeweils einzelnen und einzigartigen Geschichte des jeweiligen Menschen. Nichts und niemand, nicht einmal der Tod kann sie – Frankl spricht von der »Lebensernte« – ungeschehen machen, sie rauben oder vernichten. Das gewesene Sein ist das sicherste Sein.

Wenn man sich auf dieses Bild der Vergänglichkeitsbewältigung wirklich einlässt, dann gibt es einem nicht nur Trost, sondern auch Kraft, eine Trotzdem-Kraft, die verbleibende Zeit gut und sinnvoll zu nutzen und versöhnt und dankbar auf die vergangene Zeit zu blicken.

In einfachen und gar nicht religiös konnotierten Worten darf ich am Sterbe- oder Totenbett Trauernden oder Hinterbliebenen genau diesen Trost geben. Wenn jemand auf z. B. 56 gemeinsame Ehejahre mit dem sterbenden oder verstorbenen Partner zurückschauen darf, wenn vielleicht sogar »Früchte« dieser Verbindung, also gemeinsame Kinder und Kindeskinder anwesend sind, dann brauche ich das nur sagen: »Nichts und niemand, nicht einmal der Tod kann Ihnen diese gemeinsame Zeit nehmen. Diese miteinander in Höhen und Tiefen gelebte Zeit ist Ihr gemeinsamer Schatz. Er ist unverlierbar! Er gehört Ihnen!« So oder so ähnlich gesagt, vielleicht sogar noch untermauert mit dem oben genannten Satz von den Stoppelfeldern und den Scheunen ... Nicht selten sehe ich in den Gesichtern der Menschen, wie diese Blickwinkeländerung in ihnen zu arbeiten beginnt. Bei späteren Begegnungen oder in Briefen wurde mir schon mehrmals mitgeteilt, dass diese Worte sehr geholfen hätten.

Von einer praktischen Anwendung des Franklschen Scheunengleichnisses möchte ich jetzt erzählen: An einem späteren Nachmittag werde ich vom Oberarzt einer Station mit Intensivüberwachung angerufen. Er sagt mir, dass eine alte Dame von 91 Jahren ein Gespräch mit mir möchte. Es sei dringlich, sie scheine kurz vor dem Sterben zu sein. Auf der Station angekommen, treffe auf Uta H., die mit allen möglichen Schläuchen und Kabeln versehen ist. Eine sehr abgemagerte Frau begrüßt mich sehr freundlich, nachdem ich mich als Pfarrer vorgestellt habe. Ihre Tochter ist anwesend und im Gespräch zeigt sich, dass ich es bei dieser Patientin mit einer zwar körperlich sehr mitgenommenen, geistig aber sehr wachen Person zu tun habe. Von einer schweren Erkrankung zwar ausgezehrt, begegnet mir hier doch eine sehr selbstbewusste Dame, die Grundschullehrerin war und mir gegenüber dann den Wunsch äußert, die Krankensalbung empfangen zu wollen. Sie möchte von einem Diakon, den ich dann mit Namen kenne, was sie erkennbar freut, beerdigt werden. Durch die Krankensalbung will sie ihren Weg der Vorbereitung auf das baldige Sterben ganz bewusst vollziehen.

Im Laufe der Begegnung stellt sich dann heraus, dass ihre Tochter gar nicht ihre leibliche Tochter ist, sondern die Tochter ihrer Zwillingsschwester. Diese war mit einem bösen und gierigen Mann verheiratet, der nur auf ihr Geld aus war und sie deshalb tötete. Als dieser für seine Tat ins Gefängnis musste, adoptierte Uta die zwei Kinder ihrer toten Schwester.

Ich war fasziniert von dieser großen Lebenstat und von dieser Frau überhaupt. Während ich die Krankensalbung spendete, konnte ich sehr schön wahrnehmen, wie ein Mensch, der schwer atmet, der schwer leidet, der den Magenschlauch hat und all diese Dinge, sich trotzdem müht, die Gebete aktiv mitzubeten. Und dann sagte sie – das war auch sehr beeindruckend für mich, und ich war noch gar nicht mal fertig mit der Salbung –, dann sagte sie, sie möchte doch auch bitte, dass ihre Tochter und die andere Tochter, die von Niederbayern noch kommen wird, dass beide von mir auch gesegnet werden.

Ich antwortete ihr: »Natürlich mache ich das sehr gerne, aber jetzt machen wir zuerst die Krankensalbung.« Sogar in ihrem Sterben fühlte sie für andere und dachte an sie. Wirklich beeindruckend. Ich bat dann die Tochter, sich so ans Bett der Mutter zu stellen, so, dass Uta sie sehen konnte. Ich bat sie auch, dass sie die Hand der Mutter halte. Nach der Salbung habe ich dann sie und ihre abwesende Schwester gesegnet.

Einmal mehr viel mir auf, wie beruhigt Frau H. nach der Krankensalbung war. Auch bei anderen Sterbenden hatte ich das schon häufig erlebt. Nach einer kleinen Pause brachte ich noch das Thema der Lebensspuren zur Sprache, die wir hinterlassen. Dazu sagte diese an vielen Lebensjahren reiche Frau nachdenklich-melancholisch: »Ob ich überhaupt Spuren hinterlassen habe?« Ich zählte ihr dann auf, was ich alleine schon bei dieser kurzen Begegnung mitbekommen hätte, dass es ganz viel Reichtum in ihrem Leben gegeben habe und gebe.

Ich kenne das mittlerweile aus der Begleitung von vielen Kranken, dass nahezu heiligmäßige Menschen, wenn es auf das Lebensende zugeht, mit sich hadern, ob ihr Leben überhaupt irgendeinen Sinn gehabt habe. Ich konnte in diesem Gespräch wieder einmal Frankls so hilfreiches Gleichnis von den Stoppelfeldern und den Scheunen erzählen.

Auch Uta und ihre Tochter regte es zum Nachdenken und Nachspüren an. Ich verabschiedete mich von den beiden mit einem Dank dafür, dass ich sie beide und besonders einen so wertvollen Menschen kennenlernen durfte – da war die alte Dame ganz gerührt. Später erfuhr ich, dass sie 18 Stunden später, nachdem sie sich auch von ihrer anderen Tochter verabschiedet hatte, friedlich sterben konnte.

Auf dem Weg zurück in mein Büro traf ich auf dem Gang noch den Oberarzt, der mich angerufen hatte. Ich erlaubte mir, ihm diese eine Stelle aus dem Gespräch mit Frau H. zu erzählen, nämlich, dass deren Zwillingsschwester vom Ehemann umgebracht wurde und Frau H. dann die beiden Kinder adoptiert habe. Da hat er mich groß angeschaut und dann was sehr Interessantes gesagt, nämlich: »Dann werden die eigenen Probleme viel kleiner.« Das hat mich beeindruckt, denn so konnte das Beispiel dieser alten Frau diesen Arzt mit seinem Leben und seinen Fragen in Kontakt und in eine neue Relation bringen.

6. Bestattung – Klassisch oder modern?

Ob es uns gefällt oder nicht: Alles unterliegt der Veränderung. »Nichts ist so beständig wie der stete Wandel«, sagte einst der altgriechische Philosoph Heraklit. Veränderung ist anstrengend. Sie kann als unangenehm, als Herausforderung, ja, sogar als Zumutung erfahren werden, gerade heute in einer Zeit, die als »Zeitenwende« charakterisiert wird. Der Klimawandel, Kriege, eine unsichere Energieversorgung und zunehmende Migrationsbewegungen stellen das Gewohnte in Frage. Sogar die Beständigkeit alter Institutionen steht in Frage. So erlebt die katholische Kirche, zu der ich gehöre, unangenehme Einbrüche und Infragestellungen, die diese fast 2000 Jahre alte Institution ins Wanken bringt. Dachte sie vor nicht allzu langer Zeit noch in Jahrhunderten, so plant sie heute mit zunehmenden Unsicherheitsfaktoren höchstens in Jahrzehnten.

Was für das Große gilt, gilt auch im Kleinen: Die hergebrachten sozialen und kulturellen Selbstverständlichkeiten unseres Alltags verändern sich ebenfalls. Dazu gehören auch die Fragen nach dem Umgang mit dem Sterben, mit dem Tod und mit dem Danach. Veränderungen sind auch hier normal, und dennoch können sie, gerade wenn sich das Tempo des Wandels beschleunigt, Ängste auslösen. Die Unsicherheit und die damit verbundenen Ängste, aber auch die Chancen, die der Wandel mit sich bringt, wollen wir uns im Folgenden genauer ansehen.

Rembrandt H. van Rijn: Die Heimkehr des verlorenen Sohnes, um 1666/1669.
Öl auf Leinwand, 262 x 206 cm; St. Petersburg, Eremitage.
 – siehe Seite 49ff.

Alfred Opiolka, Foto: Bruno Maul – siehe Seite 152ff.

Alfred Opiolka »Schrein«, © Alfred Opiolka

Alfred Opiolka »Schrein«, © Alfred Opiolka

Alfred Opiolka »Urne«, © Alfred Opiolka

Alfred Opiolka »Urne«, © Alfred Opiolka

Alfred Opiolka »Urne«, © Alfred Opiolka

Glasarbeit einer trauernden Mutter mit beeindruckender Darstellung von »Hoffnung zwischen den Welten«.
Foto: Christoph Kreitmeir – siehe Seite 218ff.

Verschiedene Ursachen für den Wandel

Die moderne Gesellschaft gibt sich tolerant. Unterschiedliche Denk- und Lebensweisen, Meinungen, Weltanschauungen und religiöse Bekenntnisse stehen gleichberechtigt nebeneinander. Individualität und Selbstbestimmung werden großgeschrieben und die Pluralität der Lebensformen nimmt zu. Dies findet natürlich auch seinen Niederschlag im Umgang mit Sterben und Tod und in einer sich verändernden Bestattungspraxis. Bisher verbindliche Vorgaben und Regeln treten zunehmend in den Hintergrund, Bestattungsgesetze werden liberalisiert, viele Menschen wenden sich von der hergebrachten christlichen Bestattungskultur ab und alternativen Bestattungsformen zu.

Weg vom Pfarrer – hin zum Bestatter

Noch bis in die 70er-Jahre des 20. Jahrhunderts hinein gab es eine große, allgemeine Akzeptanz der traditionellen christlichen Abschiedsrituale. Starb jemand, dann nahm man in den allermeisten Fällen Kontakt mit dem evangelischen oder katholischen Pfarramt auf. Der Pfarrer, die Pfarrerin oder das pastorale Personal waren dann die Ansprechpartner, um trauernde Angehörige in ihrer Ausnahmesituation aufzufangen, Trauergespräche zu führen, die Beerdigung zu gestalten und auch um eventuell eine spirituell-soziale Begleitung in der Trauer anzubieten.

Diese Kernaufgabe kirchlichen Handelns wird nun aus mehreren Gründen mehr und mehr nicht mehr nur von den Kirchen, sondern vor allem von Bestattern und Trauerrednern wahrgenommen.

Über allem steht die zunehmende Entfremdung von der Glaubenstradition. Während man früher in sie hineingeboren und selbstverständlich darin sozialisiert wurde, haben viele Menschen heute überhaupt keine individuelle Glaubensgeschichte mehr. Dazu kommt, dass Menschen in Scharen aus den Kirchen austreten. Manche tun dies, um sich die Zahlung der Kirchensteuer zu ersparen. Für viele sind aber andere Gründe dringlicher: Seit dem öffentlichen Bekanntwerden des sexuellen Missbrauchs vor allem von Kindern und Jugendlichen durch Geistliche in der Katholischen Kirche ab dem Jahre 2010, und wegen der schleppenden oder sogar verweigerten Aufarbeitung dieses Skandals wenden sich immer mehr Menschen von der Kirche ab, zumal sie auch einen erdrückenden Reformstau in dieser Kirche wahrnehmen. Der persönliche Glaube ist davon aber oft nicht betroffen. Viele dieser Menschen suchen im Fall eines Todes im Familienkreis nun nicht mehr die Hilfe einer Kirche, der sie nicht mehr vertrauen.

Hinzu kommt, dass Sterben und Tod heute anders als noch vor wenigen Jahrzehnten im Leben der Menschen einen Sonderfall darstellen, mit dem sie kaum eine Erfahrung haben. Gott sei Dank leben Menschen heute länger. Der Tod wird seltener erfahren. Das ist schön, führt aber dazu, dass es keinen vertrauten Umgang mit ihm gibt. Auch deshalb ist der Bestatter heutzutage zunehmend der erste Ansprechpartner, wenn es zu einem Todesfall kommt, und nicht mehr – wie früher – zum Beispiel die Nachbarn. Heute ist es der Bestatter, der mit seiner professionellen Dienstleistung die Trauernden in allen Phasen des Geschehens begleitet.

Als Geschäftsleute bieten Bestatter ein reichhaltiges Angebot von Bestattungsmöglichkeiten an, die auf die verschiedenen Bedürfnisse der Menschen abgestimmt werden. Zu nennen sind hier die klassische Erdbestattung, die Urnenbestattung auf dem klassischen Friedhof oder in dafür vorgesehenen Urnenwänden, sowie Baumbestattungen auf Friedhöfen oder anonym in einem Friedwald, die anonyme Bestattung auf einem dafür vorgesehenen Gräberfeld, Beisetzungen in Kolumbarien oder Gemeinschaftsgräbern, Almwiesenbestattungen, Seebestattungen oder die Pressung der Asche des Toten zu einem Erinnerungsdiamanten. Die meisten alternativen Bestattungsformen setzen dabei voraus, dass die Leiche des Toten verbrannt wird.

Die Vielzahl der Bestattungsformen bildet die Individualisierung der Lebensgestaltung in der Gegenwart ab, hat aber auch einen wirtschaftlichen Hintergrund. Beerdigungskosten, die Kosten für die Grabstätte und den Grabstein, die Friedhofsgebühren und die Kosten für die Grabpflege werden zunehmend eingespart. Möglichst pflegefrei und kostengünstig, aber trotzdem individuell soll es sein. Dabei ist die Wahl der Bestattungsform nicht nur vom Einkommen abhängig, sondern auch von der Religionszugehörigkeit oder der fehlenden Religionszugehörigkeit sowie von der Region, in der die Bestattung stattfindet. Im ländlichen Raum gibt es andere Konventionen als in der Stadt, wobei das Land sich der Stadt auch in diesen Fragen immer mehr annähert.

Ökologische Nachhaltigkeit rund um die Bestattung

Viele Hinterbliebene interessieren sich heute auch für die Frage der Nachhaltigkeit in allem, was mit der Bestattung ihrer Verstorbenen zusammenhängt. Särge werden aus regionalen Hölzern (Kiefer, Fichte oder Lärche) gefertigt, um die Transportwege im Unterschied zu der meist billig gefertigten Ware aus Osteuropa oder Asien kurzzuhalten. Sie werden oft auch nicht mehr lackiert, sondern nur noch mit einer leicht geölten und auf Wunsch auch mit Bienenwachs behandelten Oberfläche geliefert. Die Sarggriffe bestehen nicht mehr aus Metall, sondern aus Holz oder Seilen.

Bei der Kleidung des Verstorbenen wird darauf geachtet, dass diese nicht aus Kunststofffasern, sondern aus Naturstoffen besteht. Kleidung muss aber sein: Mir selbst wirklich neu war, dass Verstorbene aufgrund bestehender europäischer Bestattungsnormen nicht nackt beerdigt werden dürfen. Auch die Innenausstattung des Sarges besteht bei nachhaltig ausgerichteten Angeboten meist aus Baumwollstoffen. Die Blumen und der Sargschmuck entsprechen der jeweiligen Jahreszeit, und auch eventuelle Grab- oder Gedenksteine kommen aus der jeweiligen Gegend, zumindest aber aus Deutschland. Dies stärkt die heimischen Steinmetze und ist aufgrund der geringeren Transportwege wieder nachhaltiger.

Die Verbrennung der Leiche, die ja Voraussetzung für viele alternative Bestattungsformen ist, gilt ökologisch allerdings im Hinblick auf die Energiebilanz als weniger umweltverträglich als die Erdbestattung. Man sucht darum nach Alternativen zur Einäscherung. Das Kompostieren einer Leiche oder die so genannte Resomation[1], das Auflösen des in Stickstoff schockgefrorenen Toten in einer auf 150 Grad erhitzten Kalilauge, sind hierzulande allerdings noch wenig bekannt und gebräuchlich.

Kirchliche Bestattung und freie Beerdigungen

Der Begriff »freie Beerdigung« lässt einen etwas stutzen. Wieso frei und frei von was oder von wem? Gemeint sind vor allem Beerdigungen, die von Trauerrednern begleitet werden und darum als »frei«

von kirchlichen Vorgaben gelten. Das Angebot und die Dienstleistungen von Trauerrednern können den individuellen Wünschen der Hinterbliebenen tatsächlich weit entgegenkommen und geben eine Antwort auf die zunehmende Entfremdung von den Kirchen.

Bevor ich aber näher auf diese interessanten neuen Entwicklungen eingehe, will ich von mich selbst tief berührenden Entdeckungen erzählen, die ich an zwei verschiedenen und viele hunderte Kilometer auseinanderliegen Orten bei Wanderungen machen konnte. Einmal im Fränkischen entdeckte ich einen etwas versteckt in der »zweiten Reihe« stehenden Busch, der mit kleinen Engeln, mit Babyschühchen oder Fäustlingen, ja, sogar mit einer Rassel und Spielzeug für Kleinstkinder liebevoll geschmückt war. Ich vermutete, dass eine trauernde Mutter sich diesen Ort bewusst ausgewählt hatte, um ihrem Kind bei täglichen Spaziergängen nahe sein zu können. – Die zweite »Naturtrauerstätte« entdeckte ich in der Nähe von Ingolstadt. Sie befand sich in einem großen Baum, der im unteren Bereich des Stamms eine natürliche Aushöhlung aufwies. Diese Aushöhlung bot wohl einer trauernden Mutter eine Art »Höhle der Geborgenheit«, in die sie liebevoll alle möglichen Spielzeuge für ein kleineres Kind – ich nehme an, dass es sich um einen kleinen Jungen handelte – platzierte. Dieser gut sichtbare Ort der Trauer wurde von jemandem, vielleicht sogar vom Förster, eingefriedet und somit als quasioffiziell anerkannt. Auf jeden Fall bemerke ich immer wieder, wie Spaziergänger sich diesen Ort nachdenklich genauer ansahen.

Wollten oder konnten die Trauernden kein Grab auf dem Friedhof haben? Trauert hier vielleicht jemand um ein zu früh geborenes Kind, das man bis vor wenigen Jahren noch mit Operationsabfällen und Klinikmüll zur Verbrennung gegeben hatte, weil es noch keine 500 Gramm wog und darum noch nicht als Leiche galt, der rechtlich eine Totenwürde zugesprochen wird? Oder suchten die

Trauernden nur die Möglichkeit, in der Waldnatur ihre Liebe zum vermissten Kind in einer Weise auszudrücken, die so auf einem Friedhof nicht möglich wäre?

Die Trauer dieser Menschen war jedenfalls so stark, dass sie sich diese »unerlaubte« Form suchte und dabei alternative Formen der Trauerbearbeitung fand. Und gerade das brachte Menschen wie mich am Wegrand zum Nachdenken, vielleicht sogar zum Beten für die Betroffenen.

Rituale geben – vor allem dann, wenn man mit ihnen seit Kindesbeinen vertraut ist – eine gewisse Sicherheit im Umgang mit Unsicherheit, Angst und Bedrohlichem. Viele Jahrhunderte half der im Laufe eines Lebens immer wieder erlebte christliche Beerdigungsritus Menschen, wenn der Tod ihnen im Verlust eines vertrauten oder geliebten Menschen sehr nahekam. Heute, in einer Zeit, in der viele Menschen sich zunehmend von der christlichen Tradition entfremden, empfinden diese Menschen den Ablauf einer christlichen Beerdigungsfeier oft als eher steril, als nichtssagend oder gar als trostlos. Ich selbst habe erlebt, wie Menschen nach einer lieblos vollzogenen Beerdigungsfeier aus Verärgerung aus ihrer Kirche ausgetreten sind. Mir selbst ist es seit über 35 Jahren sehr wichtig, eine Trauerfeier nicht nur würdevoll zu gestalten, sondern die Hinterbliebenen auch wirklich anzusprechen und auf ihre individuellen Wünsche einzugehen.

Die sehr starke Ausrichtung des christlichen Bestattungsritus auf Gott, Jesus Christus, die Auferstehung und den Himmel wird allerdings sehr oft so nicht mehr verstanden. Diese Bilder müssen daher nachvollziehbar »übersetzt« werden.

Das ist schwierig, und für Trauernde, die im christlichen Glauben nicht (mehr) zu Hause sind, bieten Trauerredner alternative Deutungen an, in denen meistens die Individualität des Verstorbenen in das Zentrum der Verabschiedung rückt. In einer mittleren

Großstadt wie Ingolstadt mit 130.000 Einwohnern heißt es bei den Traueranzeigen in der Zeitung mittlerweile immer öfter: Die Trauerfeierlichkeiten haben in engem (familiären) Kreis stattgefunden. Nachfragen ergeben oft, dass solche Verabschiedungen Trauerredner übernommen haben. Tendenz steigend.

Diese alternativen Angebote müssen aber keineswegs besser sein als die kirchlichen. Ich habe schon Trauerredner erlebt, die für teures Geld wenig Gutes abgeliefert haben. Eine Aneinanderreihung von Gedichtzitaten von *Rilke, Hesse, Goethe* oder anderen kann es ja auch nicht sein, und so manche alternativen Riten werden eher als peinlich und nicht als hilfreich empfunden. Ob kirchliche oder alternative »Dienstleister«, allen gemeinsam sollte es ein entschiedenes Anliegen sein, vor der eigentlichen Trauerfeier in gutem Kontakt mit den Hinterbliebenen gewesen zu sein. Nur durch ein achtsames und sensibles Hinhören kann eine Bestattung und Trauerfeier so gestaltet werden, dass sie als ansprechend und liebevoll in positiver Erinnerung bleibt.

Hilfreiche Rituale

Ich möchte nun verschiedene Rituale vorstellen, die auf eine zeitgemäße und phantasievolle Weise helfen können, den schweren Moment des Abschieds auf dem Friedhof, im Friedwald oder an einem anderen Ort bewusster zu erleben und so zu gestalten, dass man selbst beteiligt ist, anstatt teilnahmslos das Unvermeidliche über sich ergehen lassen zu müssen.

Ich habe das große Glück, dafür bisher unveröffentlichte Texte, Gebete und Gedichte einer vierzigjährigen Frau – Theresa – verwenden und zitieren zu dürfen, die auf wertvolle Weise zeigen, wie sinnvoll das Sich-Erinnern an einen geliebten Menschen sein kann und wie hilfreich das Niederschreiben und das Sich-Ausdrücken sind. Einzelne dieser Texte wollen die nun folgenden Rituale bereichern.

Sarg/Urne bemalen

Bestatter bieten, wenn gewünscht, manchmal schon im Vorfeld der Bestattung die Möglichkeit, die Urne oder den Sarg für die geliebte verstorbene Person künstlerisch zu gestalten. In seltenen Fällen wird dies sogar während der Trauerfeier gemacht, wobei hier bedacht werden muss, dass dies viel Zeit in Anspruch nehmen kann.

Alleine und in Stille oder in Gemeinschaft mit anderen können Bilder, Ornamente oder Blumen in verschiedenen Farben gemalt werden. Man kann seinen Handabdruck hinterlassen, einen Satz oder ein Wort aufbringen. Vor allem für Kinder ist dies eine wirklich hilfreiche Möglichkeit, die Trauer um den Verstorbenen fließen lassen zu können.

Neben dieser sehr persönlichen und individuellen Urnen- und Sargbemalung gibt es die sogenannte »spirituelle Sargbemalung«, die religiöse oder überreligiöse Symbole oder Ornamente auf die Flächen aufträgt, die Übergang, immerwährenden Kreislauf, Unendlichkeit oder neues Leben symbolisieren.

Ich werde im nächsten Kapitel den Ansatz eines Sargmalers beschreiben, den ich im Frühjahr 2021 in Lindau im Bodensee kennenlernen durfte. Diese Begegnung hat mich so berührt, dass ich ihn ein Jahr später noch einmal besuchte, um ein Interview zu führen, das ich in dieses Buch mit aufgenommen habe.

Kerze anzünden

Das Entzünden einer Kerze gehört seit jeher zu den Ritualen, die sehr ausdruckstark Wärme, Nähe, Stille, Leben, Feierlichkeit und Verbindung zur Transzendenz symbolisieren. Im Vorfeld der Bestattung kann dazu eingeladen werden, eine persönlich gestaltete Trauer- oder Hoffnungskerze mitzubringen und diese dann begleitet von ein paar Worten der Erinnerung zu entzünden. Alternativ kann eine schöne »Kerze für alle« mit persönlichen Worten, einem Gedicht oder einem Gebet dann in Stille oder leise vorgetragen von Hand zu Hand gehen, um die Versammelten auf eine besondere Weise untereinander und mit dem Verstorbenen zu verbinden. Selbstverständlich kann auch jeder Trauernde nach der Verabschiedung für sich alleine mit dem Verstorbenen sein und diesem sein liebendes Vermissen mitteilen.

Theresas Gedicht »DU«

Trübe Wasser um mich herum
Gehe durch den stärksten Lebenssturm
Betrete noch unentschlossene Wege
Spreche Worte, die ich später widerlege
Greife manchmal tief ins Leere hinein
Nicht jeder Tag lebt vom Sonnenschein

Doch auf der Suche nach dir
Habe ich in mir schmerzvoll erkannt
Bin weit weg von deiner liebenden Hand
Sah' lange nur das »hier«
Nie das nahende »dort«
Führe meine Gedanken an diesen Ort

Denn schwer liegt die Last der Welt
Auf meinem weinenden Herzen
Sehnsucht und dass mich niemand hält
Entfesseln in mir unendliche Schmerzen
Und ich denke immerzu daran
Ich werde vergeh'n, irgendwann

Aber die Kerze der Hoffnung brennt weiter
In deinem Geiste, der über mir weht
DU, sei mein ewiger Begleiter
Ich bleibe Dir verbunden im stillen Gebet
Ich folge Dir in Glück und in Leid
Von jetzt an bis in alle ferne Zeit.

Seifenblasen oder Luftballon steigen lassen

In einer über tausend Jahre alten Kirche in einer Gemeinde, in der ich einmal Pfarrer war, zierte im Vorraum vor dem Eingang in den Kirchenraum ein kleiner gemalter Engel die Kirchenwand. Mit vollen Backen blies er mit einem Strohhalm Seifenblasen. Mich wunderte und freute damals diese Symbolik der Vergänglichkeit, die heute bei Trauerfeiern wieder neu aufgegriffen wird. Seifenblasen haben etwas Leichtes, Filigranes, Schönes, sie schimmern in Regenbogenfarben und steigen schwerelos gen Himmel. Die Augen folgen diesen Zauberkugeln und die Gefühle wandeln sich für kurze Zeit von Schwere hin zur Leichtigkeit, begleitet von einem Lächeln. Irgendwann zerplatzen sie und hinterlassen ein Gefühl der leichten Wehmut mit der Ahnung, dass sie sich in Luft aufgelöst, ja, dass sie in eine andere Sphäre übergegangen sind.

Der Luftballon ist ein weiteres symbolträchtiges Hilfsmittel der Trauerbewältigung, das aber achtsam eingesetzt werden will.

Normalerweise werden Luftballone immer bei freudigen Festen, wie zum Beispiel bei Kindergeburtstagen oder Hochzeiten verwendet. Ob sie bei der Verabschiedung eines Verstorbenen Platz haben, muss sorgfältig bedacht und vorab besprochen werden. Das Verwenden von Luftballons hängt auch vom Ort der Verabschiedung ab. Ist dort freier Zugang zum Himmel, ist es dort erlaubt?

Die Buntheit und Leichtigkeit der Ballone sprechen für sich. Mit Helium gefüllt, steigen sie mit oder ohne Wunschkarten an den Verstorbenen gen Himmel. Ihr Schweben erinnert an Frei-sein, Woanders-Hinwollen. Sie verbinden in ihrem Aufsteigen in den Himmel die Erdenwelt mit der Himmelswelt, die Welt der Trauernden mit der Welt der neuen Heimat für den Verstorbenen. So ein Moment ist ein ruhiger Moment, ein besonderer Moment. Ob man jedem Anwesenden einen Ballon gibt oder ob einer für alle gen Himmel schweben darf, kann individuell entschieden werden.

Theresas Gedicht »Der Weg«

Suche nicht nach mir –
Denn ich bin weit fort
Suche nicht nach mir –
Du wirst mich nicht finden
Suche nicht nach mir –
Bin am fernen Ort
Suche nicht nach mir –
Du wirst es überwinden

Lass deine Gedanken fliegen
Lass dein Herz geh'n
Lass deine Liebe siegen
Und du wirst mich seh'n.

Blumensamen säen

Samen zu säen ist ein sehr ausdruckstarkes Symbol für neues Leben. Wenn es dann auch noch Blumen- oder Wildkräutersamen sind, dann kommt der Hintergrund von Lebensfreude und Farbigkeit hinzu. Der Samen kann in Form von kleinen kompostierbaren Päckchen oder einfach lose aus der Tüte an die Trauergäste ausgeteilt werden. Auf einem gewöhnlichen Friedhof diese Samen dann unter Begleitung von entsprechenden Worten auszusäen ist meist nicht möglich oder schwierig. In einem Friedwald ist das schon einfacher. Eine sehr sinnvolle und heilsam nachwirkende Variation ist es, die Samen mitzunehmen und daheim dann in Erinnerung an den Verstorbenen auszubringen und sich in seinem Lebensumfeld auf diese Weise mit neu aufblühendem Leben an ihn zu erinnern.

Theresas Gedicht »Samen der Unsterblichkeit«

was einst im leben begonnen,
soll jetzt nun endlich zerronnen
im nichts der welt vergehen,
kann's nicht ertragen, nicht versteh'n.

im angesicht des leidens erstanden,
ein glück, das nicht mal engel fanden,
die liebe ist größer denn je zuvor,
ich trage sie im herzen zu Dir empor.

verflucht sei die krankheit, die Dich bedroht,
verflucht ihr bruder, der leibliche tod,
grausam ist der tag, leer die nacht,
dunkle schatten der seele sind erwacht.

du gingst fort, lässt mich allein,
das leben kann so gnadenlos sein
doch meine liebe, glaube mir

ist der Same der Unsterblichkeit
und bleibt in ewigkeit bei Dir …

Blumen am Grab

Blumen in jeglicher Form und Gestalt sind schon seit jeher ein Symbol für Leben und Schönheit, gleichzeitig aber auch für Vergänglichkeit. Sie wachsen, erblühen, blühen in voller Intensität, welken und werden wieder zu Erde. Seit jeher finden sie in verschiedenster Weise auch ihren Platz bei Trauerfeiern, Bestattungen und auf Gräbern. Allein oder in Gemeinschaft mit dem Grün von Zweigen und Kränzen als Symbol des Lebens und Zeichen der Hoffnung wollen sie ihre Lebensbotschaft am Ort des Todes bezeugen.

Gärtner und Floristinnen sind Spezialisten in der Gestaltung von Trauergestecken, Trauerkränzen, Blumengebinden sowie schöner Grabgestaltung mit lebenden Pflanzen. Sogar besondere Wünsche werden erfüllt. So konnte ich schon eine Taube, gestaltet aus weißen Blüten, oder ein aus roten Rosen geformtes Kreuz bei Bestattungen entdecken. Eine außergewöhnliche Liebesbezeugung war ein Herz aus Dutzenden von roten Rosten geformt und in der Mitte gleichsam als Herz im Herzen eine einzige Rose in rosa Farbe eingefügt.

Auf den Gräbern oder Ruhestätten finden mittlerweile nicht nur die typischen Bepflanzungen wie Erika, Efeu, Vergissmeinnicht, Tränendes Herz sowie immergrüne Pflanzen oder Blumen wie Lilien, Nelken, Gerbera, Calla oder Crysanthemen ihren Platz.

Heute ist fast alles erlaubt, was gefällt. Die Königin der Blumen, die Rose, hat bis heute ihre herausragende Bedeutung auch bei Bestattungen.

Theresa verfasste in ihrer trauernden Liebe auch einen Text, dessen Inhalt die Rose ist. Viele Tage nach der Bestattung des so schmerzlich vermissten Menschen legte sie eine besonders schöne Rose auf das Grab und las mit festem Herzen und unter Tränen leise diesen Text.

Theresas Text »Meine Rose«

ICH HABE KEINEN GARTEN,
ABER WENN ICH EINEN HÄTTE,
DANN WÜRDE ICH NUR EINE BLUME
IN DIESEN GARTEN PFLANZEN.
ICH WÜRDE SIE GENAU IN DIE MITTE PFLANZEN.
UND NICHTS ANDERES DARF IN MEINEM GARTEN SEIN,
NUR MEINE BLUME.

ES WÄRE AUCH NICHT IRGENDEINE BLUME – NEIN.
ES WÄRE DIE KÖNIGIN ALLER BLUMEN – DIE ROSE.
SO ZART UND EDEL, MAJESTÄTISCH UND DOCH SCHLICHT.
VOLLER STOLZ UND DOCH OHNE HOCHMUT.
SO ELEGANT UND SCHÖN – MEINE ROSE.

JEDEN TAG WÜRDE ICH IN MEINEN GARTEN GEHEN
UND STUNDENLANG MEINE ROSE BETRACHTEN.
ICH WÜRDE SEHEN, WIE DIE SONNE
ÜBER IHRE ROTEN BLÜTENBLÄTTER STREICHELT,
WIE SIE SICH IM WIND WIEGT.
WIE SIE IN VOLLER PRACHT ERBLÜHT.
SIE WÄRE MIR VERTRAUT – MEINE ROSE.

UND JEDER, DER MEINE ROSE ANSCHAUEN WÜRDE,
WÜRDE SICH AN IHR FREUEN,
DESSEN HERZ WÜRDE STRAHLEN
WIE MEINE ROSE IM SCHEIN DER SONNE.
JEDER, DER MEINE ROSE DANN ANSIEHT – LIEBT …

DENN MEINE ROSE WÄRE ETWAS BESONDERES.
ICH WÜRDE FÜR SIE SORGEN UND SIE PFLEGEN.
DENN ICH WÜRDE MEINE ROSE SEHR LIEBEN.
ICH WÜRDE SIE SO SEHR LIEBEN,
DASS ICH SIE NACHTS MIT MEINEN HÄNDEN WÄRMEN WÜRDE,
WENN SIE FRIEREN WÜRDE.
ICH WÜRDE SIE SO SEHR LIEBEN – MEINE ROSE.

UND WÄRE ICH NICHT IN MEINEM GARTEN BEI MEINER ROSE,
SO WÄRE ICH SO ALLEIN.
OHNE MEINE ROSE WÄRE MEIN HERZ SO TRAURIG.
ICH WÜRDE MEINE ROSE MEHR LIEBEN
ALS ALLES ANDERE AUF DER WELT.
O, DU MEINE GELIEBTE ROSE …
IM GARTEN MEINES HERZENS.

MEINE ALLES GELIEBTE,
WIE LIEBE ICH DICH DOCH …
OHNE DICH BIN ICH SO ALLEIN …
SO TRAURIG …

Wunderkerze oder Sternwerfer entzünden

Sogenannte Wunderkerzen oder Sternwerfer werden auch an Geburtstagen, bei Partys oder an Silvester, dem Tag des Übergangs von Altem zu Neuem, verwendet. Einmal angezündet, versprühen sie Zauber, Magie und etwas Außergewöhnliches. In Verbindung mit schöner Musik und begleitenden wertschätzenden Worten über den Verstorbenen will man diesen gleichsam in die Sternenwelt begleiten. So ein Moment lässt eine ganz besondere Atmosphäre entstehen, die noch lange in der Erinnerung und im Herzen der Hinterbliebenen nachwirkt.

Theresas Gedicht »Zum Himmel«

Ob die Erde bebt oder Vulkane glüh'n
die Welt sich nicht dreht
und Rosen im Schnee erblüh'n

Ob ich war oder bin
alles oder nichts
ich brauche keinen Sinn

Ob ich sterbe oder lebe
was ich nehme – was ich gebe
die Jahre fliegen dahin

Ob Steine hart sind oder weich
Krieg oder Frieden
arm oder reich

Ob weit oder nah
Atem meiner Seele
Du bist da

Ob ich glaube, ja oder nein
im Schweren ich vertraue
Das Herz so rein
wohin fliegen meine Träume
– nur im Himmel kann meine Liebe sein

Komm, mein Engel!
Lass uns über Wolken geh'n
frei von aller Zeit
wahrhaft Heiliges sehn

Im Weiß strahlen
in der Sonne versinken
in die Sterne fallen
– ich will in Dir ertrinken

Dich tausendmal gespürt
bis in die Ewigkeit
die ganze Welt ist Dein
– denn nur im Himmel kann meine Liebe sein!

Brief, Wunschkarte, Bild

Neben selbst gemalten Bildern, die es vor allem Kindern erlauben, ihren Gefühlen Ausdruck zu verleihen, kann Geschriebenes von großem Wert im Umgang mit der persönlichen Trauer sein. Auch hier kann im Vorfeld der Bestattung darum gebeten werden, persönliche »letzte Worte« in Form einer Karte oder eines Briefes aufzuschreiben und zur Trauerfeier mitzubringen. Der Inhalt des Geschriebenen kann sehr persönlich sein: Das, was man zu Lebzeiten nicht aussprechen konnte, das, was versäumt wurde, auch die Bitte um Verzeihung und Vergebung; Worte der Dankbarkeit, der Liebe; Worte der Sehnsucht und des Vermissens. Gedanken und Gefühle können hier ins Fließen kommen, die sonst »im Halse stecken bleiben« würden. Diese Worte kann man dann anstelle von Blumen als Karte oder Brief dem Verstorbenen mitgeben.

Theresas Gedicht »Das Schwere«

Wie könnt' ich je vergessen
die Liebe, die ich besessen
die Hand, die mich geführt
das Gefühl, das ich gespürt.

Die Kraft, die mich erfüllt
die Wärme, die mich umhüllt
das Wort, das mir schmeichelt
das Glück, das mich streichelt.

Und nun bin ich umgeben von Nacht
in jener Tiefe, die alles trostlos macht
Mein Herz in Leere gesenkt
der Seele nur Leiden »geschenkt«

Aller Tod, er sei,
denn er macht mich frei.
Ich muss zuerst sterben,
um lebendig zu werden.

Das Schwere meines Lebens.
Es ist nicht vergebens!

Eine Frau erzählte mir, dass sie Genugtuung dabei verspürte, der geliebten verstorbenen Person die wichtigsten Worte ihres Lebens mit ins Grab geben zu können. Sie legte sogar eine Haarsträhne von sich selbst bei. Ihre zuversichtliche Hoffnung war und ist dabei, dass sie sich auch auf diese Weise mit dem verstorbenen Menschen verbunden weiß. Der Körper der geliebten Person löst sich nach und nach auf, auch die Haare der Trauernden. Beide vermischen sich auf materielle und auf energetische Weise. Die Worte, die Gefühle, die Liebe aber bleiben.

Ich kenne auch Menschen, die in den Wochen und Monaten nach der Bestattung ihren Gedanken, Gefühlen und ihrer Sehnsucht in Form eines »Trauertagebuches« Ausdruck verliehen haben.

Letzte persönliche Worte am Grab

Ein Teil dieser persönlich wertschätzenden Worte kann auch am Grab oder dem Ort der Trauer ausgedrückt werden, wobei dies emotional sehr fordernd sein kann, gleichzeitig aber auch zu einer Aneinanderreihung von Aussagen zu werden droht, die andere nicht nur langweilen, sondern auch peinlich stören. Hier gilt es, achtsam eine gute Regie für die Trauerfeier im Hinterkopf zu haben.

Und nach der Bestattung?

Nach der Bestattung, Beerdigung oder Verabschiedung des Verstorbenen sind die Hinterbliebenen mit ihrem Vermissen, ihrer Sehnsucht und Trauer meistens alleine auf sich gestellt. Eine gewisse »Schonzeit« des Verständnisses von Außenstehenden, die früher zum Beispiel durch ein Trauerjahr oder durch das Tragen von dunkler oder schwarzer Kleidung respektierend gewährt wurde, wird immer kürzer. Der Trauernde ist auf sich alleine zurückgeworfen. Das kann zur Isolation und seelischen Krankheiten führen. Hinter so mancher Depression oder Angsterkrankung steht nachgewiesenermaßen nicht zugelassene oder verdrängte Trauer. Hier sind die Grenzen oft fließend.

Trauerkreise

Als ich von 1995–1998 als Kaplan in einer großen Pfarrei im Süden Nürnbergs zusammen mit meinen Kollegen sehr viele Beerdigungen zu bewältigen hatte, frustrierte uns die damalige Situation sehr: Während der Woche erfährst du neben deiner ganzen anderen Arbeit von ein bis drei Sterbefällen, für die du dann zuständig bist. Innerhalb weniger Tage sollst du ein Trauergespräch mit den Hinterbliebenen führen, dir wird vom Süd- oder Westfriedhof ein Zeitfenster der Verabschiedungsfeier und der Bestattung vorgegeben, du bereitest alles aus Mangel an Zeit in den Nachtstunden vor, vollziehst die Beerdigung oder Urnenbestattung zwischen Schule, Seniorengottesdienst, Ministrantenstunde und ich weiß nicht was und hast dann meistens mit den Hinterbliebenen nie mehr etwas zu tun.

Das ist nicht nur für diese, sondern auch für Geistliche, die ihre Arbeit gut machen wollen, frustrierend. Meine Kollegen, ein Pastoralreferent, ein Mitkaplan und ich entwickelten aufgrund dieser Erfahrungen und zu einer Zeit, wo dies noch kaum bekannt war, Trauerkreise, zu denen wir die Hinterbliebenen zu uns in einen jeweils schön vorbereiteten Raum einluden. Diese Trauerkreise standen unter bestimmten Themen wie zum Beispiel »Weg«, »Baum«, »Haus« oder »Farben und Märchen«. Über einen Zeitraum von drei bis vier Monaten traf sich ein kleines Pastoralteam mit den Trauernden zu sechs oder sieben thematisch vorbereiteten und durchgeführten Nachmittagen oder Abenden. Ziel war es dabei, Isolation zu überwinden, Gefühle und Empfindungen ausdrücken zu können, positive Impulse zu bekommen, Schicksalsgemeinschaft zu erleben und mit der Trauer leben zu lernen.

Diese Trauerkreise wurden von anderen katholischen und evangelischen Gemeinden und Pfarreien wahrgenommen, und wir boten Trauerkreisschulungen deutschlandweit an. Im Jahr 2000 entstand ein Buch mit dem Titel »Ein Quell in unserer Wüste. Wegbegleitung in einem Trauerkreis«[2], das 2011 eine zweite Auflage erlebte. Heute sind solche oder ähnliche Angebote mittlerweile in Pfarreien, Gemeinden oder Selbsthilfegruppen erfreulicherweise weit verbreitet.

Digitale Erinnerung und Trauerbewältigung

Die Zeiten wandeln sich. Die Digitalisierung hält auch im Umgang mit Tod, Bestattung und in der Erinnerungskultur verstärkt Einzug. Man informiert sich zunehmend im Internet über Anbieter und Angebote, man nutzt Onlineberatungsangebote und Trauerforen und bedient sich virtueller Räume im Internet zum gemeinsamen Erinnern oder auch zur Pflege der Kontakte, welcher der Verstorbene hatte. Mittlerweile werden im Internet auf ansprechend gestalteten Websites digitale Hilfen gegen das Vergessen-werden angeboten. Nicht nur jetzt lebende Hinterbliebene teilen digitale Erinnerungen, Fotos, Videos, Geschriebenes oder Gesagtes des Verstorbenen, sondern es werden durch dieses »digitale Konservieren« auch nachfolgenden Generationen Möglichkeiten gegeben, den Vorausgegangenen so auf besondere Weise kennenzulernen.

Solche neuen Wege des Gedenkens helfen auf besondere Weise, den Verlust des geliebten Menschen besser verarbeiten zu können. Dabei gibt es einen öffentlichen und einen nur für registrierte Besucher eigens eingerichteten Bereich, der die Privatsphäre schützt. Digitale Bücher, Blogs über den Verstorbenen oder ein Austausch der Hinterbliebenen untereinander geben Halt. In digitale Kondolenzbücher können persönliche Gedanken eingetragen werden. Digitale Gedenkstätten können jederzeit und überall, wetterunabhängig und auch erweiterbar durch PC, Tablett oder Smartphone aufgesucht werden. Digitale Kerzen können »anzündet« werden und ein Verweilen davor untermalt mit meditativer Musik schenkt heilende Erinnerung und Trost.

7. Der Sargmaler vom Bodensee

Im Juni 2021 verbrachte ich einige freie Tage am Bodensee. Auf meinem Programm stand auch ein Tagesausflug nach Lindau, der dann einen ganz anderen Verlauf nahm, als ich erwartet hatte.

Als ich durch die engen Gassen der Altstadt bummelte, entdeckte ich ein Spirituosengeschäft mit dem außergewöhnlichen Namen »S.O.S. – Spirit of Spiritus«. Der Laden warb damit, in Zeiten von Corona die richtigen Infusionen anzubieten. Ich war am Bodensee, weil ich einen Urlaub am Mittelmeer coronabedingt hatte nicht antreten können, und so fand diese geistreiche Werbung für geistliche Getränke mein amüsiertes Interesse. Ich bewegte mich also schon in Richtung dieses vielversprechenden Ortes, als ein noch außergewöhnlicheres Schaufenster auf der gegenüberliegenden Straßenseite mein Interesse weckte. Ich traute meinen Augen nicht. Ein mit Blumen bemalter grüner Sarg stand dort mitten in den Auslagen, drum herum waren andere Särge und Urnen angeordnet – und alle strahlten farbenfroh und leuchtend. Ich stand vor einem Sargladen.

So etwas hatte ich noch nie gesehen und so führte mich mein Weg an diesem Tag nicht in den Schnapsladen, sondern an einen Ort, an dem ich eine ganz andere Spiritualität im Umgang mit Tod und Trauer kennenlernen sollte.

Eine bereichernde Begegnung

Als ich den Laden betrat hob ein großer und eindrucksvoller weißer, mit einer Krawatte bekleideter Königspudel, der es sich in einem offensichtlich bequemen Korb gemütlich gemacht hatte, kurz den Kopf. Er musterte mich und äußerte mit einem kleinen Raunzen sein Einverständnis mit meiner Anwesenheit. Aus dem Hintergrund hörte ich die Stimme des Ladenbesitzers, der mich einlud, mich umzuschauen; er würde gleich kommen.

Das tat er dann auch, und die Begegnung mit *Alfred Opiolka*, dem Sargmaler aus Lindau am Bodensee, beeindruckte mich tief. Von Anfang an war unser Gespräch von gegenseitiger Offenheit und Sympathie geprägt. Da Herr Opiolka im Rahmen seiner Arbeit immer wieder auch mit Geistlichen zu tun gehabt hatte, seine Erfahrungen aber nicht immer die besten gewesen waren, freute er sich darüber, in mir ein interessiertes Gegenüber zu haben, der als Pfarrer auch kritischen Anfragen an seine Religion standhielt. Ich meinerseits traf einen Gesprächspartner, der mich in Erstaunen versetzte: Mir, der ich mich seit langer Zeit schon theoretisch und praktisch mit Fragen zu Sterben, Tod und Trauer beschäftigt hatte, zeigte er farbenfrohe, beschwingte und ganz andere Zugänge zu diesem oft schweren, dunklen Themenfeld.

Wir sprachen eine ganze Weile miteinander und ich bat ihn, mir sein Buch »Der Tod ist grün«[1] zu verkaufen und es zu signieren. Das tat er gerne und wählte als Spruch für seine Signatur eine Zeile des *Dalai Lama*, die er mit grüner Tinte auf die erste Seite schrieb: »Das Nicht-Wahrnehmen von etwas beweist nicht dessen Nicht-Existenz.« Ich las den Satz und bemerkte, wie er mich dabei beobachtete. »Ein Satz zum Nachdenken, ein wirklich wertvoller und wahrer Satz«, sagte ich und dankte ihm. Und ich fragte ihn, ob ich ihn noch einmal kontaktieren dürfe, weil ich ein Buch über

Sterben, Tod und Trauer aus der Sicht eines Klinikseelsorgers plane und seine Arbeit hier sehr interessant fände. Er stimmte freundlich zu. Als ich den Laden verließ, musterte mich Hermes, so hieß der Königspudel, wie ich mittlerweile wusste, ein weiteres Mal, erhob und streckte sich und verließ mit mir und angetan mit seiner Krawatte den Laden, um seiner Wege zu gehen.

In den Wochen nach dieser Begegnung las ich das Buch von Alfred Opiolka mit echtem Gewinn. Meine Idee, ihn wieder zu treffen und ihn für mein Buchprojekt zu interviewen, wurde konkreter. Aber erst im Juni 2022 konnte ich ihn in seiner Wohnung über dem Sargladen besuchen und ein wirklich interessantes Interview mit ihm führen. Im Folgenden ist es – etwas gekürzt – abgedruckt. Zuvor jedoch möchte ich noch kurz auf das Bemalen von Särgen und auf Alfred Opiolkas Zugang dazu eingehen.

Schmetterlinge – Freudlinge

Alfred Opiolka bemalt Schreine – so nennt er Särge – vor allem mit Blumen, Blumenwiesen, Singvögeln oder Landschaften – oder auch mit Schmetterlingen. Diese filigranen »Gaukler der Lüfte« bezeichnet der Maler als »Freudlinge«. Seit jeher werden sie als Boten des Sommers, der Lebensfreude und Leichtigkeit angesehen. Ihre Metamorphose vom Ei über Raupe und Puppe zu einem ganz neuen Wesen, dem Schmetterling, inspiriert aber auch zu tieferen Deutungen. In Philosophie und Religion wurde und wird diese außergewöhnliche Verwandlung als Sinnbild und Symbol für ein Leben nach dem Tode interpretiert.

Den Hinweis, warum mit solchen Freudlingen bemalte Schreine denn in eine Trauerhalle passen, fand Alfred Opiolka in einem der

Bücher der weltberühmten Sterbeforscherin *Elisabeth Kübler-Ross*. Darin schreibt sie in berührender Weise von einer Entdeckung im KZ Majdanek in Polen, wo sie als Jugendliche Freiwilligenarbeit leistete. Dort hatten Kinder, während sie auf ihren Tod warteten, häufig die Umrisse von Schmetterlingen in die Wände der Baracken gekratzt. Intuitiv ganz tief vom Seelengrund her spürten die Kinder vielleicht die tiefe Wahrheit der Metamorphose auch für sich selbst. Als Frau Kübler-Ross später dann als Ärztin auch mit krebskranken Kindern arbeitete, schrieb sie Folgendes an den krebskranken Dougy[2]: »Erst wenn alle Arbeit getan ist, wofür wir auf die Erde kamen, dürfen wir unseren Körper ablegen. Er umschließt die Seele, wie die Puppe den künftigen, schönen Schmetterling. Dann werden wir frei sein von Schmerzen, Angst und allem Kummer – frei sein, wie ein freier, schöner Schmetterling – und dürfen heimkehren zu Gott. Bei ihm werden wir nie mehr allein sein. Dort werden wir weiterleben, werden wachsen, tanzen, spielen und fröhlich sein. Wir werden auch zusammen sein mit allen Menschen, die wir liebten. Dort sind wir von mehr Liebe umgeben, als wir uns je vorstellen können!«

Der Sargmaler Alfred Opiolka sieht im Sinnbild des Schmetterlings/Freudlings mit seinen verschiedenen Lebenszyklen vor allem eine ganz wichtige Wende nach innen, die entscheidend ist für die Entwicklung zu neuem Leben. Der Mensch spürt nach der Zeit der materiellen Versorgung und Sicherung (Raupe) immer stärker die Notwendigkeit innezuhalten. Er will nicht ausbrennen oder im rein Materiellen stecken bleiben. Der Ruf nach innen zu einer Wandlung (Puppe) wird nicht selten von Krisen, Krankheiten oder Depression begleitet. Wenn ein Mensch das 50. Lebensjahr überschritten hat, kommt es immer mehr darauf an, sich innerlich zu entwickeln, in sich hineinzuhören und zu wachsen. Dann kann ein Mensch entstehen, der sich in ganz andere Dimensionen zu erheben vermag (Schmetterling).[3]

In uns Menschen lebt eine Ahnung und eine Sehnsucht, die alles Sterbliche mit Unsterblichkeit erfüllen möchte, die spürt, dass in uns etwas ganz Besonderes »west«. Dieses Besondere wurde immer wieder mit dem Wort »Seele« benannt. Die vierzigjährige Theresa, die uns schon im sechsten Kapitel an einigen ihrer Gedichte teilhaben lies, beschreibt im »Tanz der Schmetterlinge« ihr gläubiges Vertrauen in einen tieferen Sinn der Wandlungen im Leben.

»TANZ DER SCHMETTERLINGE«

Zarter Tau im Glanz;
ein Blatt, getragen vom Wind.
Mit dem Morgen nun beginnt
der Schmetterlinge Tanz.

Wie zu einer Melodie
in tausend bunten Farben.
Ach, sieh doch, wie erhaben
ist ihr lieblich Spiel.

Wen reizt nicht dieser Blick?
All die Zier und Pracht
– kunstvoll entfacht –
schenken kleines Glück.

Welch Freude im Herz?
Wie Musik von Geigen
im endlosen Reigen
immer weiter himmelwärts.

Ach, wär doch, so sag
auch des Lebens Ende
durch seine Hände
am jüngsten Tag.

Einfach so fliegen
frei von allem Leid.
In Schwerelosigkeit
die Gedanken liegen.

Doch ohne Nacht
keine Hoffnung, kein Licht.
Denn was nicht bricht
hat nie gelacht.

Endlos zu verharren
im Schein der Sonne
ist pure Wonne
für verlorene Narren.

Denn nie mehr wieder
hörst du den Klang
nach Angst und Bang
der heilenden Lieder.

Drum lass es gescheh'n
wenn Finsternis dich streicht.
Glaub mir, sie weicht
und du wirst versteh'n.

Siehst im neuen Glanz
schöner, denn je zuvor
mit Herrlichkeit empor
der Schmetterlinge Tanz.

Särge zu bemalen hat eine lange Tradition

Die Tradition der Ägypter, hohe Persönlichkeiten – allen voran die Pharaonen, aber auch deren Ehefrauen, hohe Beamte oder Priester – zu mumifizieren und sie in besondere Sarkophage zu betten, um sie dann in aufwändig konstruierten und reich ausgestatteten Grabstätten für den Weg in die jenseitige Welt zu betten, ist weit bekannt. Solche Sarkophage kann man in Museen in München, Berlin oder Paris betrachten. Aber ein Besuch im Londoner British Museum im Herbst 2022 ließ mich erst richtig wahrnehmen, wie besonders die künstlerische Gestaltung der Sarkophage tatsächlich ist.[4]

Allerlei natürliche oder religiöse Ornamente außen am Deckel des Sarkophages nimmt man schnell wahr. Dass der Sarkophag aber auch im Inneren bemalt ist, wurde mir erst in London deutlich. Der Verstorbene konnte gleichsam am inneren Sarkophagdeckel Botschaften »sehen« und durch sie gestärkt seine Reise antreten. In den letzten Jahren wurden in Ägypten vor allem im Bereich der Nekropole/Totenstadt von Memphis in Saqqara, der Hauptstadt des Alten Königreichs der Pharaonen, viele sehr gut erhaltene Sarkophage entdeckt, deren Bemalung in ihrer Leuchtkraft nur staunen lassen. Särge zu bemalen hat also schon eine lange, Tausende Jahre zurückreichende Tradition

Alfred Opiolka, der Sargmaler vom Bodensee, reiht sich mit seiner Kunst, die zugleich ein Plädoyer für eine andere Bestattungskultur ist, in diese weit zurückreichende Tradition ein. Er gibt mit seinen bemalten Särgen und Urnen den Hinterbliebenen und den Verstorbenen – ähnlich wie z. B. die alte Kultur am Nil Botschaften – mit: Verschiedenste Blumen und Schmetterlinge drücken Leichtigkeit, Freude und frisches Leben aus. Auf das Holz gemalte

Singvögel hört man förmlich zwitschern, und eine Blumenwiese symbolisiert Gemeinschaft – auch über den Tod hinaus.

Manchmal nimmt die künstlerische Gestaltung dabei wirklich sehr kreative Formen an. In einer Mail vom 23.12.2022 an mich schreibt Alfred Opiolka: »Ein Musiker ist gestorben, der seinen kleinen Hund und seine Instrumente liebte. Er spielte Saxophon und Gitarre. Ich malte auf seine Urne seinen kleinen Freund und Wegbegleiter, seinen Hund, und auch das Saxophon. Für die Gitarre ließ ich mir etwas Besonderes einfallen. Ich besorgte mir Gitarrensaiten und diesen Steg, auf dem die Saiten aufliegen, und spannte die drei Saiten um die Urne. Jetzt konnte man die Saiten spielen mit dem Resonanzkörper Urne. Ich machte der Familie den Vorschlag, dass nach dem Verabschiedungsgottesdienst jeder die Möglichkeit hat, dem Verschiedenen noch ein paar Töne mit auf den Weg zu geben. Und das geschah dann auch beim Verlassen der Kirche. Es entstand«, wie Alfred Opiolka mir versicherte, »eine gänsehautmäßige Atmosphäre.«

In einer anderen Mail fragte ich ihn nach einer Geschichte, die ich irgendwo im Internet gelesen hätte. Herr Opiolka soll in einen Urnendeckel eine Wurst, eine Lyoner, gemalt haben. Ich wollte wissen, ob dies stimme. Seine Antwort: »Das mit der Lyonerwurst war folgendermaßen: Die drei Töchter des Verstorbenen erwähnten bei unserem ersten Gespräch immer und immer wieder, wie gerne der Vater Lyoner gegessen hat. Ob gegrillt, gebraten, im Kartoffelsalat, mit Senf auf dem Butterbrot usw. Und immer wieder kam in darauffolgenden Telefonaten diese Lyoner vor. Ich versuche, die Wünsche meiner Kunden, so gut es geht, umzusetzen, doch muss es auch mir selber gefallen, was ich da mache. Und eine Fleischwurst, eine Lyoner, auf der Urne – nein, das ist für mich nicht stimmig, dahinter kann ich nicht stehen. Anderseits reizte es mich schon sehr, diese Wurst irgendwie ›einzubauen‹. Und dann kam mir die Idee: Ich male den Wurstring auf die Innenseite des Urnendeckels. So konnte ich es vor mir selber vertreten, und die Töchter des Verstorbenen hatten große Freude.«

Interview mit dem Sargmaler vom Bodensee

Am 28.06.2022 konnte ich, P. Christoph Kreitmeir (C), mit Herrn Alfred Opiolka (A) in seiner Lindauer Wohnung ein Interview über seine Arbeit und sein Buch »Der Tod ist grün, die Trauer ist schwarz und die Liebe ist rot« machen. Wir waren zu diesem Zeitpunkt nach einem regen E-Mail-Austausch und mehreren Telefonaten vom »Sie« zum »Du« übergegangen.

C: Lieber Alfred, das Thema Tod und Trauer, so schreibst du in deinem Buch, hat dich berührt und gefesselt. Warum?

A: Begonnen hat das durch meine Arbeit vor etwa 25 Jahren. Ich habe mit Tod und Trauer genauso wenig zu tun gehabt wie meine Nachbarn hier. Doch durch den Auftrag eines Bestatters aus Wiesbaden, der mich bat, seine Geschäftsräume malerisch zu gestalten, wurde ich mit dem Thema Tod konfrontiert. Es wunderte mich damals sehr, diesen Auftrag zu erhalten, da doch meine Art zu malen auf den ersten Blick nichts mit Tod und Trauer zu tun hat. Ich freute mich über diesen Auftrag und bereitete mich durch Fasten und Meditation darauf vor, da ich ahnte, dass dies nichts Alltägliches wird. Und so bin ich in dieses Thema »reingerutscht«. Hinzu kam noch: Ich durfte Menschen kennenlernen, die ganz anders mit dem Tod umgegangen sind, anders als ich es bislang hier im Allgäu gewohnt war.

C: Und wie?

A: Liebevoller, freudiger.

C: Die dem Thema »Tod und Trauer« liebevoller und freudiger begegnet sind?

A: Ja. Weißt du, es handelte sich ja um ein Bestattungsinstitut, und doch waren die Menschen, denen ich dort begegnete, freundlich, lachend, zuvorkommend, irgendwie so ganz anders, als ich es bislang von Bestattern gewohnt war. Es fühlte sich eher an, als ob ich in einem Geschäft oder in einem Restaurant wäre, so nett und ungezwungen. Ganz anders, als ich es von unseren Bestattern im Allgäu kannte.

C: War die Stimmung hier schwerer?

A: Ja, schwer und traurig. Die liefen berufsbedingt mit einem ernsten, traurigen Gesicht rum. Es war beklemmend, einem Bestatter gegenüberzustehen. Und auch heute ist es noch sehr oft so.

C: Ich möchte auf die zwei Worte in deinem Buch zurückkommen, die mich auch berührt haben. Da stehen in deinem Buch die Worte »berührt« und »gefesselt«. Sag doch bitte da mal etwas dazu.

A: »Berührt« – wahrscheinlich, weil ich erfahren durfte, dass mit dem Sterben noch nicht alles vorbei ist. Weil ich gesehen habe, wie diese Bestatter, meine Kunden, mit den Hinterbliebenen und den Verstorbenen umgegangen sind. Das hat mich doch sehr berührt, als ich miterleben durfte, wie ein Verstorbener aus der Kühlung gefahren wurde und wie mit diesem Menschen währenddessen gesprochen wurde. Das berührt mich immer noch.

C: Ja, das ist ganz außergewöhnlich.

A: Ja, das ist es. Und ebenso mache ich das heute auch. Wenn ich irgendwo hinkomme und da ist ein Toter – natürlich begrüße ich diesen zuerst. Beim Sargausliefern zum Beispiel. Und ich merke, dass dies wiederum die Menschen berührt, die dabei sind. Dass da jemand reinkommt und zuerst die Hauptperson begrüßt, sich vorstellt und sagt, warum er hier ist. Es ist eine Mischung aus Irritiert-sein und Angerührt-werden bei den anwesenden Menschen.

C: Ja, es ist wirklich so, wie du es sagst. Interessanterweise mache ich es genauso. Warum? Zuerst war es mir gar nicht so bewusst, aber nach und nach habe ich da eine Antwort gefunden. Für mich ist der Verstorbene nicht nur ein Leichnam, sein Körper war einmal eins mit seiner Seele. Aus Achtung davor und weil ich an ein Leben nach dem Tode glaube, gehe ich sehr achtsam und respektvoll mit Verstorbenen um. Und auch ich erlebe Betroffenheit und Angerührt-sein bei den Anwesenden. Es ist einfach etwas Ungewohntes für die Menschen.

Ich erinnere mich an eine Situation vor über 15 Jahren, wo ich das zum ersten Mal praktizierte. Es war bei der Beerdigung einer Frau, die ich über ein dreiviertel Jahr zusammen mit ihrem Mann in der Endphase einer Krebserkrankung unterstützen durfte. Am Anfang begleitete ich die beiden noch in Richtung Leben und dann in Richtung Sterben. Als sie gestorben war und ich ihre Beerdigung halten durfte, geschah Folgendes: Ihr Sarg stand in der kleinen Dorfkirche mit angrenzendem Friedhof. Vor der Beerdigung durfte ich eine Seelenmesse für sie und ihre Angehörigen feiern. Als ich aus der Sakristei in die Kirche kam, ging ich zuerst zum Sarg der Verstorbenen, machte eine Verbeugung und ging dorthin, wo ihr Kopf sein musste. Ich lehnte mich mit meiner Stirn an das kalte Holz und sprach leise mit ihr. Erst danach begrüßte ich die trauernden Anwesenden, die – so wurde es mir später erzählt – so etwas vorher noch nie erlebt hatten.

Da ich diese Frau, ihren Mann und ihre Familie im Laufe der monatelangen Begleitung lieben gelernt hatte, geschah mein Tun einfach aus der liebenden Seele heraus. Und das hatte folgende Wirkung: Noch bevor ich die Anwesenden begrüßte, ging ich zu ihrem Sohn und sprach ihn mit seinem Vornamen an: »Oliver, du wirst doch bitte die Lesung machen.« Er war irritiert, auch sein Vater schaute mich mit großen Augen an und ich wunderte mich schon darüber. Erst später erfuhr ich, dass der junge Mann Legastheniker war, er also eine Leseschwäche hatte. Fehlerfrei hat er die Lesung vorgetragen. Wenn das Herz geöffnet wird und die Liebe die Motivation ist, dann können sogar Behinderungen überwunden werden. Wahnsinn.

A: Ja.

C: Alfred, wir beschenken uns gerade gegenseitig mit unseren Erfahrungen … Dieses Erlebnis kam mir jetzt gerade in Erinnerung. Die Themen Endlichkeit und Vergänglichkeit betreffen ja jeden Menschen. Es gibt verschiedene Möglichkeiten, damit umzugehen: zu verdrängen, zu vergessen, zu verschieben … was auch immer. Wie gehst du damit um? Wie gingst du vorher damit um? Und wie gehst du, seitdem du dieses »Erwachen« hattest, damit um?

A: Wie ich vorher damit umgegangen bin, weiß ich nicht. Unbewusst. Es lief alles an mir vorbei. Man hat es wahrgenommen und mehr nicht.

C: Wie bei den meisten.

A: Ja. Das ist es. Jetzt ist es definitiv so, dass ich, seitdem ich mit Tod und Trauer in Verbindung stehe, versuche, bewusster zu leben und mir klar zu machen, dass es morgen schon sein kann, dass ich nicht mehr da bin. Aber das ist alles irgendwo sehr theoretisch. Das sind die Dinge, die man normalerweise irgendwo in einem Buch liest. Man hat es theoretisch im Kopf. Doch praktisch gelehrt hat es mich die Coronapandemie. Ich merke, ich lebe anders; Corona hat mich an einen Punkt gebracht, der gefährlich war. So weit unten war ich noch nie im Leben, wirtschaftlich und überhaupt. Also es war wirklich … Es war eine Gratwanderung, bei der es hätte auch abwärts gehen können. Aber ich habe noch entschieden, geradeaus zu gehen …

Und seit diesem Erlebnis lebe ich bewusster, freier und dankbarer. Seitdem mache ich sehr viele Dinge bewusst mit dem Wissen: Vielleicht ist es morgen vorbei. Und das ist auch im Umgang in der Partnerschaft so. Es sind so Kleinigkeiten, die ich wirklich mache und nicht nur theoretisch weiß, dass es gut wäre, sie zu tun. Und wenn da, als Beispiel, jemand vorbeiläuft, der schöne Schuhe anhat, dann sage ich ihm das. Weißt du, es sind diese Kleinigkeiten, die täglich so viel verändern können, die so entscheidend sein können und die auch uns selber verändern.

C: Leichter und fröhlicher.

A: Ja, genau. Fröhlicher. Es ist mehr Lachen dabei. Es ist mehr Freude dabei. Ja, das ist im Prinzip für mich das Gute, was Corona gebracht hat.

C: Ich spüre gerade, dass du noch sehr dicht an dem dran bist, was du gerade gesagt hast. So etwas sagt man nicht so dahin, das ist eine echte Grenzerfahrung. Grenzerfahrung ist sowieso so ein Thema und der Tod ist die Grenzerfahrung schlechthin. Die Grenzerfahrung zwischen dem Hier und dem Danach. Ich habe in deinem Buch gelesen, dass du eine Gewissheit über ein Danach hast. Wie kommst du da drauf?

A: Durch diese Arbeit und durch das Treffen mit Kunden in beiderlei Hinsicht, also sowohl als Begleitender von Sterbenden oder Hinterbliebenen. Es kommen aber auch immer wieder Menschen, die in absehbarer Zeit sterben müssen und die ich vorher noch kennenlernen darf. In all den Jahren sind so viele Dinge passiert, mir widerfahren, die für mich ganz klar aussagen: Da ist was. Das ist, glaub ich, wirklich nur eine ganz hauchdünne Membran, die uns Lebende von den Vorausgegangenen trennt. Nur wir nehmen es mit unseren Sinnen fast nicht wahr, was auf der anderen Seite passiert. Von Drüben aus, kann ich mir vorstellen, ist es anders. Die sehen oder nehmen uns viel deutlicher wahr als wir. Aber auch da gibt es Momente, wo in dieser Membran »Fenster« eingebaut sind, Fenster, durch die wir einen kleinen Moment lang hindurchsehen können. Mir fällt jetzt gerade die Begegnung mit meinem verstorbenen Vater ein. Realer kann man es nicht erleben. Ich habe es ja in meinem Buch beschrieben. Diese Begegnung war wirklich so realistisch, wie die Tatsache, dass wir beide jetzt hier zusammensitzen. Nur kann man es kaum jemand anderem erzählen. Man muss das selbst erlebt haben.

C: Ich kenne das gut, was Du gerade zu beschreiben versuchst. Es ist schwierig bis unmöglich, jemandem so ein Erlebnis nahezubringen, wenn er nicht wenigstens anfanghaft Ähnliches kennt. Man muss es selbst erleben. Ja, das ist wirklich so.

A: Aber es gibt viele, die so etwas erlebt haben.

C: Das stimmt. Das nehme ich auch vermehrt wahr.

A: Aber darüber spricht man nicht.

C: Das ist sowieso interessant, wo wir beide sind. Also du und ich, wir zwei sind an zwei verschiedenen Positionen im Umgang mit Sterben, Tod und Trauer. Ich bin auf der Seite, wo die Menschen noch kurz vor dem Tod sind – im Sterben. Manchmal über Wochen. Manchmal aber werde ich gerufen, wenn das Sterben vorangeschritten ist und innerhalb von Stunden zum Ende kommt. Meine Hauptarbeit liegt dann in erster Linie in der Begleitung der Angehörigen. Mit den Sterbenden bin ich natürlich auch im Kontakt – da lerne ich zunehmend, die »Sprache« der Sterbenden zu verstehen. Die Sterbenden haben eine eigene Sprache. Mit Zeichen, Symbolen usw. Und außerdem komme ich ja in der Aufgabe des Priesters, der spirituell und religiös Türen öffnen möchte.

Du aber, Alfred, du bist fast immer am Ende des Weges. Da ist der Mensch schon gestorben. Da überschneiden wir uns ein bisschen. Ich komme auch manchmal zu Verstorbenen und gehe genauso mit diesen um, wie du es mit den Bestattern aus Wiesbaden erlebt hast. Und ich sage das auch den irritierten Verwandten: »Ich spreche jetzt mit N. N. so, als ob er oder sie mich noch hört.« Und ich glaube es auch fest, dass er/sie mich noch »hört«. Das öffnet richtig Türen. Wir beide sind rund um diesen Themenbereich »Tod« aktiv. Ich mehr vor seinem Eintritt, du mehr danach. Es gibt aber auch Überschneidungen, wie du ja auch schon gesagt hast. Da kommen Menschen schon vor ihrem Tod zu dir und wollen sich ganz bewusst damit beschäftigen.

Ich habe jetzt eine kleine provokative Frage. Während ich dir jetzt zugehört habe zu dieser Sollbruchstelle und mit diesem Fenster in die andere Welt … Was du gesagt hast, dass es da so einen Bereich gibt, wo man hinüberschauen könnte oder wo die Verstorbenen mehr von sich aus zu uns herüber agieren – das kann man alles auch in Büchern lesen. Und ich weiß, dass du viel in der Auseinandersetzung mit deiner Arbeit gelesen hast und ich jetzt genau das, was ich auch hier wieder gehört habe, gelesen habe. In einem Buch von Annekathrin Puhle »Verbunden mit geliebten Verstorbenen«.[5] Ein Buch, das ich erst vor Kurzem erworben habe. Die provokative Frage ist nun: Deine Gewissheit über ein Danach, welche aus deiner langjährigen Erfahrung im Umgang mit diesen Themen kommt, kommt sicher auch vom Lesen, dem sich tiefer Beschäftigen mit Tod und diesem ganzen Themenbereich. Was ist angelesen? Was ist erfahren? Das von deinem Vater, das ist erfahren. Ist das so eine Mischung oder … Verstehst du meine Frage?

A: Das mit meinem Vater war keine Mischung. Das war einfach Realität. Es gab schon mehrere Situationen, die real waren. Ähnliches ist mir mit meinem damaligen Hund Moses passiert. Und mit meiner Oma. Damals war ich noch weit weg von dieser anderen Wahrnehmung. Jetzt im Nachhinein erinnere ich mich noch sehr gut an das Gefühl von damals. Oma war genau hier spürbar, in der Bauchgegend zum Herz hin. Damals wusste ich nicht damit umzugehen. Aber heute weiß ich, das war genauso eine Situation. Die stand da … Die hat das Fenster geöffnet und gesagt: »Hey Freddi« und ich konnte nicht antworten. Ich hatte Angst, ich hatte keinen Zugang zu dieser Welt. Aber das war definitiv so. Und immer wieder passieren solche Dinge … Ich meine, ein paar habe ich in meinem Buch beschrieben, doch da gibt es sehr viel mehr. Und wenn wir darauf achten, erkennen wir die Zeichen. Ganz besonders in der intensiven Zusammenarbeit mit Menschen, die im Sterben liegen oder schon gestorben sind. Und jetzt gerade vor knapp drei Wochen, ist der

Vater der besten Freundin meines Partners gestorben. Ich habe den Sarg für ihn bemalt. Im Gespräch mit seinen drei Töchtern erfuhr ich, dass er begeisterter Bergsteiger war und Rabenvögel liebte, vor allem aber den Kolkraben.

Am Tag seiner Beerdigung war ein Sauwetter. Und ich habe einfach gewusst, wenn wir vorne am Grab sein werden, dass alles passen wird. Das wird schon werden. Doch laut Wettervorhersage hundertprozentiges Gewitter. Wir sind aus der Kirche mit dem Sarg herausgekommen, laufen noch mit Regenschirm zum Grab hin, und wirklich in dem Moment, wo alle da standen und der Pfarrer zu sprechen beginnen wollte, fliegt ein schwarzer Vogel – ich denke, es war eine Krähe und kein Rabe, aber egal – über unsere Köpfe, und in dem Moment hörte es zu regnen auf und wir haben die gesamte Verabschiedung am Grab im Trockenen gemacht. Und nicht nur ich habe das mit dem Raben gemerkt, auch mein Partner, der sehr sensibel in dieser Richtung ist, hat ihn gesehen. Und selbst die drei Töchter des Verstorbenen, die mit solchen Erlebnissen nicht viel am Hut haben, haben nach der Trauerfeier von sich aus gesagt: »Hast du den Vogel gesehen? Und plötzlich war der Regen vorbei.« Das mag für viele Humbug sein, aber wenn du über 20 Jahre immer wieder solche »Kleinigkeiten« erlebst und komischerweise immer im passenden Moment … Dann wirst du nicht nur nachdenklich. Ich bin heute so frech und sage: Ich glaube nicht daran, sondern ich weiß es. Für mich ist es Wissen.

C: Gewissheit, Wissen erwächst aus Erfahrungen; erwächst aus Wachheit, Achtsamkeit; erwächst aus Sensitivität und Sensibilität. Gewissheit erwächst auch aus der Form unserer Wahrnehmung. Das hast du auch geschrieben. Der weitere Schritt deiner Entwicklung ist, dass du deine Wahrnehmung schulst, interessanterweise ich auch. Mein erfolgreichstes Buch war das über die Kraft der Gedanken, und du sagst: »Das Negative ist wie ein Virus und man sollte die Aufmerksamkeit immer wieder der anderen Seite – der positiven Seite widmen.« Du bringst den Schriftsteller *Paulo Coelho* mit den Kriegern des Lichtes als Beispiel. Das heißt, zu der Gewissheit gehört auch die Wahrnehmung – Wahrnehmung des Positiven. Und eben auch die Wahrscheinlichkeit, die Möglichkeit, dass von der anderen Seite Zeichen geschickt werden. Und, wenn ich mich dafür öffne, ich sie auch empfangen kann. Wenn nicht, dann halt nicht. Aber die Zeichen sind da. Ja.

A: Definitiv.

C: Definitiv. Da hast du als Beispiel erwähnt: Zwei Seiten des Abschiedes. Nämlich wie man Abschied nehmen kann – schwermütig, leidbeladen, katholisch auf altmodische Weise, wie auch immer, oder fröhlich, hoffnungsvoll und zuversichtlich. Nicht selten gehen nach einer Bestattung die Leute schwer beladen nach Hause und nicht getröstet. Da hast du auch schon Beispiele zur Genüge erlebt. Hast du eine Ahnung und auch eine Antwort darauf, warum so viele offizielle Vertreter der Kirchen eher schwermütig statt fröhlich oder frohmachend an das Thema herangehen?

A: Ich denke, der Glaube, der religiöse Glaube zwingt Menschen in eine Denkform. Egal ob katholisch oder was auch immer. Jeder Glaube hat so seine Form des Denkens und Wahrnehmens. Als wir uns das erste Mal gesehen haben, weißt du noch, wo ich gesagt habe, dass ich mich freue, endlich mal einen katholischen Pfarrer vor mir zu haben, mit dem ich gefühlsmäßig normal sprechen kann?

C: Der war ich?

A: Ja.

C: Wobei du ja während unseres ersten Treffens zunächst gar nicht wusstest, dass ich einer bin. Ich hab mich erst später »geoutet«. Die erste Hälfte des Treffens habe ich bewusst ein ganz normales und interessiertes Gespräch geführt … erst dann habe ich bewusst die Katze aus dem Sack gelassen und habe auch sofort neues Interesse bei dir an dieser Begegnung gespürt. Und dann hast du gefragt: Evangelischer Pfarrer? Nein, katholischer Pfarrer. Ach!?

A: Ja, eben, ich kann mich noch gut daran erinnern. Werdet ihr katholischen Priester denn anders ausgebildet? Was ist es, was diesen Unterschied ausmacht? Wir haben das jetzt wieder in der Kirche bei der letzten Beerdigung gesehen, es fehlte die Freude in dem Gesicht des Pfarrers. Kann es wirklich sein, dass die Pfarrer überlastet sind, dass sie es nicht mehr schaffen, Menschen zu begleiten? Also Menschen nicht nur in den Tod zu begleiten, sondern überhaupt freudig zu begleiten? Es ist immer so gleichklangmäßig langweilig, einfach langweilig. Ich erlebe es leider so …

Ich habe es auch mittlerweile aufgegeben, in die Kirche zu gehen. Wir haben es jahrelang probiert, meine frühere Frau und ich. Sie war auch sehr interessiert am Glauben und wir haben das wirklich über viele Jahre probiert, auch immer wieder andere Kirchen und Pfarrer ausprobiert. Einfach mal geschaut, wo bekommen wir etwas, was für uns gut ist? Ich gehe doch in den Gottesdienst, damit ich rauskomme und sagen kann: »Hey, das war doch toll.« Oder nicht? Oder wie einen schönen Film anschauen, der mir ans Herz geht. Oder wie Freunde treffen und einen tollen Abend mit Gesprächen verbringen und danach gehst du nach Hause und bist »satt«, du bist gefüllt. Und so stelle ich mir auch Kirche vor, wo ich rausgehe und spüre: »Das war heute gut.« Und das vermisse ich.

C: Leider. Und wenn du es sagst, ich habe es aufgegeben, das dort zu suchen nach so und so vielen Versuchen, wo bekommst du es dann, was du dir wünscht? Diese Seelennahrung?

A: Bei mir in der Galerie. Das ist wirklich, glaube ich, der Platz, an dem ich die Menschen treffe, die in meinem Leben wichtig sind. Die Galerie trennt von vornherein. Also da kommt keiner rein, der auf einer ganz anderen Ebene schwingt. Ich glaube, da gibt es schon eine bestimmte Schwingung, die nicht alle Menschen aushalten. Vielleicht sind es die Bilder, weil ich mit sehr kräftigen und leuchtenden Farben arbeite – das hält auch nicht jeder aus. Und so gehen die Ersten schon mal vorbei. Und dann ist es der Sarg im Schaufenster, der trennt noch mal die Menschen. Also es bleiben gar nicht so viele, die zu mir reinkommen. Doch mit denjenigen, die zu mir reinkommen, entstehen oft genau solche Begegnungen wie jetzt mit dir. Manche sind nur eine viertel Stunde da und doch sprechen wir so vertraut. Es tut mir dann fast weh, dass sie wieder gehen. Ich bekomme so viel in diesen Gesprächen in so kurzer Zeit. Und das macht mich satt, das macht mich zufrieden.

C: Ich verstehe … Ich habe es, Gott sei Dank, auch schon erlebt, und ich versuche, selbst so zu sein, dass es immer wieder auch positive Ausnahmen gibt, die es schaffen, Trauernden Seelennahrung, Trost und Hoffnung zu geben. Aber das, was du sagst, ist größtenteils schon richtig. Diese Essenz in einem Treffen, in einem Gespräch mit denen, die in deinen Sargladen hereinkommen, bleiben, verweilen und dann wieder gehen. Da war echte Begegnung. Jetzt ist aber in der Kirche doch eigentlich noch einmal ein anderer Aspekt als nur der der Begegnung. In der Kirche wird auf Gott oder Jesus hingewiesen. Gott ist doch eigentlich der, der dort in irgendeiner Weise »transportiert« werden soll, als der, der hilft, der tröstet, der stärkt, oder als der, der langweilig ist, weil er langweilig rübergebracht wird. Wo spielt Gott bei dir, in deiner Arbeit eine Rolle? Spielt er überhaupt eine Rolle?

A: Da werde ich provokativ.

C: Gut.

A: Es ist schon viele Jahre her. Wir haben irgendein Gespräch gehabt über Glauben und ich habe meiner Frau damals gesagt: »Weißt du, ich suche Gott nicht, denn ich bin Gott.« Und sie sagte entrüstet: »O, Alfred, versündige dich nicht … so was darf man nicht …« Also, da ging es richtig zur Sache. Und dann habe ich versucht, es ihr zu erklären, wie ich es meine. Für mich ist Gott nicht eine Einheit, schon gar keine Person. »Er« ist nichts Bestimmtes und das steht auch in der Bibel: »Du sollst dir kein Bild von Gott machen.« Hab ich auch nicht. Und die Behauptung, die Aussage, dass ich Gott bin, ist im Prinzip ganz einfach. Es ist wie der große Ozean um die ganze Erde herum und da kommt einer mit einer Pipette und nimmt mit ihr einen Tropfen aus dem Ozean heraus. Dieser Tropfen bin ich. Jetzt bin ich getrennt von Gott. Dann bin ich ein Tropfen irgendwo, in diesem Fall in einer Pipette. Und wenn dieser Jemand den Tropfen dem Ozean wieder zurückgibt, bin ich dann der Tropfen im Ozean oder bin ich der Ozean? Und so ist es für mich auch mit Gott.

C: Ja. Also das ist ja so ein bisschen mein Metier als Theologe. Was du sagst, ist eigentlich auch die Ansicht von der ZEN-Philosophie, nämlich dass der Tropfen der Ozean ist und der Ozean der Tropfen, oder die Welle ist das Meer. Also das Eine geht im Anderen auf. In der katholischen Kirche gab es den international sehr geachteten, aber leider von der katholischen Glaubenskongregation geahndeten Benediktinerpater *Willigis Jäger*, der Zen-Meister war.[6] Die Hindus begrüßen sich zum Beispiel mit einem »Namaste« – »das Göttliche in mir grüßt das Göttliche in dir«. Also deine von dir geäußerte Ansicht scheint jetzt nicht gerade christlich zu sein. Allerdings stimmt diese Wahrnehmung nicht unbedingt, weil wir Vertreter wie den mittelalterlichen *Meister Eckhart*[7], den genannten Benediktiner und Zen-Meister *P. Willigis Jäger*, den Jesuiten und Zen-Meister *P. Hugo Makibi Enomiya-Lassalle*[8] und einige andere mehr hatten und haben, die sehr wohl versuch(t)en, verschiedene Weltanschauungen zu verbinden. Ich selbst gehöre zu einem Kloster mit angeschlossenem Meditationshaus, dem Meditationshaus St. Franziskus in Dietfurt an der Altmühl[9], wo seit über 40 Jahren dieser Brückenbau zwischen Christentum und zum Beispiel Zen gelehrt und geübt wird.

Frage: Wie seid ihr, du und deine damalige Frau, dann auseinandergegangen in dieser provokativen Äußerung »Ich bin Gott«?

A: Ich glaube, sie versteht mittlerweile, was ich meine. Wir haben uns unterschiedlich entwickelt. Meine Aussage »ich bin Gott« soll auch nicht andere provozieren. Ich will auch niemandem ans Schienbein treten. Es ist nur *meine* Art, Gott zu verstehen und Gott somit auch überall zu sehen. Ob hier jetzt in dem Wein, der vor dem Fenster wächst oder in meinem Hund Hermes oder … Ich beziehe das ja nicht auf mich allein, sondern auf alles Leben, was da ist.

C: Weit hinten in deinem Buch erwähnst du Ähnliches. Es ist also ein Themenbereich, der dich lange schon bewegt. Die Auseinandersetzung mit der Frage: Was ist Gott? Wer ist Gott? Wie glaube ich überhaupt? Auf Seite 212 sagst du, Gott ist für dich nicht Religion, sondern Gott ist ein Gefühl, eine Energie, die allem Leben innewohnt, es ist die Liebe. Und Liebe macht keinen Unterschied, ob sie einem Menschen, einem Tier oder selbst einer Pflanze gilt. Dies durftest du lernen in der Begegnung mit der Frau, die für ihre beiden Hunde um einen Sarg nachgefragt hat. Damals hast du entschieden, nicht für Tiere zu arbeiten, was dich in einen tiefen Konflikt mit dir selber brachte. Doch genau durch diesen Konflikt hast du für dich erkannt, nicht urteilen zu dürfen, welche Liebe wohl »die ehrlichere« ist. Die zu einem Menschen oder vielleicht auch die zu einem Hund? Gibt es überhaupt eine Liebe, die wertvoller ist?

Ich habe da persönlich auch hinzugelernt und merke, dass Menschen sehr genau hinschauen oder auch spüren, ob du, wie soll ich sagen, sezierend, vom Kopf her vorgehst und behauptest, dass die Liebe zu Menschen wertvoller ist als die Liebe zu Tieren. Wenn jemand so vorgeht, dann hat er keine Ahnung von Liebe. Denn die Gefühle der Liebe können genauso in Richtung Tier gehen wie in Richtung Mensch. Was mir bei dem, was du vorher gesagt hast, aufgefallen ist: Ja, da sind wir eigentlich schon bei einem, der uns wahrscheinlich beide auch interessiert oder bewegt: Der Heilige Franz von Assisi. Ist dieser Mensch für dich irgendwie besonders?

A: Ich glaube, Franz von Assisi wird oft missverstanden als eine Art Vorstand eines Tierschutzvereins, was er mit Sicherheit nicht war. Ich glaube, der hatte eine ganz gesunde Einstellung zur Tier- und Pflanzenwelt gehabt, also zur Natur, aber vor allen zu Tieren, aber nicht in dem Sinn, wie er jetzt oft verstanden wird. Er hat die Kreatur als Lebewesen einfach begriffen, wertgeschätzt und vielleicht hat er einfach auch eine Gabe gehabt, die ihn näher zur Kommunikation mit Tieren gebracht hat. Aber er ist jetzt für mich nicht unbedingt ein Schutzpatron der Tiere. Ich glaube, alle anderen gesund denkenden Menschen gehen mit Tieren genauso gut um, wie er es tat.

C: Er ist aber jemand, der das lebte, was du vorhin gesagt hast. Nämlich diese All-Einheit. Das Göttliche in mir entdeckt und grüßt auch das Göttliche in dir, du Wolf, du Bär, du Blume.

A: Genau, er ist ein außergewöhnlicher, sensibler und empfindsamer Mensch gewesen, der die Essenz allen Lebens und darin auch Gott wahrnehmen konnte.

C: Damit sind wir interessanterweise schon zu den Formen des Lebens gekommen, die bei dir in den künstlerischen Darstellungen eine große Rolle spielen. Nämlich Pflanzen, Blumen, Schmetterlinge, die du Freudlinge nennst.

A: Also Botanik war schon immer etwas, was mich berührt hat. Dafür hatte ich immer Interesse, schon als Kind im eigenen Garten. Ich habe immer mein eigenes Beet gehabt und habe in der Erde gearbeitet. Das brauche ich. Das ist wichtig für mich. Und das vermisse ich jetzt auch hier ein bisschen in Lindau. So schön es hier ist, so fehlt uns aber doch ein Garten. In unserer »Not« haben wir rund um unseren Parkplatz große Töpfe für Tomaten und Gurken aufgestellt. Da spüre ich Erde, das ist mein/unser Garten. Ja, ich liebe Pflanzen, ich umgebe mich gerne mit ihnen, sie tun mir gut. Ob jetzt im Wohnbereich oder in den Bergen beim Wandern oder beim Kräuter sammeln. Wir sammeln das ganze Jahr über Tee und Pilze, sogar im Winter. Es ist hochinteressant. Und es ist so spannend, wenn du erfährst, welche Kraft und Energie Pflanzen haben und was sie mit uns machen können, wie sie uns helfen können. Wow, ist das toll.

C: Du gerätst da ja richtig ins Schwärmen. Bezogen auf deine Arbeit mit den Schreinen, da verwendest du ja, wie du auch vorher schon gesagt hast, Kraftvolles – sei es in der Darstellung, sei es in der Farbigkeit verschiedenster Blumen zum Beispiel, die die Menschen dann ansprechen. Viele wünschen sich ihre Lieblingspflanze, was du dann auch künstlerisch umsetzt. Viele lassen sich durch deine schon vorgefertigten oder dargestellten Weisen auch in Schwingung bringen. Noch einmal für den, der das eben noch nicht kennt. Was ist der tiefere Grund, warum du Pflanzen, Blumen, Schmetterlinge/Freudlinge auf diesen Schreinen darstellst?

A: Ich glaube, es fing mit der Bedeutung der Pflanzen an. Ich versuche gerade, mich zurückzuerinnern, wie ich so auf die erste Gestaltung eines Sarges kam. Und ich denke, ich habe da eine Richtung gesucht, die Menschen anspricht und auch einen Sinn vermittelt. Wie die meisten wissen, steht die Rose symbolisch für die Liebe. Der Duft der Rose bringt die Menschen in Entspannung und auf die Herzebene. Also bei erhitzten Diskussionen zum Beispiel hilft Rosenduft, die Menschen zu beruhigen. Der Charakter und die Eigenschaften der einzelnen Blumen und Blüten machen etwas mit uns. Und ich glaube, das waren auch damals meine ersten Überlegungen zu den passenden Motiven, die ich auf die Schreine gemalt habe. Da fällt mir auch ganz klar die Calendula, die Ringelblume, ein.

C: Das ist eine Heilpflanze.

A: Ja, genau, sie ist heilsam, was mich damals schon fasziniert hatte. Darüber habe ich auch viel gelesen. Die Calendula heilt auf beiden Ebenen, auf der geistigen und auf der materiellen. Sie heilt seelische Wunden und Wunden unserer Haut. So, wie die Calendula für die Heilung steht, so steht die Blumenwiese symbolisch für die Gemeinschaft.

Die Blumenwiese ist eine der gängigsten Schreine und ich glaube nicht, dass ich vorher darüber nachgedacht habe, aber irgendwann kam auch dieses Bild, diese Symbolik, dass die Blumenwiese die Gemeinschaft aller Menschen darstellt. Und wenn aus dieser »Menschenwiese« eine Blume, ein Gänseblümchen »gepflückt« wird, stirbt, verändert das die Wiese nicht. Die Wiese ist nach wie vor unverändert. Nur die Pflanzen in der allernächsten Nachbarschaft um das Gänseblümchen, die, die mit den Wurzeln verbunden sind, vermissen den Nachbarn. Das Gras daneben oder die Trollblume, die auch ihre Wurzeln neben den Gänseblümchen hat, die merken es, dass da ein Gänseblümchen gepflückt wurde. Der Rest der Wiese ist unverändert und macht ihr jährliches Auf und Ab. Und darüber fliegen die Freudlinge. Ich weiß gar nicht mehr, wann ich das erste Mal einen Schmetterling gemalt habe. Wahrscheinlich schon kurz nach der Geburt. Die waren schon immer bei mir, aber einen richtigen Sinn haben die wirklich erst auf meinen Schreinen bekommen. Sie waren vorher schon immer schön und ich liebe sie, ich male sie gern, sie berühren die Menschen, aber durch die Beschäftigung mit Leben, Tod und mit unserem Lebenskreislauf haben die Freudlinge für mich ihren Sinn erhalten. Und ich meine, die passen unbedingt auf jeden Schrein.

Anfang 2022 haben wir zwei Schreine nach Freiburg ausgefahren, und die Herrschaften haben uns eben noch zum Kaffee eingeladen und dann haben sie mir erzählt: Ganz in ihrer Nähe sei da so ein wunderschöner aufgelöster Friedhof, und wir sollten uns den doch mal anschauen, weil der wirklich außergewöhnlich sei. Das haben wir dann auch gemacht. Wir fanden einen alten Friedhof, fast 200 Jahre alt, unglaublich schöne Grabmäler, kaum Kreuze, also wirklich alles Grabsteine und Grabmäler. Und zum ersten Mal habe ich gefunden, wovon ich schon so oft gehört habe. Auf diesem Friedhof, ohne dass wir spezifisch danach gesucht hatten, habe ich neun Aufnahmen von Freudlingen gemacht, die quasi in Stein eingearbeitet waren. Der Schmetterling war früher ein ganz gängiges Symbol auf den Friedhöfen.

C: Da fällt mir ein, dass du in deinem Buch eine Aussage von Elisabeth Kübler-Ross erwähnst, wo sie von den Kindern in den KZs erzählt: Bevor sie in den Tod gingen, hatten sie Schmetterlinge und Schnecken in die Wände gekratzt. Das geht echt zu Herzen und ist in seiner Seelensprache hochinteressant. Seit Jahrhunderten ist zum Beispiel der Delfin ein Symbol der Auferstehung, weil er immer zwischen zwei Dimensionen wechselt, zwischen Wasser und Luft, weil er da immer rausspringt und wieder eintaucht. Der Schmetterling als Urbild der Metamorphose, der Verwandlung vom Ei in Raupe in Puppe und dann in ein ganz anderes Wesen, den Schmetterling. Die Schnecke als das Zeichen der Ewigkeit, der Zeit, die so langsam dahingeht. Aber dass Kinder das so automatisch wissen, das ist ja das Überraschende.

Lieber Alfred, Themenwechsel. Als ich vor einem Jahr an deinem Sargladen vorbeigegangen bin, stehen blieb und zurückgekehrt bin, um mir das alles anzusehen, da sah ich auch dein Buch im Schaufenster. Der Titel hat mich sofort angesprochen: »Der Tod ist grün«. In grüner Farbe der Umschlag des Buches und dann so blumig und so ein Sarg drauf. Verwunderung bei mir und dann steht weiter darunter: »Die Trauer ist schwarz und die Liebe ist rot«.

Frage: Der Tod ist grün – wie kam es zu dieser Erkenntnis? Ich habe es natürlich gelesen; es hat was mit Hoffnung und Frühling zu tun; es hat was mit Geburt und Wiedergeburt zu tun; mit Sterben und Geboren-werden; mit einer Abnabelungszeit. Aber wieso kommst du auf die Farbe Grün? Der Tod ist grün. Wieso dieser Titel, wieso diese Farbe? Und du hast es ja auch schon erwähnt, ich glaube, dass dein Auto, mit dem du fährst und Schreine auslieferst, grün ist, und ich glaube, du hast auch dabei grüne Kleidung an. Magst du da bitte etwas dazu sagen?

A: Sehr gern. Wie ich dir vorher schon erzählt habe, bin ich in das Thema reingerutscht, ohne es eigentlich zu wollen. Aber dann war ich drin und du lernst ja immer dazu mit jedem Kunden, den du gewinnst oder mit den Menschen, die du triffst, egal wo, sei es auf einer Ausstellung oder anderswo. Wo ich mit meinen Särgen erscheine, hat man sehr schnell dieses besondere Thema. Die Menschen tauschen sich sehr gerne darüber aus, über Tod, über Sterben oder über ihre Ängste, wenn sie merken, dass da jemand ist, dem man so was erzählen kann. Und ich bin da scheinbar wie ein Schwamm. Und in all diesen Jahren habe ich sehr viel übers Sterben erfahren. Ich durfte dabei sein. Ich habe auch meine Mutter begleitet, was wunderschön war. Aber auch andere Menschen habe ich über längere Zeit begleitet. Ich glaube wirklich, dass ich auf die Farbe Grün als Resümee kam: All die schönen Dinge, die ich bei Sterbebegleitungen erlebt habe, und auch nach dem Sterben, all das, was mich in diesen Prozessen positiv berührt hat, und das Wissen über die Kraft und Wirkung von Farben, all das zusammen ergibt für mich ganz eindeutig die Farbe Grün. Grün als Anfang und Neubeginn.

Farben haben ja bestimmte Eigenschaften und machen was mit uns, sowohl auf psychischer als auch auf physischer Ebene. Wenn ich einen Raum rot streiche, passiert darin mit Sicherheit etwas ganz anderes, als wenn ich den Raum hellblau gestalten würde. Farbe wirkt auf uns, auf unsere Stimmung, auf unseren Organismus. Grün ist einfach die Farbe, die uns hier reintrifft (er zeigt auf sein Herz). Grün ist die Hoffnung, der Frühling, der Neubeginn. Die Farbe des Herzchakras ist Grün. Und dann muss man eigentlich nur eins und eins zusammenzählen, dann bleibt meiner Meinung nach doch gar nicht viel anderes übrig, als den Tod grün zu sehen. Weil der Tod einfach ein Neubeginn ist. Das, was wir als Tod und Sterben unbewusst im Kopf haben, ist eher dieser Verlust. Wenn wir darüber sprechen, dann haben wir, glaube ich, dieses Gefühl des Verlustes in uns. Da geht jemand, da verliere ich jemanden – das tut weh. Wir denken immer im Verlust und dass wir etwas hergeben müssen. Kaum jemand denkt in dem Moment daran, dass für denjenigen, der stirbt, im Prinzip ein neues wunderschönes Kapitel aufgeschlagen wird. Ein neuer Weg, ein neues Leben.

C: Wer sagt dir das?

A: Mein Gefühl und das, was ich bis jetzt erfahren habe.

C: Und deine Gewissheit. Die Erklärung zu dem Vorherigen.

A: Ja.

C: Genau, das wächst. Das kann man sich nicht anlesen. Das kann man auch nicht indoktriniert bekommen oder so, sondern es muss wachsen. Ich stelle mir gerade vor, wie ich in der Begleitung von Sterbenden auf die Idee kommen könnte: Der Tod ist grün. Da fehlt mir wahrscheinlich irgendwie der Zugang zur Farbe. Vielleicht ist das die offene Tür des Malers. Also ich wäre da nicht drauf gekommen. In der Begleitung von Sterbenden das Grundgefühl »Grün« zu bekommen.

A: Das ist für mich ganz logisch. Schau, nimm unsere Natur. Das jährliche Auf und Ab. Frühling, Sommer, Herbst und Winter. Der

Winter ist das Sterben. Weg, kalt, gestorben. Aber was passiert an dieser Grenze, wenn jemand gestorben ist, das Herz zu schlagen aufhört, wenn dann kein Leben mehr im Körper ist? In diesem Moment ist da in einiger Entfernung, vielleicht von ein bis zwei Metern, die Seele, die sich vom Körper, vom Fleischlichen löst. Und für diese Seele beginnt just in diesem Moment der neue Weg. Und was kommt bei uns nach dem Winter? Da kommt das erste Schneeglöckchen aus dem Schnee und das ist das neue Leben. Und was sprießt zuerst, das Grün und dann kommt die Blüte. Also das Grün folgt auf den Winter. Es ist das Frühjahr, das neue Erwachen, wieder neu ins Leben gehen, nur auf einer anderen Ebene.

C: Dann ist aber der Zustand nach dem Tod das Grün?

A: Was ist der Tod, wann beginnt der Tod? Das ist der Moment, in dem das Herz aufhört zu schlagen. Richtig? Solange die Menschen noch vor dem Krankenbett stehen und die Maschinen oder der Pulsschlag sagt »Mama lebt noch«, ist immer noch Hoffnung da. Erst wenn kein Pulsschlag mehr zu spüren ist, sagt man »Mama ist tot«. In dem Moment stirbt der Körper, und die Seele wechselt rüber und geht jetzt weiter auf ihrem neuen Weg. Und in dem Moment, meine ich, reagieren viele, die meisten, sehr auf sich selbst bezogen. Der Schmerz überkommt uns jäh, wir wissen, jetzt habe ich jemand verloren. Solange der Puls noch spürbar war, hatte man ja vielleicht doch noch irgendwo so ein bisschen Hoffnung. Vielleicht wird das ja doch noch. Aber nachdem das Herz aufhörte zu schlagen, ist es einfach vorbei und wir fühlen den Schmerz. Wir haben jemanden verloren. Was die meisten nicht sehen: Für denjenigen, der gerade gestorben ist, beginnt jetzt was Neues. Er kann hier endlich raus aus der Hülle und endlich hat er es geschafft. Jetzt kann er gehen.

C: Danke. Sehr schön beschrieben. Dazu als Ergänzung: Ist dir schon mal aufgefallen, warum wir eigentlich weinen in solchen Situationen?

A: Ich überlege gerade, ob ich geweint habe. Ich bin gedanklich gerade bei meiner Mutter.

C: Vielleicht du nicht, aber andere? Warum die Menschen weinen oder einen Schock erleben oder dieses Wissen »Jetzt ist es vorbei« haben? Du hast es gerade gesagt: Es ist das »Auf-sich-selbst-Bezogensein«.

A: Ja.

C: Sie trauern um ihrer selbst willen. Was ich verliere, ist der Mensch, die gemeinsame Zeit mit ihm, die Erlebnisse … Was diese Person für mich repräsentiert hat, und so weiter, wird nie mehr sein – meinen die meisten. Und es wird gar nicht gedacht oder gespürt, dass der Verstorbene jetzt frei wird. Ganz genau. Also dieses Weinen auch an den Gräbern sagt viel mehr aus über die Person, die weint, als über die Person, die da gegangen ist.

Ich glaube, ich habe jetzt verstanden, warum der Tod für dich grün ist. Du hast ein grünes Auto, du ziehst dich grün an bei diesen Messen …

A: Auf jeder Beerdigung, bei der wir eingeladen sind.

C: Sag mal, warum?

A: Wenn Farbe die Kraft hat, mich und mein Umfeld zu beeinflussen, dann hilft mein grüner Anzug, die Schwere zu lindern, er strahlt Leichtigkeit aus, Zuversicht. Die Farbe hat Macht und beeinflusst uns, auch ohne dass wir es wissen. Schwarz macht etwas anderes mit den Menschen als weiß, rot … Grün wirkt mittenrein ins Herz. Es ist eine Farbe, die sehr beruhigt und die auch viel Kraft hat. Grün hat wahnsinnig viel positive Kraft. Anders spürt man das Rot. Rot hat eine aggressive Kraft, Grün hat eine stärkende Kraft.

C: Also mit Haut und Haaren repräsentierst du Grün.

A: Ich wollte schon immer ein grünes Auto, aber meine große Idee oder Vision, das ist ein grünes Bestattungsinstitut. Ich weiß, es werden bald Leute kommen und die werden sich vielleicht mit meiner Hilfe darauf einlassen, ein lebendiges Bestattungsinstitut zu gründen. Eines, das meine Philosophie vom grünen Tod in allen Bereichen ausstrahlt: In der Ausstattung der Räume, in der Kleidung der Mitarbeiter, in den Autos. Ganz besonders auch die Mitarbeiter, die Verstorbene von zu Hause abholen oder zu Grabe tragen, sie werden frühlingshaftes Grün anhaben. Farben, die die Menschen beschenken und nicht mehr ängstigen. Das ganze Institut wird in den Farben gestaltet sein, die zum Verweilen einladen, zum Kraft schöpfen, Freude spüren. Leuchtende gelb-grüne Töne, ähnlich wie in meiner Galerie.

Bei einer Beerdigung erlebte ich wieder einmal so einen Hammerschlag, so etwas Gegenteiliges zu dem, was mir wichtig ist: Wir hatten es nach eindringlichen Gesprächen mit dem Pfarrer geschafft, den Schrein (den Sarg) in der Kirche aufzubahren, um den Verstorbenen zu verabschieden. Das gehört für mich zu den wichtigsten Dingen, die man unbedingt im Vorfeld einer Verabschiedung klären sollte: Darf der Schrein mit dem Verstorbenen zur Verabschiedungsfeier mit in die Kirche? Also, der bemalte Schrein stand in der Kirche und es spielte gute Musik. Es war eine schöne Stimmung in der Kirche. Es war wirklich toll und ich dachte bei den Vorbereitungen an vieles, aber eines hatte ich vergessen zu organisieren, nämlich, wer den Schrein danach aus der Kirche hinausträgt. Ich kannte den Bestatter zwar, aber das ging irgendwo an uns vorbei. Und dann geschah es: Es war wie ein Faustschlag für alle, die da saßen. Noch während das letzte Lied auf der Gitarre gespielt wurde, kamen von hinten vier angsteinflößende Figuren, aber ehrlich, es haben nur noch die Sensen gefehlt. Dadurch, dass draußen schlechtes Wetter war, kamen die vier mit langen schwarzen Mänteln. Auf dem Mantel dann noch mal so eine Art Übertuch und große schwarze Hüte. Die kamen auf einmal ganz unvermittelt von hinten und haben den Sarg gepackt. Boh, es war schrecklich. »Das kann doch nicht sein. Haben die denn kein bisschen Gefühl?«, so dachte ich mir.

C: Und dann wäre es ganz anders, wenn grüngekleidete Menschen kommen würden?

A: Richtig.

C: Ich glaube, ich weiß genau, was du meinst. Du hast eine Vision, du plädierst für eine andere Bestattungskultur. Dein ganzes Sein und Tun plädieren für ein anderes Fühlen, Denken und Handeln um das Thema »Tod«. Kannst du dazu noch was sagen?

A: Die Bestatter sind am Anfang vor über 20 Jahren am heftigsten gegen mich angegangen. Also, das war wirklich nicht einfach. Das hat sich jetzt verändert, auch wenn ich bis heute wenige Bestatter als Kunden habe. Es ist immer noch der Endkunde, der mich beauftragt. Aber ich komme mittlerweile gut mit den Bestattern aus. Die akzeptieren mich mit meiner Arbeit. Aber was ich einfach nicht nachvollziehen, nicht verstehen kann: Warum sensibilisiert man diese Menschen nicht mehr für ihren Beruf? Vielen ist immer noch nicht klar, was sie machen. Es sind nur ganz Vereinzelte, die sich der Wichtigkeit dessen, was da täglich gemacht wird, bewusst sind.

C: Wenn du es auf den Punkt bringen könntest: Was ist die Wichtigkeit dieses Berufes?

A: Auf wertvolle, sensible und freudvolle Art und Weise diejenigen auf ihrem letzten Weg zu begleiten, die sterben werden, die gestorben sind, oder deren Angehörige oder Freunde zu begleiten.

C: Passt, das gefällt mir: wertvolle, freudvolle Art und Weise. Eine wertschätzende Art und die Würde des Verstorbenen im Mittelpunkt sehend.

A: Weißt du, was für mich am schlimmsten ist? Wenn ich diese professionell starren traurigen Gesichter mancher Bestatter oder deren Mitarbeiter sehe. Allein das ist schon eine Zumutung … Leute, das geht nicht. Das ist bedrückend, das ist ein Angriff auf diejenigen, die jetzt eigentlich Hilfe suchen. Ein Bestatter müsste dich freundlich, mit einem Lächeln im Gesicht empfangen. Er sollte Hilfestellung in einer schwierigen Situation sein, er sollte zuhören …

C: Das ist das Schreckliche auch zurzeit im Krankenhaus. Ich habe immer eine Maske im Gesicht. Die Menschen sehen mich seit über 3 Jahren nicht mehr richtig. Ich bin 6 Jahre im Dienst in diesem Krankenhaus. Vorher hieß es oft: »Da kommt der lächelnde Pfarrer über die Gänge.« Der lächelnde Pfarrer kommt über die Gänge. Das heißt: Ich bin sehr wohl ernst, wenn es darum geht, eine ernste Atmosphäre und Situation als eine solche auch wahrzunehmen. Meine Grundnote ist aber nicht dieses Beschwerliche, sondern dieses »Hallo, habt ihr schon mal die Augen aufgemacht, dass es da etwas anderes geben könnte?«

A: Ja, eben. Allein das reicht schon – lächelnd die Tür zu öffnen.

C: Das sehen die Trauernden leider nicht. In ihrer ganzen Trauer sehen sie vielleicht noch, dass ich grundsätzlich lächelnde Augen habe, aber gut, mir gelingt es trotzdem. Ich bin so froh, wenn diese Coronazeit mal wieder vorbei ist und ich meinen Mitmenschen wieder als Mensch begegnen kann. Da ging so viel verloren. Wo alte Leute zum Beispiel wegen Vereinsamung in den Isolierstationen wirklich eingingen und nicht besucht werden durften.

Themawechsel: In deinem Buch habe ich interessante Vorstellungen und Gedanken gelesen, wie du dir das mit dem Tod vorstellst oder mit dem Leben nach dem Tod. Interessante Zitate, die du da auch nennst. Vor allem auch dieses wunderbare Beispiel, was ich selbst auch als Augenöffner erlebt habe und manchmal auch verwende: Das Gespräch der Zwillinge im Bauch der Mutter kurz vor ihrer Geburt: »Es gibt ein Leben nach der Geburt.«

Eine interessante und nachdenkenswerte Parabel ist auch das Bild mit der Doppelhaushälfte – Diesseits und Jenseits durch eine Wand getrennt. Manchmal kann man, wenn man leise ist, die von der anderen Seite hören. Welchen Glauben, welche Weltanschauung hast du?

A: Ich bin in christlich-katholischer Tradition im tiefsten Polen aufgewachsen. Ich habe das alles miterlebt, ich bin so groß geworden und irgendwann habe ich zu fühlen begonnen. Heute sage ich: Ich bin Mensch, ich gehöre keiner Vereinigung an – in welcher Richtung auch immer. Ich finde es toll, was die Kirche in manchen Dingen macht. Einige andere Dinge finde ich katastrophal. Ich muss nicht offiziell dazugehören.

Was ich interessant finde, sind die Bibel und Jesus selbst. Jesus als Person. Der hat irgendwann gelebt und das, was da übermittelt wurde oder wird, das spricht mich an. Da finde ich mich oft wieder und das ist meine Art zu leben. Aber ich lege keinen Wert darauf, ob ich Christ bin. Ich bin in erster Linie Mensch. Das, was Jesus erzählt hat – da gibt es im Prinzip einen Satz, auf den könnte man, meine ich, unser ganzes Dasein zusammenschrumpfen lassen. Das ist: »Liebe deinen Nächsten, wie dich selbst.« Und wenn jeder das versuchen würde, ja, in erster Linie sich selber anzunehmen und wertzuschätzen, dann passiert das, glaube ich, schon ganz automatisch, dass du dann auch nicht mehr unfreundlich zu anderen sein kannst, wenn du dich selber für voll nimmst, wertschätzt und liebst.

C: Also das ist eine Entwicklung, die ich immer wieder feststelle bei Menschen, die wach ans Leben herangehen, dass sie aus ihren grundsätzlichen Prägungen herauswachsen, sich weiterentwickeln und zu dieser Grunderkenntnis der Selbstannahme, der Selbstfreundschaft, der Selbstwertschätzung und der Selbstliebe hinfinden und darauf dann ihr Leben auch weiter aufbauen. Und das ist unabhängig von Religion.

Nochmals Themenwechsel: Als ich dein Buch las, war ich so dabei, dass ich nur zweieinhalb Tage dafür brauchte. Einiges darin war mir fremd, vieles aber vertraut. Eine Aussage möchte ich nochmals aufgreifen, weil ich dafür sehr dankbar war, als ich sie las: »Beerdigung/Verabschiedung bleibt für Jahre, für immer in Erinnerung – positiv wie negativ.« Das kann ich sehr gut aus meiner langen Erfahrung bestätigen. Ich habe immer versucht, wirklich liebevolle Bestattungen zu halten. Ich habe die Texte, die ich bei Beerdigungen verwende, immer auch den Hinterbliebenen in gedruckter Form geschenkt. Und Rückmeldungen haben mir gezeigt, dass dies immer wieder nachgelesen wurde.

Ich möchte dir dafür danken, dass du mit deiner Arbeit auch versuchst, bei Menschen positive Erinnerungen zu hinterlassen.

A: Ich glaube, das ist der wichtigste Aspekt meiner Arbeit. Ob durch das Einladen zum Gespräch in meiner Galerie, durch »nackte«, sehr offene persönliche Begegnungen ohne Masken, durch Begleitung von Sterbenden und Hinterbliebenen und bei Verabschiedungen – ich möchte meine Mitmenschen in einer nicht leichten Situation eine Leichtigkeit nahebringen und ihnen vielleicht ein Lächeln entlocken.

C: Wie schön!

A: Mehr kannst du, zumindest ich als Maler, fast nicht machen.

C: Das stimmt. Am Sterbe- oder Totenbett muss nicht nur Schwere und Trauer sein. Mir gelingt es nicht selten, über den Sterbenden oder Verstorbenen den Anwesenden Geschichten und Anekdoten aus dessen Leben zu entlocken, welche die Atmosphäre auflockern, manchmal sogar freudig werden lassen.

A: Genau das ist es. Und wenn die Hinterbliebenen nach so einer Beerdigung in die Galerie kommen und mir einen Strauß Blumen bringen oder einen Wein oder sonst was und sie erzählen mir lachend von der Beerdigung, wie schön das doch war … Hey, was will ich mehr? Das ist der Sinn und Zweck meiner Arbeit.

C: Genau. Lieber Alfred, ich bedanke mich herzlich für unseren wertvollen Austausch.

Ein anderes Umgehen mit dem Tod

Dieses Interview nimmt vielfach Bezug auf Alfred Opiolkas Buch, in dem er seinen Werdegang, seine persönlichen Erfahrungen mit Tod und Trauer, vielfältige Begegnungen mit Menschen rund um dieses Thema und seine Arbeit als Künstler und Sargmaler beschreibt. Er lässt den Leser/die Leserin an seinen Gedanken, seiner Arbeit und seiner Spiritualität teilhaben und wirbt für eine andere Bestattungskultur. Eine Gewissheit über ein »Danach«, ein Weiterleben nach dem Tod, bestimmt dabei sein Fühlen, Denken und Handeln.

Viele seiner Ansichten kann ich teilen, sie sind sogar meine eigenen. Andere sind mir fremd. An diesen kann ich mich reiben, sie in mir arbeiten lassen oder sie ablehnen. Auf jeden Fall beeindruckt(e) mich sein Geist der Liebe und der Freude, mit dem er dem schweren Themenbereich »Sterben, Tod und Trauer« begegnet. Ein würdevoller Umgang mit Verstorbenen und das farbenfrohe und nach individuellen Wünschen Gestalten eines Sarges oder einer Urne, die er als »Schreine« bezeichnet, weil sie Wertvolles beinhalten, bestimmen sein Handeln. Oft nimmt er auch an Bestattungsfeierlichkeiten teil, wo er nicht nur den von ihm gefertigten Schrein begleitet, sondern auch Gestaltungselemente während des Abschiedes übernimmt. Er wie auch ich sind davon überzeugt, dass eine würde- und liebevoll gestaltete Verabschiedung und Bestattung für viele Jahre vor allem auf der emotionalen Ebene in Erinnerung bleiben und heilend wirken können.

8. Wo sind die Toten und was kommt dann?

Es gibt viele neue Publikationen über das Sterben und den Tod. Sie zeigen, dass es ein zunehmendes Interesse an etwas gibt, das man gewöhnlich lieber verdrängen will – das Ende des Lebens. Diese Veröffentlichungen gehen auf verschiedene Weise an das Thema heran. Naturwissenschaftlich, medizinisch und auch rechtlich werden das Sterben und der Tod beleuchtet. Philosophische und psychologische Annäherungen, Erkenntnisse und Erfahrungen aus der Sterbebegleitung, der Palliativmedizin sowie der »spiritual care« helfen, dem letzten Weg kundiger und vorbereiteter zu begegnen. Bestatter und Bestatterinnen bereichern mit ihrer Kompetenz dieses so wichtige Thema. Mit Ausnahme der »spiritual care« ist all diesen Zugängen gemeinsam, dass sie an der Todesgrenze haltmachen. Die Frage, was danach kommt, stellen sie nicht. Was jenseits des Todes liegt, bleibt offen und im Dunklen.

Seit Urzeiten bewegen die Fragen »Wo sind eigentlich die Verstorbenen?« und »Was kommt nach dem Tod?« die Menschen. Warum sonst legte ein Neandertaler seinem verstorbenen Stammesangehörigen Speer und Nahrung mit in sein Grab? Warum sonst entwickelten sich über die ganze Welt hinweg Religionen, die nicht nur nach dem Woher?, dem Wohin? und dem Wozu? des Lebens fragen, sondern auch nach dem Sein des Lebens nach dem

Tod und diese bei einem höheren Prinzip oder einen Gott aufgehoben und geborgen wissen. Ein Urvertrauen ins Leben, in Gott oder ein höheres und umfassendes Prinzip helfen, der Angst vor den letzten Fragen, vor der jeder Mensch irgendwann steht, tapfer ins Angesicht zu schauen. Das Erlernen von Hoffnung, Zuversicht und Vertrauen angesichts der existenziellen Frage nach dem Tod und dem Danach geschieht in wachsenden Ringen und schenkt den Menschen im besten Falle innere Ruhe, Frieden und Gelassenheit gegenüber all dem Bedrohlichen und Angstmachenden, welches sie angesichts der eigenen Endlichkeit spüren.

Anfang Januar 2023, als ich dieses Kapitel zu schreiben begann, bestimmten für kurze Zeit das Sterben, der Tod und die Verabschiedung zweier sehr unterschiedlicher Menschen vor allem die deutschen Medien: Der Tod der Skilegende *Rosi Mittermaier*, die mit 72 Jahren starb, und das Hinübergehen des emeritierten *Papstes Benedikt XVI.*, der 95 Jahre alt wurde. Die mehrfache Olympiasiegerin und Weltcupgewinnerin Rosi Mittermaier, die ein positives und lebensbejahendes Naturell besaß, erlag einem Krebsleiden. Das mediale Echo über ihren Tod zeugte von ehrlicher Erschütterung vieler Menschen, von echter Traurigkeit und auch von einer Art Schock, dass so etwas auch einer »Gold-Rosi« passieren kann, wie sie liebevoll von allen genannt wurde.

Das Sterben des seit Jahrzehnten in der Öffentlichkeit stehenden emeritierten Papstes Benedikt XVI., sein Tod und seine durch die modernen Kommunikationsmittel in alle Welt übertragene Verabschiedung und Bestattung erfassten sehr viele Menschen in ihrem Inneren.

Von Reportern befragte Gläubige, die am Sarg des Verstorbenen persönlich Abschied nehmen konnten, sagten, wie ich finde, Bemerkenswertes. Sie empfanden ganz deutlich, dass der Leichnam Josef Ratzingers nur noch eine Art leere Hülle war. »Er selbst, seine

Seele«, so sagte eine Frau sichtlich bewegt, »ist nicht da drin, er ist um uns herum, bei uns oder vielleicht bei Gott.« Es sind auch diese öffentlich wirksamen Tode und Abschiede, die uns mit der Frage konfrontieren, wo denn die Toten sind und was denn nach dem Tod eigentlich kommt.

Veränderungen in der Glaubenslandschaft

Im Laufe der letzten Jahrzehnte hat sich auf dem Feld der religiösen Überzeugungen auch christlich geprägter Menschen viel verändert. Neueste religionssoziologische Erkenntnisse sprechen für Deutschland von einer Auflösung der religiösen Überzeugung im Privaten.[1] Traditionelle Religiosität spielt für die individuelle Lebensführung nahezu keine Rolle mehr. Anstelle einer großen Transzendenz, die mit »Gott« umschrieben werden kann, sind nun innerweltliche Phänomene der Sinnstiftung getreten. Religiöse Praktiken wie Zen, Yoga und viele andere helfen dabei, sich für den Alltag fit zu halten, individuelle Leistungssteigerung oder innere Ruhe zu finden und sein Ego oder Selbst aufzuhübschen. Echte Religiosität dagegen transzendiert das Leben mit allen Höhen und Tiefen und relativiert alles Innerweltliche. Gerade in der Auseinandersetzung mit Grenzsituationen wie einer unheilbaren Krankheit, mit Sterben und Tod braucht es Antworten, die allein die Religion geben kann.

Mir begegnen in der Begleitung von Sterbenden und deren Angehörigen die verschiedensten Ansichten über ein Leben nach dem Tode. Ich werte das einerseits als eine positive Entwicklung, wenn Menschen das, was Kirche und Theologen ihnen vorsetzen, nicht mehr unhinterfragt übernehmen. Andererseits entsteht eine immer größere Vermischung von Dingen, die man irgendwo gehört, im Fernsehen gesehen, sich angelesen oder aus anderen Religionen, Weltanschauungen oder dem Bereich der Esoterik aufgeschnappt hat. Diese Vermischung bringt nicht selten Unsicherheit, Unklarheit, Irrationales und Verwirrung.

Es gibt aber auch Menschen, die angesichts von Sterben und Tod ihrer Lieben offen werden für Zeichen aus der Anderwelt, wie ich diese andere Dimension gerne nenne. In Grenzsituationen öffnen sich unsere Sinne. Unsere Intuition, unser siebter Sinn sozusagen, macht uns für Ahnungen offen und wir können dann auch »übernatürliche Phänomene« oder eine tiefere Dimension der Wirklichkeit wahrnehmen. Nicht selten erfahren wir die ineinander verwobenen Zusammenhänge von allem Lebendigen und unsere Verbundenheit mit der belebten und unbelebten Natur.

Der Trost der Kohlmeise

Das Beispiel einer mir gut bekannten Ärztin erzählt von einem Trost, der ihr anlässlich des Todes ihrer Mutter aus der Natur geschenkt wurde. Sie erzählte mir einige Wochen nach dem Tod ihrer Mutter folgende Begebenheit, die einen staunen lassen kann: »Morgens um 7.00 Uhr klingelt das Telefon und die Pflegerin meiner Mutter teilt meinem Mann mit, dass meine Mutter in der Nacht sanft entschlafen ist. Die ersten Minuten dringt diese Nachricht gar nicht zu mir durch, da ich zu alledem auch noch krank im Bett liege. Ich nehme mir die nächste Stunde für mich selbst, um mich zu sortieren.

Bevor ich den letzten Gang zu meiner Mutter antrete, beschließe ich, im Wald noch eine Runde mit dem Hund zu gehen. Dankbar bin ich für die kalte frische Luft und es schneit in dicken Flocken. Ich genieße die Stille des Waldes und die Flocken, die mich einhüllen. Die Traurigkeit bricht nun endlich über mich herein und die Tränen fließen.

In der Stille des Winters nehme ich neben mir plötzlich das Zwitschern von Vögeln wahr. Einer dieser Vögel erhebt sich und fliegt in einen hellen Busch, keine zwei Meter von mir entfernt. Es ist eine Kohlmeise. Sie beginnt, in diesen stillen Tag lieblich zu singen, und fixiert mich mit ihren schwarzen Augen. Je länger das Zwitschern anhält, umso ungewöhnlicher fühlt sich die Situation an. Die Art des Gesanges ist für mich auch nicht typisch für eine Kohlmeise. Es ist viel zu lieblich und mehr ein Gesang als ein Zwitschern.

Ich fühle immer mehr, dass es die Seele meiner Mutter ist, die mir eine Botschaft übermittelt. Es ist mir plötzlich klar, dass sie mir sagt: ›Sei nicht allzu traurig.‹ Als ich diesen Gedanken denke, dreht sich der Vogel um und fliegt auf den dahinterstehenden Baum von Ast zu Ast nach oben. Ein zweiter Vogel taucht plötzlich auf und fliegt voraus in den Himmel und ›mein Vogel‹ folgt ihm. Ich sehe meinen Vater, der meine Mutter holt und beide Seelen entschwinden in den Himmel, bis ich sie nicht mehr sehe. Zurück bleiben in mir ein getröstetes Gefühl und die Gewissheit, dass meine Mutter sich gerade endgültig von mir verabschiedet hat. Ich weiß, dass ich ihre Seele nicht mehr vorfinden werde, wenn ich nun zu ihr nach Hause fahre, um Abschied zu nehmen.

Im Telefonat mit meiner Schwester kurze Zeit später entschuldigt sie sich und sagt, dass meine Mutter schon sehr kalt sei und man das Gefühl habe, sie sei schon nicht mehr da. Das stört mich jedoch wenig, da ich mit dem Symbol der Kohlmeise ein großes Geschenk erlebt habe. Werde ich nun immer beim Anblick dieses Vogels an meine Mutter denken?

Am nächsten Tag stehe ich am Küchenfenster und ca. 20 Kohlmeisen sitzen plötzlich im Strauch davor, um unser Futterhaus zu besuchen. So viele auf einmal habe ich noch nie gesehen. Welch ein Trost!«

Der Verlust Gottes in moderner Zeit

Seit vielen Jahren ist in Deutschland und Europa ein rasanter Glaubensverlust bei Menschen festzustellen, die christlich getauft wurden, deren Glaube aber im Strudel des Alltäglichen verdunstete. Das Bekanntwerden von sexualisierter Gewalt und Missbrauch vor allem in der katholischen Kirche führte viele, die dem Glauben noch anhingen, in eine tiefe innere Krise im Hinblick auf ihre Kirchenzugehörigkeit. Viele, sehr viele machten einen Schlussstrich und traten aus. Die Coronapandemie, die in Deutschland knapp drei Jahre dauerte, wirkte in dieser Situation wie ein Brandbeschleuniger: Der Gottesdienstbesuch nahm weiter ab und noch weniger Menschen engagierten sich in einer Kirchengemeinde. Viele Christen gewöhnten sich daran, nicht mehr persönlich in Gottesdiensten zu erscheinen, sondern sie, wenn überhaupt, im Radio, im TV oder digital im Stream mitzuverfolgen. Die Kirchengemeinden, denen durch die vielen Austritte immer mehr auch der finanzielle Rückhalt wegbrach, verloren immer mehr aktive Mitglieder.

Der persönliche Glaube braucht aber Begegnung, geistliche Nahrung und Input von außen. Die Schwäche und das Verschwinden der Institution Kirche lassen viele Christen in unserem Land zunehmend heimatlos, hilflos und ratlos werden. Ihr persönlicher Glaube an Gott und ihr spirituelles Leben werden dadurch mehr und mehr geschwächt und gefährdet. Was aber gibt einem gläubigen Menschen Kraft und Halt, wenn die Bindung an Gemeinde und Kirche verloren geht? Viele möchten gerne glauben, es fällt ihnen aber immer schwerer.

Dieses Grundgefühl wurde durch verschiedenste Formen philosophischer und weltanschaulicher Kritik an der Religion lange vorbereitet. *Charles Darwin* entzauberte das Göttliche der Schöpfung, indem er die Bedeutung von Mutation und Selektion für die Naturgeschichte beschrieb. *Friedrich Nietzsche* kritisierte das Christentum als eine Religion der Schwachheit angesichts des Sieges von Naturwissenschaft und Technik – »Gott ist tot«, weil der Mensch sich an seine Stelle gesetzt habe, so seine These. *Ludwig Feuerbach* konnte Gott nur noch als Projektion menschlicher Wünsche und Sehnsüchte begreifen. *Sigmund Freud* vertiefte diese Position: Gott, so seine These, sei ein Produkt des menschlichen Verstandes, die Illusion einer überhöhten Vaterfigur – Religion sei ein Verharren im Infantilen. *Karl Marx* schließlich wendete seine Religionskritik ins Gesellschaftliche: Religion sei Opium für das Volk – ein Instrument in der Hand des Kapitals und ein elementares Hindernis zur Verwirklichung des Menschen.

Über zwei Jahrhunderte hindurch fanden diese kritischen Gedanken ihren Weg in die Seelen fragender Menschen. Moderne Wissenschaften verstärkten den Gotteszweifel. Sie arbeiten ohne die »Hypothese Gott«. Auch Philosophie, Soziologie und Psychologie pflegen einen methodischen Atheismus. In der wissenschaftlichen Beschreibung der Welt spielt »Gott« heute keine Rolle mehr. Und dennoch verschwindet »Er« nicht einfach, sondern zieht sich in die untersten Kellerräume unseres Seelenlebens zurück. Unsere Sehnsucht nach »Ihm« und einer spirituellen Anderwelt schwelt weiter.[2]

Was mich zunehmend aufregt, ist die überall vollmundig verkündete Überzeugung: »Es gibt keinen Gott!« oder »Man kann Gott nicht erfahren!« Das ist eine Behauptung, die genauso wenig bewiesen werden kann wie die, dass es einen Gott gibt. Letztendlich kommt es darauf an, wofür wir uns entscheiden: Wollen wir so auf die Welt sehen »etsi deus daretur« (»als ob es Gott gibt«), also glaubend uns nach der Möglichkeit einer Erfahrung Gottes ausstrecken, oder wollen wir das nicht tun. Je nachdem wird sich unsere Wahrnehmung der Wirklichkeit ändern: Der Nichtglaubende wird immer mehr Gründe für seinen Unglauben finden, der Glaubende dagegen für seine religiöse Überzeugung.[3]

Der Glaube darf dabei nicht kindlich-infantil bleiben, er muss durch den »Feuerbach« gegangen sein, das heißt, er muss kritischem Nachfragen standhalten können. Glaube, so ist es meine Überzeugung geworden, braucht eine persönliche geistliche Übungspraxis, Austausch mit Gleichgesinnten, viel Geduld, den langen Atem realistisch-nüchterner Hoffnung und vor allem eine persönliche Beziehung zu Gott.

Mein gewachsener persönlicher Glaube

Als Christ bin ich von Kindesbeinen an in einen Glauben hineingewachsen, der mein Denken, Fühlen und Handeln bestimmt, und der mich schließlich Franziskaner und Priester werden ließ. Von klein auf wurde mein Grundvertrauen ins Leben und in Gott untermauert und gestärkt, weil ich mich von einem grundsätzlichen und mich irgendwie behütenden Sinn umgeben wusste. Ich durfte mein Glaubensleben als Grundsicherung vor existenziellen Ängsten und Abstürzen erfahren, gerade dann, wenn er in der Jugend und auch später immer wieder einmal ins Wanken geriet. Zwei sehr tiefe grundsätzliche Infragestellungen von allem ließen mich leiden, suchen, aushalten, abwarten, tiefer graben und wiederfinden.

Heute erlebe ich meinen christlichen Glauben an Gott, an einen tieferen Halt, an einen Sinn und an ein Weiterleben nach dem Tod als den größten Schatz meines Lebens. Er lässt mich nicht nur meine eigenen Auseinandersetzungen mit den Herausforderungen und Zumutungen des Lebens bestehen, sondern er gibt mir auch Kraft für meine Arbeit mit Kranken, mit Sterbenden und mit deren Angehörigen. Viele Hunderte von Sterbebegleitungen durfte ich in den letzten Jahren erleben. Bisher gelingt es mir, keine Routine bei meinem Tun aufkommen zu lassen, sondern jedem Sterbenden und seinen Angehörigen individuell zu begegnen. Und genau das ist der Grund dafür, dass solche Begleitungen mir oft selbst an die Nieren gehen, sie mich aber wirklich auch bereichern können. Sehr oft ist mein persönlicher Glaube gefordert, oft nicht ausgesprochen, sondern vorgelebt. Dies wirkt beruhigend und tröstend auf die Betroffenen. Meinen Glauben möchte ich deshalb hier etwas transparenter machen. Dieser erarbeitete und mir gleichzeitig geschenkte Schatz lässt mich in stürmischer See nicht untergehen.

Ich glaube, dass wir von »guten Mächten« (Dietrich Bonhoeffer) in unserem Leben begleitet sind. Sie führen, behüten und schützen uns und schenken uns somit eine tiefe Geborgenheit im Ungeborgensein. Da ist »Einer«, der wollte, dass ich da bin. Er hält schützend »seine Hand« über mich, er fügt alles irgendwie auf wunderbare Weise. Auch wenn ich vieles in diesem Leben nicht verstehe und vieles keinen Sinn zu haben scheint, ist »Er« für mich der Sinn und Übersinn von allem. Auch wenn vieles dagegen spricht: Ich vertraue »Ihm«. Ich glaube daran, dass dieser Gott Mensch geworden ist in vielen besonderen Individuen. Allen voran steht für mich Jesus von Nazareth, dessen Verkündigung einer anderen Welt mich gegen alle Hoffnungslosigkeit hoffen lässt. Der frühere Bürgerrechtler und erste Präsident der tschechischen Republik, *Václav Havel,* drückte dies einmal so aus: »Hoffnung ist nicht die Überzeugung, dass etwas gut ausgeht, sondern die Gewissheit, dass etwas Sinn hat, egal, wie es ausgeht.« Diesen Satz habe ich zu meinem gemacht.

Jesus, von dem Christen glauben, dass er Gottes Sohn und der Erlöser ist, folge ich in meinem Leben. Ich lese die Heilige Schrift, die Bibel, versuche, immer mehr in deren tieferen Sinn einzutauchen und daraus Orientierung zu erhalten. Vorbildliche Christen, die ich persönlich kenne oder die mir durch die Geschichte bekannt sind, helfen mir mit ihrer Biografie und ihrem Beispiel dabei. Spirituelle und andere Literatur sowie Begegnungen mit interessanten Menschen erweitern immer wieder meinen Horizont.

Aufgrund der Tatsache, dass ich eigentlich von Kindesbeinen an immer wieder mit Krankheit und Schmerzen vertraut war, such(t)e ich nach Hilfen in der Auseinandersetzung mit diesem Leid. Philosophie und Psychologie, hier vor allem die Logotherapie und Existenzanalyse *Viktor Frankls,* halfen mir dabei. Seit meiner Jugend schaute ich auch immer wieder hinüber in den reichen Schatz anderer Religionen. Die Lehren des Buddha, die hinduistischen Upanishaden und Veden, das Tibetische Totenbuch, so manches aus dem Islam, die anthroposophischen Lehren *Rudolf Steiners* und einiges mehr waren und bleiben für mich anregende Inspirationsquellen.

In der Frage aber, was oder wer mir in meinem persönlichen Leiden am meisten hilft, kam ich immer mehr zu dieser Antwort: der leidende Jesus, der durch sein Leiden meines mitträgt und dadurch erleichtert und erlöst. Er hat durch seine Auferstehung sogar den Tod besiegt. Geteiltes Leid ist halbes Leid. Das gilt für mich nicht nur theoretisch, das ist für mich ganz praktisch. Wenn es mir schlecht, wirklich schlecht geht, dann bitte ich ihn, mir beizustehen und mir zu helfen. Und ich darf genau dies immer wieder erleben.

Auf die Frage, was denn nach unserem Tod sein wird, gibt es viele Antworten. Einige werde ich versuchen, in diesem Kapitel vorzustellen. Die Vorgaben meines christlich-katholischen Glaubens wollen immer wieder neu angesehen, überprüft und neu angewandt werden. Der Glaube ist für mich kein starres und damit einengendes Korsett, er ist für mich der Rahmen meiner persönlichen Reifung und Entwicklung.

Für mich persönlich und auch in meiner Arbeit als Krankenhausgeistlicher ist folgende Aussage Jesu im 14. Kapitel des Johannesevangeliums wichtig: »Euer Herz lasse sich nicht verwirren. Glaubt an Gott und glaubt an mich! Im Haus meines Vaters gibt es viele Wohnungen. Wenn es nicht so wäre, hätte ich euch dann gesagt: Ich gehe, um einen Platz für euch vorzubereiten? Wenn ich gegangen bin und einen Platz für euch vorbereitet habe, komme ich wieder und werde euch zu mir holen, damit auch ihr dort seid, wo ich bin.« (Joh 14,1-3)

Diese Worte lassen mich fest darauf bauen, dass für jeden, der Jesus nachfolgt, eine Wohnung höchstpersönlich von ihm vorbereitet ist und er uns auch zu sich heimholen wird. Dies geschieht für mich im Sterben und im Tod. Nicht immer, aber immer wieder lasse ich diese Hoffnungssätze in der Sterbebegleitung einfließen und erlebe dabei manchmal bei Sterbenden und deren Angehörigen Linderung, Beruhigung, ja Hoffnung.

Folgende Patientenbegegnung mit Renate M., die ich am Muttertag 2022 hatte, kann dies unterstreichen.

Patientenbesuch bei Renate M. auf der Palliativstation

Ich durfte Frau M. schon einige Zeit vor dieser Begegnung auf der onkologischen Station kennenlernen. Das hier beschriebene Gespräch war ein sehr tiefes. Ich komme in ihr Zimmer, in dem sie alleine ist. Als ich den Raum betrete, hatte sie sich gerade verschluckt und ich spüre, dass es ihr gar nicht gut geht. Ich beruhige sie und merke dabei, dass sie schon viel schwächer ist, als sie zwei Tage zuvor war, als ich sie das letzte Mal gesehen hatte. Ihre Stimme ist auch schon sehr leise geworden und ich kann sie nur schwer verstehen. Wir kommen in Kontakt. Wir kennen uns ein bisschen. Ich erzähle ihr, dass ich schon die ganzen verschiedenen Stationen abgegangen bin. Ich erzähle ihr das alles, damit sie abgelenkt ist und ihren Hustenreiz überwindet. Sie hört mir zu und dann klären wir, dass sie heute die heilige Kommunion nicht bekommt, damit sie sich nicht nochmals verschluckt, aber dass wir jetzt gut miteinander reden und ich ihr danach einen Segen geben möchte.

Während wir reden, schaut sie mich immer wieder mit ihren großen Augen an und das spiegele ich ihr und sage, dass sie sehr schöne und tiefbraune Augen hat. Rehbraune Augen. Dann sagt sie, das wisse sie gar nicht, aber es könnte sein. Ich schlage ihr Folgendes vor: »Lassen Sie uns doch gegenseitig in die Augen schauen.« Ich habe eine FFP-2-Maske an, die Zweidrittel meines Gesichtes verdeckt. Meine Augen werden dadurch das Bestimmende in meinem Gesicht. Und dann rede ich mit ihr und lege meine Hand auf ihre Wange, nachdem ich sie um Erlaubnis dafür gebeten habe. Diese Geste löst ein Gefühl von Geborgenheit aus. Beruhigend rede ich mit ihr, manchmal auch zu ihr. Und wir können gemeinsam feststellen, dass sie nun in der Endphase ihrer Krebserkrankung angekommen sei und der letzte Weg vor ihr liege. Sie hat keine Angst. Sie möchte diesen Weg bewusst gehen. Sie hat Schmerzen, möchte aber keine Schmerzmittel, keine Infusion, kein Morphium bekommen. Sie möchte das so tragen, solange es geht. Ich ermuntere sie, dass sie sich aber jederzeit rühren könne, dann werde ihr schmerzlindernd geholfen.

Eine Patientin, die ganz bewusst ihren Schmerz tragen möchte, gibt es nicht oft. Und dann sprechen wir darüber, dass sie den Weg wohl alleine gehen müsse. »Ja, den muss ich alleine gehen. Es kommen zwar immer wieder der ein oder andere hier herein, der Pfleger, die Schwester, der Arzt, der Pfarrer, aber ich muss ihn alleine gehen, den Weg.« »Das stimmt«, sage ich ihr, »aber, und das ist mein fester Glaube, es geht einer mit: Jesus.« Dann schaut sie mich ganz groß an mit ihren Augen. Und dann sage ich: »Das muss ich nicht sagen, weil ich ein Pfarrer bin, sondern weil ich es weiß.« Und dann erzähle ich ihr von meinem lebensbedrohlichen Verkehrsunfall, den ich mit sechszehneinhalb Jahren hatte. In die Klinik gebracht, war ich über fünf Tage im Koma auf der Intensivstation. Während dieser schweren Zeit durfte ich aber die Nähe von Jesus erfahren. Oder als ich erst vor ein paar Jahren unerträgliche neurologische Schmerzen hatte, gegen die nicht einmal Morphiumgaben halfen. Auch da erlebte ich eine tröstende Nähe Jesu, die mich dies Schwere aushalten und ertragen ließ.

Da hat sie mich ganz groß angeschaut. Dass ich so etwas wie sie auch kannte und nicht nur ausgeliefert war, sondern göttliche Tröstungen erfahren durfte, das ließ Renate M. hellhörig werden. Ich hatte ihr dies erzählt, weil ich seit diesen Erfahrungen weiß, dass Jesus für mich in solchen schlimmen Situationen da ist. »Wenn Sie also gehen müssen, wenn Ihre letzte Wegstrecke kommt, Renate, dann ist er auch bei Ihnen und steht Ihnen bei, weil Sie fest an ihn glauben.«

Dann haben wir noch dies und jenes besprochen. »Wir werden uns bald wiedersehen«, sagte ich zum Abschied und sie darauf: »Nee, ich komme wahrscheinlich nach Hause und darf daheim sterben mit der Begleitung von der SAPV (spezialisierte ambulante palliative Versorgung).« Ich gab ihr dann noch einen sehr persönlichen Segen. Wir sahen uns dabei intensiv an. Ich werde ihren Blick nicht vergessen. Zwei Wochen später starb sie daheim palliativ betreut und ruhig in Begleitung ihrer Lieben. Ihr Mann erzählte mir später, dass sie immer wieder von ihrer Hoffnung sprach, dass Jesus sie abholen komme. Auf dem Gesicht der dann Verstorbenen war ein Lächeln zu sehen …

Christlicher Glaube – Auferstehung – Persönliche Gottesbeziehung

Abermillionen von Büchern und Artikeln sind über den christlichen Glauben geschrieben worden. Viele darin festgehaltenen Gedanken sind ohne bleibende Bedeutung. Es gibt aber sehr wertvolle theologische Sätze, die neu entdeckt und gehoben werden wollen. Dies ist umso wichtiger, je mehr der Glaube ins subjektiv Persönliche oder gar Beliebige abwandert und dort immer mehr zu verkümmern oder zu verdunsten droht. Für mich gibt es ein paar ganz wichtige Eckpunkte des christlichen Glaubens, die ich für mich als wirklich hilfreich, sinnstiftend und tragend erlebt habe und erlebe.

Der Glaube an Jesus Christus als den Helfer, den Begleiter, den Freund und den Erlöser sowie das Festhalten an der Hoffnung auf ein neues Leben in der Ewigkeit lassen das Leiden, das grundsätzliche und das ganz persönliche, im Blick auf die Liebe aushalten.

Dieser Glaube schenkt auch Geborgenheit im sogenannten Jammertal des Lebens, im Tal der Tränen.

Der Christ glaubt nach neutestamentlicher Lehre an die Auferstehung am Ende der Zeit. Es gibt also eigentlich kein Jenseits, sondern »nur« das kommende Gottesreich. Nach dem Tod warten die Seelen in einer Art Niemandsland auf die Wiederkunft Christi am Jüngsten Tag. Dieser Tag ist der Tag des Gerichtes mit der Trennung von Guten und Bösen und die Entscheidung über den Verbleib in der Hölle, dem Himmel oder dem Fegefeuer, dem Ort der Reinigung. Die Toten kehren nicht mehr zu den Lebenden zurück und haben auch keinen Einfluss auf deren Leben. Nicht nur die christliche Lehre, sondern Jesus selbst löste sich von Familienzugehörigkeiten (Mt 13,48) und Ahnenkulten (Mt 8,21).[4]

Der christliche Glaube an die Auferstehung der Toten ist dabei mehr als nur das Glauben an eine Unsterblichkeit der Seele. Kurz und bündig zusammengefasst geht es hier auch darum, dass die unzähligen unschuldigen Opfer der Geschichte zu einer ausgleichenden Gerechtigkeit kommen. Das Gute setzt sich in dieser Welt leider viel zu wenig durch. Deshalb hält die Bibel an einem Gericht nach dem Tod fest. Dort wird sich letztendlich die Gerechtigkeit durchsetzen. Der sich in der Bibel im Laufe der Jahrhunderte entwickelnde Auferstehungsglaube findet in Jesus Christus eine bis dahin nicht bekannte Eindeutigkeit. Selbst unschuldig hingerichtet und durch Gott von den Toten auferweckt, wird Jesus Christus zum Sinnbild der Liebe Gottes, die alles Unrecht wieder heilt.

Die Auferstehung des Gekreuzigten ist für Christen der Sieg des unbedingten Sinns über die Sinnlosigkeit und das Sinnlose. Wer an ihn, an Jesus Christus, glaubt, wird an dieser Wiedergutmachung und dem »Sinn in allem« teilhaben. Alles Leiden, alle Behinderung, Benachteiligung, alles von anderen Ausgenutztwerden oder alle Böswilligkeit, die einem widerfahren ist, werden geheilt werden.

Für den Christen gibt es keinen subjektiven Sinn ohne Rückbindung an den »Sinn an sich« in Gott und in Jesus Christus.

Dies darf aber nicht theoretisch bleiben. Glaube war schon immer darauf aus, realitätsbezogen und praktisch sein zu wollen, sein zu müssen. Ist der Glaube dies nicht, wird er blutleer. Mir ging das einmal ganz persönlich und im wahrsten Sinne des Wortes zu Herzen, als ich beim Hören eines Liedes des Palästrina-Chores in Nürnberg 1997 in der St.-Klara-Kirche zu Tränen gerührt wurde. Die schon so oft gehörten Worte »Und das Wort ist Fleisch geworden ...« trafen mich wie ein Blitz. Sie brachten mich zum Weinen. Warum? Weil ich damals als junger Kaplan eigentlich promovieren wollte. Mein für mich zuständiger Ausbilder schickte mich aber in eine Arbeiterpfarrei, wo ich anfangs gar nicht gerne war. Nach dieser »Erleuchtung« brachte ich mich dann aber immer mehr ein, und ich musste, ich durfte genau diese Erfahrung machen: Nicht das Wissen alleine hilft weiter, sondern das »Fleischwerden des Geistes«, das Umsetzen in die Praxis. Das durfte ich dann im Laufe der vielen Jahre als Priester an verschiedensten Orten und in unterschiedlichsten Aufgaben immer wieder neu einüben.

Heute gehört zu dieser Verlebendigung des Glaubens ganz wichtig und fast entscheidend die persönliche Beziehung zu Gott und vor allem zu Jesus Christus dazu. Viele Menschen bleiben in Glaubensdingen in der Theorie stecken, sie spielen mit dem Gedanken an die Existenz Gottes oder mit der Vorstellung, dass Jesus von den Toten auferstanden sei, aber das war's dann schon. Ich möchte sie »Möchtegerngläubige« (Peter Strasser) nennen, die ihren Mehr-oder-weniger-Glauben in Gedankenwindungen ausleben. Glaube braucht aber praktische Anwendung, Umsetzung, Fleischwerdung. Und dies geht ohne eine persönliche Nähe, Vertrautheit, ein Kennenlernen von Gottes Lehren und Gesetzen nicht. Ohne eine Beziehung zu Gott, zu Jesus, zu seiner Mutter Maria und anderen »Geist-zu-Fleisch-Gewordenen« wird der Glaube graue Theorie und kraftlos bleiben.[5]

Das Angebot an Möglichkeiten der Sinndeutung wird größer

Heute gibt es anders als in früheren Zeiten viele Wege, sein Leben, den Sinn des Daseins, des Sterbens und des Todes zu deuten. Die in Europa lange vorherrschende christliche Deutung des Todes und eines eventuellen neuen Lebens danach tritt in den Hintergrund. Atheistische, philosophische, ästhetisch-künstlerische sowie literarische oder verschiedenste esoterische Erklärungsansätze ersetzen sie oder werden in eine christliche Deutung mit eingewoben. Manchmal wird auch auf alte Religionen oder Weltdeutungen zurückgegriffen. Erkenntnisse, Rituale oder Weisheiten aus meist östlichen Religionen wie Buddhismus oder Hinduismus, aber auch aus asiatischen, afrikanischen, südamerikanischen oder karibischen Ahnenkulten sowie schamanische Bräuche dienen heute verstärkt als Sinndeutungshilfen im Umgang mit dem Leben, dem Sterben, dem Tod und mit der Frage, was nach dem Tod kommt.

Im Folgenden möchte in aller Kürze ein paar dieser anderen Deutungsmodelle darstellen, weil sie bei vielen Menschen im Hintergrund mitschwingen, wenn sie nach Antworten auf die Frage nach dem Jenseits suchen. Diese Modelle haben oft wirklich interessante Aspekte, die bedenkenswert sind. Sie zu kennen kann unsere heute oft so sterile und blutleer gewordene Bestattungs- und Trauerpraxis beleben und eine so müde gewordene Hoffnung auf

Auferstehung aufwecken. Ich habe nämlich manchmal den Eindruck, dass die Hoffnung auf ewiges Leben heutzutage heimlich, still und leise verstorben ist.

Ahnenverehrung und Ahnenkult

In meiner Arbeit mit Sterbenden oder soeben Verstorbenen und deren Angehörigen oder Hinterbliebenen im Klinikum ist mir im Laufe der Jahre etwas Wichtiges aufgefallen, dem ich hier etwas nachgehen möchte. Die beim Sterbenden oder Verstorbenen anwesenden Angehörigen oder Freunde sind meiner Wahrnehmung nach bis auf wenige Ausnahmen nicht so sehr daran interessiert, dass der Gestorbene bei Gott, bei Jesus oder im Himmel ist oder dorthin kommt. Viel wichtiger scheint es zu sein, dass der verstorbene Mensch seine Vorfahren, seine Eltern, Großeltern und seine Ahnen treffen und in deren Kreis Heimat, Liebe und Geborgenheit finden möge. Gleichzeitig wird nicht selten die Hoffnung geäußert, dass die jetzt noch Lebenden nach ihrem eigenen Tod dann den soeben Verstorbenen wiedertreffen mögen.

Diese Hoffnung oder die damit verbundenen Wünsche sind menschlich und psychologisch sehr gut nachvollziehbar, sie werden aber im christlichen Ritus der Krankensalbung und der damit verbundenen Gebete kaum bis gar nicht formuliert. Ich versuche, diese Praxis aufgrund meiner Wahrnehmung während meiner Sterbe- und Trauerbegleitungen zu verändern, indem ich diese Sehnsucht, die Wehmut und die Hoffnung in Worte fasse und unterstütze.

Den Menschen ist also ein Verbundensein mit ihren Verwandten und Ahnen über den Tod hinaus wichtig. Die katholische Kirche sieht das Thema der Ahnenverehrung schon seit jeher kritisch. Vor allem in Abgrenzung zu anderen Weltanschauungen und Religionen verurteilte sie aktive Ahnenverehrung und praktizierten Ahnenkult. Zu fast allen Zeiten und in fast allen Regionen unserer Erde gab und gibt es allerdings die Einbindung verstorbener Ahnen ins alltägliche Leben, deren Verehrung sowie auch verschiedenste Ahnenkulte. Ahnenverehrung und Ahnenkulte spielen z. B. im durch den Konfuzianismus geprägten chinesischen Volksglauben, im japanischen Shintoismus, im Hinduismus und in einigen Formen des Buddhismus eine große Rolle. Die Ahnenverehrung ist in Afrika ein wichtiger Teil des spirituellen Lebens und wurde durch den Sklavenhandel nach Nord- und Südamerika sowie die Karibik gebracht und dort zu spiritistischen Formen der Ahnenverehrung weiterentwickelt.

All diese Formen der Ahnenverehrung verbindet die Vorstellung, dass die verstorbenen Ahnen nicht wirklich ganz tot sind, sondern dass sie mit den Lebenden in Verbindung bleiben. Vor allem verstorbene Familienangehörige mit großen Verdiensten werden verehrt, in wichtige Entscheidungen oder Ereignisse miteingebunden und nicht selten sogar angebetet. Ahnen können nach diesem Glauben als Fürsprecher und Vermittler bei Göttern oder Gottheiten eintreten. All diesen den Ahnenkult praktizierenden Völkern ist es wichtig, mit ihren Wurzeln – den Vorfahren – in Verbindung zu bleiben.

Im ›Weltkatechismus der katholischen Kirche‹ wird dieses Tun als Götzendienst gewertet, der dem ersten Gebot »Du sollst neben mir keine anderen Götter haben« widerspreche.[6] Vielfach versuchte die Kirche, Ahnenverehrung und Ahnenkult sogar durch schwere Verurteilungen zu verbieten. Unterbinden konnte sie ihn aber eigentlich nie. In der christlich religiösen Glaubens- und Lebenspraxis wird die von den Glaubenshütern vorgegebene radikale Trennung der Lebenden von den Toten und den Ahnen nicht akzeptiert, sondern in verschiedenster Weise gelebt, ob das nun von der Kirche gewollt ist oder nicht.[7]

Der Friedhof zum Beispiel bietet unzähligen Christen einen Ort, mit ihren Verstorbenen/Ahnen geistig in Kontakt treten zu können. Das Grab wird gepflegt, es werden Gaben (Kerzen, Engelfiguren, Blumen …) hinterlassen, man könnte auch sagen »gespendet«. Das »Gespräch« mit den Toten kann innere Ruhe, Geborgenheit, Heimat und Trost geben und es nimmt die Gestorbenen mit hinein in das Alltagsleben der Hinterbliebenen. Dies wird oft als Kraftquelle erfahren.

In den Wohnungen zu Hause gibt es Wände voller Fotografien der verstorbenen Ahnen und nicht selten »Herrgottswinkel« mit Kreuz, Marienstatue und vielen Erinnerungen an die Vorausgegangen, ähnlich einem Hausaltar. Auch diese »Räume der Erinnerung« erleichtern die Verbindung zu den Ahnen. In einem anderen Kontext würde man so etwas Ahnengalerie oder Ahnenkult nennen. Ich kenne Wohnungen, wo sich fast in jedem Winkel solche Erinnerungen befinden, die den Trauernden helfen, sie aber auch in der Vergangenheit festhalten können und an einer notwendigen Loslösung hindern.

Protestanten halten eine Kommunikation mit den Verstorbenen theologisch grundsätzlich nicht für möglich (in Praxis sieht es anders aus, wie ich aus Erfahrung weiß), für Katholiken gibt es dagegen religiöse Verehrungsformen von Verstorbenen, die kirchlich nicht nur nicht sanktioniert, sondern sogar erwünscht sind: die Heiligenverehrung, sowie die rituelle Verehrung bis hin zur Gefahr der »Vergöttlichung« der Gottesmutter Maria an unzähligen Mariengrotten, bei Maiandachten und in ihr besonders geweihten Kirchen. »Der protestantische Christ steht allein vor seinem Gott, der katholische hat eine Reihe von ›Hilfsgeistern‹ zur Vermittlung zwischen der alltäglichen, materiellen Lebenspraxis und dem Göttlichen der anderen, spirituellen Wirklichkeit.«[8]

Diese Möglichkeiten der Nähe zu den Verstorbenen und der Praxis einer Art Ahnenkult entsprechen viel mehr der menschlichen Natur und Psyche als religiöse Einschränkungen und Verbote, die im Hinblick auf die Reinheit der Lehre zwar richtig sein können, gerade durch das Verbieten aber zu Gegenreaktionen führen. Früher machte man Verbotenes im Geheimen oder man löste sich völlig von den Vorgaben. Nicht selten ging man synkretistische Verbindungen von Christlichem und Heidnischem ein, wie wir das zum Beispiel im mexikanischen Brauch des »Tages der Toten (Dia de los muertos)« sehen, der mit wochenlanger Vorbereitungszeit vom Vorabend von Allerheiligen (31.10.) bis zum Ende des Allerseelentages (02.11.) gefeiert wird.[9] Dieses Fest ist alles andere als eine Trauerveranstaltung. Froh und farbenprächtig wird der Toten auf den Gräbern gedacht. Dort wird gegessen, getrunken, man erzählt sich Geschichten von den Verstorbenen. Bunte Kleider und Kostüme bestimmen das Bild, und Menschen verkleiden sich als Skelette, kleine Totenköpfe und Grabsteine gibt es als Souvenirs. Dahinter steht in einem offiziell katholischen Land der nicht ganz christliche Glaube, dass die Seelen der Verstorbenen an diesen Tagen zu ihren Familien zurückkehren. Mittlerweile ist dieser Brauch auch in der oberbayerischen Stadt Ingolstadt, der Stadt, in der ich lebe, im Jahr 2022 angekommen.[10]

In einer Welt, die immer mehr Sinn- und Heilsangebote zur Verfügung stellt, ist im Hinblick auf ein Leben nach dem Tod die christliche Vorstellung, dass die Verstorbenen in einer Art »Endzeit-Warteschleife« bis zum Jüngsten Tag auf ihre Auferstehung wartend verweilen, nicht mehr befriedigend. Auch Christen suchen Kontakt zu ihren Ahnen und nehmen dafür ihre spirituelle Praxis in die eigenen Hände. Dass kirchliche Verbote dabei das Gegenteil bewirken können von dem, was sie zu erreichen versuchen, zeigt die Schweiz, die vom Protestantismus und strengem Calvinismus geprägt war, seit Jahrzehnten aber von Generation zu Generation säkularer wird und heute als Hochburg der sogenannten »medialen Szene« gilt. In keinem anderen europäischen Land gibt es so viele Menschen, die angeben, als Medium Kontakte zu Verstorbenen herstellen zu können. Mediale Beratungsangebote, Akademien und Ausbildungsangebote mit Abschlussdiplom nehmen zu. Wenn ein vormalig strenges Glaubensgebäude in sich zusammenfällt, wachsen in das entstehende Vakuum alle möglichen und unmöglichen Sinn- und Heilsangebote hinein. Der Religionshistoriker *Helmut Zander* analysierte gut nachvollziehbar dieses Phänomen in der sehenswerten Sendung »Streitfrage: Jenseitskontakte – mit Toten sprechen?« im SRF Kultur.[11]

Darüber hinaus werden in unserer Zeit alte Mythen, Sagen und Weisheitsschätze wieder neu entdeckt, für therapeutische Settings verwendet oder auch für die persönliche Sinnsuche neu befragt. Griechische Mythen und Sagen, Märchen verschiedenster Völker, nordische Mythologie, germanisches Heidentum und Spuren keltischer Kultur, Feen- und Troll-Traditionen aus Skandinavien, feinstoffliche Wesen einer Anderwelt, Nachbardimensionen und vollzogene Rituale, die hinter die materielle Existenz blicken lassen, werden dabei mehr oder weniger reflektiert adaptiert und verinnerlicht.

Ich möchte hier allerdings kurz auf zwei »Totenbücher«, das ägyptische und das tibetische hinweisen, weil deren Lehren unserem Suchen nach einem »Danach« neue Orientierung geben könnten. Beide lehren uns, dass es ein Leben nach dem Tod gibt und die Lebenden den Toten Gutes tun können.

Ägyptisches Totenbuch

Nach altägyptischer Religion glaubten die Menschen, dass sich das Leben nach dem Tod fortsetze und die Seele in den Körper zurückkehre. Deshalb brauche es gut erhaltene Körper. Diese wurden durch die hohe Kunst der Einbalsamierung in Mumien »verwandelt«. Das sogenannte »Ägyptische Totenbuch« – eigentlich waren es viele Totenbücher – war ein sehr wichtiger Begleiter auf der Reise vom Tod ins neue Leben. Auf Papyrus geschriebene oder gemalte Sammlungen von Zaubersprüchen, Beschwörungsriten, Gebeten und liturgischen Formeln gaben dem Verstorbenen praktische Hilfen und magische Unterstützung im Jenseits.

Bevor der Verstorbene in eine Art sonnigen Garten eingehen konnte, musste er eine Unterweltfahrt und das Totengericht der Seele bestehen. Die Formeln und Zaubersprüche sollten ihn vor bösen Geistern oder Feinden in der Unterwelt schützen und das Weiterleben ermöglichen. Erst wenn die »Seelen-Herz-Waage« und die Befragung durch Osiris, dem im alten Ägypten verehrten Totengott und Herrscher der Unterwelt, positiv ausfielen, konnte der Verstorbene ins neue Leben eingehen und so die Unsterblichkeit erlangen. Die Papyrusrollen der Totenbücher wurden dem Verstorbenen in den Sarkophag gelegt oder zwischen die Binden gesteckt, mit denen die Mumie umwickelt war. Solche Totenriten konnten sich aber nur die höheren und wohlhabenderen Bevölkerungsschichten leisten. Die Masse der Menschen, Bauern, Arbeiter und andere niedere Stände, wurde einfach nur in Matten gehüllt begraben.[12]

Tibetisches Totenbuch

Wie schon im dritten Kapitel »Wissen hilft – Was beim Sterben geschieht« dargestellt, beschreibt das »Tibetische Totenbuch« die fünf Phasen des aktiven Sterbeprozesses. Der Ursprung dieser Sammlung von Unterweisungen, Beschreibungen und Praktiken liegt im tibetischen Buddhismus des 8. Jahrhunderts. Im 14. Jahrhundert wurde das »Bardo Thödröl«, wie es eigentlich heißt, in einer Höhle entdeckt. Forscher sehen Padmasambhava, den Begründer des tibetischen Buddhismus, als Urheber dieser Schrift. »Bardo Thödröl« bedeutet übersetzt so viel wie Befreiung durch Hören im Zwischenzustand, also dem Zustand zwischen Leben, Tod und einem Danach. Es gibt je nach buddhistischer Schule verschiedene Gliederungen der Bardos, der Zwischenzustände zwischen Leben, Sterben, Tod, Seelenreise und Wiedergeburt.

In der Regel werden vier dieser »Zustände« unterschieden: Der Bardo des Lebens (Vom Moment der Geburt bis zum Tod), der Bardo des Sterbens (Vom Moment des sicheren Sterbens bis zu dem Augenblick, wo im Moment des Todes das klare Licht unseres Geistes erscheint) und der Bardo des Lichtes/Todes (Die Welt der Illusionen, das Auftreten von friedvollen und zornigen Gottheiten, das »Erleben« von überwältigenden Erscheinungen. Was hier beschrieben wird, erinnert an Phänomene, die Menschen mit Nahtoderlebnissen beschreiben.) Der vierte Zwischenzustand ist der Bardo des Werdens/der Wiedergeburt.

Die Wiedergeburt wird durch das Karma bestimmt, das der Verstorbene in seinem Leben gesammelt hat. Je mehr gutes Karma er hat aufgrund eines Lebens, das liebevoll mit den Mitgeschöpfen umgegangen ist, desto höher die Wiedergeburt; je schlechter das Karma, desto größer die Gefahr, in der Wiedergeburt um eine oder mehrere Stufen »zurückzufallen«. Wiedergeboren werden kann man in den sechs Daseinsbereichen: Götter, Halbgötter, Bereich der Menschen, Tiere, Hungergeister und Hölle. Wer am Ende der langen Wiedergeburtsfolge nicht mehr wiedergeboren wird und das Nirwana erreicht, verlässt das Rad der Wiedergeburt und tritt in die Sphäre der Erlösung ein.[13]

Das für mich Interessante an dieser mir doch sonst recht fremden Lehre ist die Annahme, dass Hinterbliebene von Verstorbenen oder auch Mönche und Nonnen, die das dann »hauptberuflich« machen, etwas für die Gestorbenen tun können: Sie können für sie beten, ihnen gutes Karma schicken, ihnen durch gute Gedanken und Werke der Nächstenliebe das Verweilen in Zwischenzuständen verkürzen und die Seelenreise erleichtern. Für den Hindu und auch den Buddhisten gibt es, so gesehen, keine Trennung zwischen Leben und Tod – eine Haltung, die Christen durchaus teilen können, die in der christlichen Kultur aber viel zu wenig eingeübt wird.

Wenn im Krankenhaus jemand stirbt oder gerade erst gestorben ist, dann werde ich oft als Helfer, Tröster und auch als Priester gerufen, um dem Sterbenden oder Verstorbenen durch Gebete und rituelle Handlungen den Weg in die Ewigkeit zu ebnen. Dabei erlebe ich, wie unterschiedlich die Menschen – Sterbende und Angehörige – mit dem Sterben, dem Verlust und der Trauer umgehen. Es gibt die, welche im Glauben (noch) beheimatet sind, dann diejenigen, die in ihren Vorstellungen über Sterben, Tod und einem eventuellen Danach (sehr) verunsichert sind, und schließlich jene, für die mit dem Tod alles aus ist. Für gläubige Menschen ist die Grenze zwischen Leben, Tod und neuem Leben trotz aller Härte nicht so brutal wie für die, welche davon ausgehen, dass nach dem Tod nichts mehr kommt.

Mit Hoffnung inspirieren

Mit Hilfe von Erkenntnissen aus anderen Religionen und Weltanschauungen kann ich, wenn es mir angemessen erscheint und was gar nicht so selten vorkommt, Angehörige, die mit ihren Lieben mitleiden oder um sie trauern, mit Hoffnung inspirieren. Ich spreche hier von einer doppelten Hoffnung. Zum einen für die Zurückbleibenden: Ihre Verstorbenen sind nicht weg, sie sind unterwegs, um ihren Platz, Freude, Gemeinschaft, neues Leben, Frieden und den Himmel zu finden. Wir, die wir noch leben, können durch unsere Liebe, durch Gebete, durch gute Werke und Ähnliches unseren Toten Kraft, Energie und Unterstützung »schicken«. Das ist seit jeher auch der tiefere Sinn, wenn in der katholischen Kirche für Verstorbene Seelenmessen gelesen werden.

Die zweite Seite der Hoffnung, die ich im Krankenzimmer benenne, liegt für mich darin, dass wir uns mit den Toten verbinden können: »Halten Sie die inneren Augen, Ohren und Sinne offen für Zeichen der Nähe, die unsere Vorausgegangenen uns geben«, so sage ich dann zu den Hinterbliebenen. Wir brauchen dafür nur offen sein. Ich bin von solchen Zeichen der Nähe nicht nur überzeugt, weil ich solche »Botschaften« selbst erlebt habe und erlebe, sondern vor allem auch wegen ganz vieler Berichte, die mir Angehörige von Verstorbenen anvertraut haben.

Der Tod ist nicht das Ende, sondern ein neuer Anfang. Mehr noch: Das Diesseits und das Jenseits sind miteinander verbunden, unser Sehnen nach »Drüben« ist keine Illusion und das Vernehmen von »Lebenszeichen« von der anderen Seite ist kein Trugschluss. *Alfred Opiolka*, der Sargmaler vom Bodensee, beschreibt das in seinem Buch »Der Tod ist grün …« sinngemäß so: Die Lebenden und die Verstorbenen leben in zwei durch eine Wand verbundenen Doppelhaushälften. Manchmal, wenn wir achtsam und leise sind, dann können wir auf unserer Seite »Lebenszeichen« von der anderen Seite wahrnehmen. Und die auf der anderen Seite bekommen unser Tun und unsere Signale mit.

Eine sehr schöne christliche Sichtweise der Verbindung von uns im Diesseits Lebenden zu unseren Verstorbenen im Jenseits fand ich in einer kleinen Trostschrift, die wir bei unserer Klinikkapelle für Patienten und Besucher auslegen. Der französische Dominikanerpater und Autor geistlicher Texte, *Antonin Sertillanges* (1863–1948), schenkt darin dem Leser und der Leserin folgende sehr tröstlichen Gedanken[14]: »Durch den Tod wird die Familie nicht zerstört, sie verändert sich, ein Teil von ihr geht ins Unsichtbare. Man denkt, dass der Tod eine Abwesenheit ist, während er doch eine diskrete, verschwiegene Präsenz ist. Man denkt, dass er eine unendliche Entfernung schafft, während er doch jede Entfernung eliminiert, indem er in den Geist verlegt, was vorher im Fleisch war. Derjenige, der, wie es scheint, seinen Lebensweg abrupt beendet hat, hat als Autor seines Lebens nur eine Seite umgeblättert.

Je mehr von unseren Lieben uns verlassen haben, desto mehr Bindungen zum Himmel haben wir. Der Himmel ist nicht länger nur von Engeln, bekannten und unbekannten Heiligen und dem geheimnisvollen Gott bewohnt. Er wird vertraut, er ist das Haus der Familie, die oberste Etage, wenn man das so sagen darf. Und von oben nach unten fließen die Erinnerung, die Unterstützung, die Bitten.«

Eine besonders wertvolle Erfahrung durfte ich in dieser Hinsicht bei einer Doppelbegleitung einer sterbenden alten Frau einerseits und eines jungen Paares, deren Kind tot zur Welt kam, andererseits machen.

Eine Sterbende nimmt einen verstorbenen Säugling mit

Ich durfte auf der Palliativstation unseres Klinikums einer 85-jährigen Frau im Beisein ihrer drei Töchter beim Sterben beistehen. Die sterbenskranke Frau bekam wegen unerträglicher Schmerzen Morphium. Ich durfte für sie beten und ihr die Krankensalbung spenden. Währenddessen war sie aus ihrem Halbschlaf aufgewacht und machte immer wieder das Kreuzzeichen. Sie versuchte auch, irgendwie das Vaterunser mitzubeten, schloss dann aber wieder ihre Augen und fiel erneut in diesen halbbewusstlosen Zustand. In diese Situation hinein bat ich sie, sie direkt ansprechend: »Hedwig, ich bitte dich nun um etwas. Zwei Stock unter dir ist eine junge Mutter, die in der 21. Woche ihr Kind verloren hat. Da gehe ich jetzt dann gleich hin. Kannst du bitte so lieb sein und das Kind an der Hand nehmen, wenn du in den Himmel gehst?«

Nach einer kurzen Stille – die Töchter von Hedwig und ich – werden das wohl nie vergessen, sagte sie aus tiefster Brust mit weit aufgerissenen Augen ein entschiedenes »JA« und fiel wieder in den Halbschlaf. Ein kleines Wunder, einfach nur schön!

Nach dieser außergewöhnlichen Begegnung ging ich dann die zwei Stockwerke hinunter. Ich traf ein junges Paar, Hans und Christine, mit einem kleinen zarten David eingewickelt in einer grünen Windel in den Händen seiner Mutter. Dieses winzig kleine Baby war tot.

In der Begegnung mit diesen Eltern und dem Kleinen durfte ich glaubensstarke junge Akademiker kennenlernen, die fest davon überzeugt waren, dass mit dem Tod nicht alles zu Ende ist. Sie waren gläubige Christen, Katholiken, und ich war von ihrem Beispiel der Tapferkeit und der Glaubenskraft selbst sehr bewegt.

Ich erzählte ihnen von der Begegnung mit Hedwig zwei Stock

über ihnen, und von meiner Bitte an sie, den Kleinen doch an der Hand in den Himmel mitzunehmen und von ihrem entschlossenen Einverständnis, dies zu tun. Die überrascht-erstaunten Augen der Eltern, die sich mit Tränen füllten, werde ich auch nicht vergessen. Und dann erzählten sie mir, den Kleinen wiegend, ganz viel von sich und ihrer Familie. »David wird in das Grab vom Opa kommen«, sagten sie und wir malten uns aus, wie der Opa den Kleinen in Empfang nehmen und auf ihn aufpassen würde. Der junge Vater, ein Ingenieur, sagte dann noch, dass das mit der Hedwig ihn schon sehr berühre und es für beide, für David und Hedwig, dann wohl eine Win-Win-Situation sein würde. Und ich dachte mir: typisch Ingenieur.

Ich segnete und salbte David sanft und segnete auch seine Eltern. Nach diesen beiden schweren Gängen hintereinander war ich glücklich und sehr froh, dass ich diese Arbeit machen darf und mir die richtige Intuition geschenkt worden ist, zwei Schicksale auf der geistigen Glaubensebene zu verbinden.

Ein paar Wochen später erreichte mich ein Umschlag von diesem jungen Paar mit einem wunderschönen Dankesbrief, Fotos von der Beerdigung und – ich traute meinen Augen kaum – einem von Christine aus Glas hergestelltem Kreuz, das Folgendes darstellte: oben ein Dreieck als Symbol für Gott, dann eine Mittlergestalt, vielleicht Jesus, der zwischen Gott und den Verstorbenen seine Hände reicht, Hedwig mit David an der Hand auf dem Weg nach oben und ganz unten eine sehnsuchtsvoll nach oben greifende Hand. Das Kreuz zeigt alle Farben des Regenbogens, des Symbols der Hoffnung.

Dieser Brief und dieses Geschenk gehören zu den sehr wertvollen Schätzen, die ich aufhebe …

Glasarbeit einer trauernden Mutter mit beeindruckender Darstellung von »Hoffnung zwischen den Welten«. Foto: Christoph Kreitmeir – im Bildteil zu sehen

Seit Jahrhunderten durchziehen verschiedenste Bilder über die Seinswirklichkeiten nach dem Tod christliche Glaubensvorstellungen. Drei Zustände sind bis heute bekannt und bestimmend: Hölle, Fegefeuer/Reinigung und Himmel. Sie mach(t)en Angst und Hoffnung. Über lange Zeit hat die Kirche in ihrer Verkündigung leider mehr mit den angstmachenden Aspekten gearbeitet, damit man die Gläubigen besser gängeln konnte. Heute sind die meisten Gläubigen mündig geworden. Sie suchen selbst nach Antworten auf Fragen über das »Danach«. »Ein hochdramatischer Wandel ist hier im Gange … Jeder darf heute das Jenseits deuten … Eine religiöse Kontrolle durch die Großkirchen existiert nicht mehr«, so hält es der Religionswissenschaftler *Helmut Zander* fest.[15]

Dante Alighieris »Göttliche Komödie« als Blaupause einer Seelenreise

Die alten Bilder für die Jenseitswirklichkeit »Himmel, Hölle, Fegefeuer« sind unverständlich geworden und benötigen heute Updates und Grundüberholungen. Überflüssig oder falsch geworden sind sie meiner Meinung nach nicht. Sie sind eine Hilfe, das Danach zu verstehen. *Dante Alighieris* (1265–1321) »Göttliche Komödie«, ein Werk, das dieser italienische Dichter während der Verbannung aus seine Heimatstadt Florenz zwischen 1307 und 1321 schrieb, gehört zu den Meisterwerken der Weltliteratur. Die darin beschriebene Jenseitsreise kann man als eine Blaupause einer Seelenreise sehen. Dante arbeitet darin viele eigene innere und äußere Konflikte auf, vor allem den Verrat seiner ersten Liebe zu Beatrice.[16]

Der Held dieser Geschichte, Dante selbst, begibt sich auf eine ganz besondere Reise nach innen und in die jenseitige Welt. Dabei wird er von verschiedenen Jenseitsführern durch die drei Reiche der jenseitigen Welt – Hölle/Inferno, Läuterungsberg / Purgatorium (Reinigung / Fegefeuer) und Himmel – geführt und begleitet. Der Philosoph *Georg Friedrich Wilhelm Hegel* nannte Dantes Vision eine »Höllenfahrt der Selbsterkenntnis«. Manchmal erahne ich bei der Begleitung von Sterbenden, dass sie eine solche Höllenfahrt an inneren Kämpfen durchmachen. Theologisch, psychologisch, mythologisch, mythisch und spirituell-mystisch ist die göttliche Komödie eine Fundgrube tiefer Selbsterkenntnis und eine Hilfe, das wahrzunehmen, was die Welt hier und in ihren jenseitigen Aspekten im Innersten zusammenhält.

Das Werk besteht insgesamt aus 100 sogenannten Gesängen, wobei die 100 als Zahl der Vollkommenheit steht.[17] Die 33 plus 1 Gesänge des Inferno / der Hölle zeigen, dass das Böse in uns ist. Wer sich aus seinen Verstrickungen befreien möchte, muss sich dem

Dunklen in seinem eigenen Inneren stellen. Die Konfrontation mit dem Bösen in einem selbst wird zum Weg in Richtung Befreiung von eben diesem Bösen.

Der Weg der Umkehr hat begonnen, ein mühevoller Weg den Läuterungsberg hinauf. Dieser Weg wird in weiteren 33 Gesängen beschrieben. Einschneidende Lebensereignisse wie Trennung, Verlust, Krankheit oder Tod gilt es nicht nur als Katastrophen zu sehen, sondern als Möglichkeiten, die einem das Leben anbietet, um Korrekturen vorzunehmen und die Richtung zu ändern. »Seelenarbeit« ist dabei gefragt und gefordert. Heilung kostet etwas und tut weh. Reinigung schmerzt, macht aber freier und klarer. Der Läuterungsweg endet mit einer Art »Taufe«: Der Seelenreisende Dante wird von einer Helfergestalt durch einen Fluss gezogen, ertrinkt dabei fast und steigt wie neugeboren aus den Fluten.

Nun besingt Dante in 33 weiteren Strophen den Weg durch die Himmelssphären. Seine Seele darf Unglaubliches schauen und erleben. Höher und höher steigend erhält die Seele Anteil am reinen Licht, lauscht unbeschreiblichen Klängen und erfährt innere Seligkeit.

Liebe spielt bei der gesamten Wanderung die Schlüsselrolle, der Verrat der Liebe, der Weg der schmerzhaften Umkehr zu ihr, das Wiederfinden und das In-der-Liebe-Aufgehen. Am Ende warten Heimat, Geborgenheit, Umfangensein von Licht und Erfüllung. Im höchsten Himmel ist dann ergriffenes Schweigen vor der Unbegreiflichkeit Gottes.

Der Weg dieser mystisch innerlichen Seelenreise kann in zweifacher Hinsicht als Matrix gesehen werden. Einmal als Sinnbild für die Reise durch unsere Lebenszeit mit all ihren Höhen und Tiefen, ihren Höllen-, Reinigungs- und Himmelserfahrungen. Die »Göttliche Komödie« will uns zugleich auf unsere Seelenreise nach dem Tod hinweisen. Mich tröstet es, dass es dabei sowohl im Diesseits als auch im Jenseits kundige Begleiter gibt, die den Weg kennen und die uns helfen. Die Liebe will alles heilen und wieder in Ordnung bringen. Sie wird am Ende unserer Reisen unsere ewige Heimat sein.

Hinter dem Horizont – Das Ende ist nur der Anfang

Ich weiß es noch wie heute. Es war an einem Abend im Jahr 2002. Ich war damals Kurseelsorger in Füssen im Allgäu und Pfarrvikar in Hopfen am See. Nach einem anstrengenden Tag sah ich spätabends in meiner kleinen Klosterwohnung in einem der privaten TV-Sender einen Film, der mein Denken und Glauben im Hinblick auf die Frage, was nach dem Tod kommt, auf eine sehr positive Weise verändert hat. Der Film »Hinter dem Horizont – Das Ende ist nur der Anfang« fesselte mich von der ersten bis zur letzten Minute, und heute scheint es mir wie eine Fügung, dass ich an jenem Abend vor dem Fernseher hängen blieb.[18] Mittlerweile habe ich diesen Film schon mehrfach gesehen und tief verinnerlicht.

Mit seinem bewegenden Inhalt bietet er für mich eine moderne Variante der Seelenreise aus Dantes Komödie. Während meiner zweijährigen Ausbildung (2003–2005) in Wertimagination (Arbeit mit inneren Bildern) bei Prof. *Uwe Böschemeyer* in Lüneburg erlebte ich ähnliche Bilder und innere Erfahrungen, wie sie im Film dargestellt werden. Meine eigenen Reisen nach innen sowie die Begleitung von inneren Reisen bei Ratsuchenden erweiterten und erhellten meine Wahrnehmung der sogenannten Realität, die viel tiefer und weiter ist, als sie in unserer Alltagswahrnehmung erscheint. »Wie wirklich ist die Wirklichkeit?«, diese Frage stellte schon der österreichisch-amerikanische Philosoph, Psychotherapeut und Kommunikationswissenschaftler *Paul Watzlawick*, dessen Erkenntnisse große Kreise zogen.[19] Mithilfe von Wertimaginationen können wir ein »verborgenes Paradies« (Romana Leser[20]) in uns entdecken und dabei die heilsame Kraft seelisch-geistiger Bilder erleben. Dieses wirkliche Erleben kann unser reales Leben nicht nur bereichern, sondern auch heilen und zum Eigentlichen hinführen. Uwe Böschemeyer hält dazu fest: »In jedem Menschen lebt ein ursprüngliches Bild seiner selbst, das darauf wartet, erkannt und entdeckt zu werden und dann endlich leben zu dürfen.«[21]

Der Film setzt den Fantasyroman mit gleichem Titel von *Richard Matheson* (1926 – 2013) in bildgewaltigen Aufnahmen und mit Weltklasseschauspielern, wie *Robin Williams, Annabella Sciorra, Cuba Gooding Jr. und Max von Sydow* um. Der tragische Unfalltod der Kinder von Chris Nielsen und seiner Frau Annie schweißt diese in ihrer Liebe noch enger zusammen. Unglaubliches passiert bald darauf: Chris erleidet selbst einen Autounfall, bei dem auch er stirbt. Er erwacht in einer Art »Sommerland«, wo alle Grenzen des Vorstellbaren überwunden sind und Chris mit Hilfe eines Seelenbegleiters lernt, seine eigene Welt mit seiner Fantasie aufzubauen. Doch er sehnt sich sehr nach seiner Frau Annie, die an ihrem Schicksal fast irre wird. Als Verstorbener kommt er ihr immer wieder nahe, ohne sie aber wirklich erreichen zu können. Als Annie aufgrund ihrer immer dunkler werdenden Depressionen sich das Leben nimmt, darf sie als Selbstmörderin nicht in dieses »Sommerland« hinein. Chris will und wird das nicht hinnehmen und begibt sich ähnlich wie Dante auf eine Reise bis hin zum dunkelsten Ort der Verzweiflung, wo er seine Frau antrifft. Durch seine hingebungsvolle Liebe zu ihr kann er sie befreien, mit ihr zum Sehnsuchtsort kommen und dort auch die verlorenen Kinder und den geliebten Hund wiederfinden.

Auch, wenn ich heute den Inhalt des Filmes aus der Perspektive meines christlichen Glaubens und meiner philosophisch-psychologischen Kenntnisse etwas kritischer und reflektierter sehe, finde ich die Darstellung von Jenseitsvorstellungen und von einer Seelenreise hier wirklich gelungen. Ich vermute hinter den Gedanken des Romans und des Films ein Denken, das sich die Philosophie des Kontruktivismus zu eigen macht. *Jean Piaget* und *Paul Watzlawick* gelten als die wichtigsten Vertreter dieser Erkenntnistheorie, die besagt, dass der Mensch nicht die objektive Wirklichkeit wahrnimmt, sondern sich seine eigene Wirklichkeit konstruiert und erschafft.[22]

Heißt das also, dass wir uns unsere eigene Hölle oder unseren eigenen Himmel mit Hilfe unserer Fantasie schaffen und dann vielleicht einer Illusion aufsitzen? Dieser Vorwurf, dass alles, was mit Geistigem, Geistlichem, Transzendentem und letztlich mit Gott zu tun habe, eine große Illusion sei, steht seit der Religionskritik *Ludwig Feuerbachs, Sigmund Freuds* und vieler anderer unverrückbar im Raum. Ihn ganz zu widerlegen wird wohl nie möglich sein.

Meine Erfahrungen mit Reisen ins Innere meiner Seele mithilfe von Wertimagination[23] und Zen-Meditation, mit Hilfe von christlichen Meditationsformen wie dem »Ruhegebet« nach *Peter Dyckhoff*[24] oder den »Kontemplativen Exerzitien« nach *Franz Jalics*[25] (beiden durfte ich persönlich mehrmals begegnen), die jahrelange Begleitung von Sterbenden und deren Angehörigen, deren Erzählungen von Erfahrungen mit der »Anderwelt«, die damit zusammenhängenden Erkenntnisse aus der Palliativforschung und persönliche Erfahrungen mit dem Medium und Jenseitssensitiven *Paul Meek*, die ich gleich beschreiben möchte, lassen mich immer sicherer darin sein, dass es ETWAS nach dem Tod gibt. Dieses ETWAS ist der Mühe wert, sich schon zu Lebzeiten damit zu beschäftigen, weil man dann anders lebt: angstfreier, zuversichtlicher, hoffnungs- und vertrauensvoller sowie gelassener.

Sensitive, Medien und Jenseitskontakte

Natürlich weiß ich als katholischer Priester, dass man aktiv keinen Kontakt zu den Verstorbenen suchen soll. Deutliche Warnungen gibt es dazu in der Bibel:

In Deuteromium 18,11 heißt es: »Es soll bei dir keinen geben, der ... Gebetsbeschwörungen hersagt oder Totengeister befragt, keinen Hellseher, keinen, der Verstorbene um Rat fragt.«

König Saul, der Totenbeschwörung unter Todesstrafe verbot, konsultierte in eigener Not ein Medium, um den Geist des toten Propheten Samuel heraufzubeschwören (1 Samuel 28,8): »Da machte sich Saul unkenntlich, zog andere Kleider an und ging mit zwei Männern zu der Frau. Sie kamen in der Nacht bei der Frau an und er sagte zu ihr: Wahrsage mir durch den Totengeist! Lass für mich den heraufsteigen, den ich dir nenne.«

Dieses Unternehmen endete mit seinem eigenen Tod, weil er das Wort des Herrn nicht hielt (1 Chronik 10,13-14): »So starb Saul wegen der Treulosigkeit, die er gegen den HERRN begangen hatte. Er hatte das Wort des HERRN nicht befolgt und den Totengeist befragt, um Auskunft zu suchen; an den HERRN aber hatte er sich nicht gewandt. Dieser ließ ihn sterben und übergab das Königtum David, dem Sohn Isais.«

Jesaja 44,24f. betont: »So spricht der HERR, dein Erlöser, der dich vom Mutterleib an geformt hat: Ich bin der HERR, der alles bewirkt, der allein den Himmel ausgespannt hat, der die Erde ausgebreitet hat aus eigener Kraft, der die Zeichendeutungen der Orakelpriester vereitelt und die Wahrsager zu Narren macht, der die Weisen zum Rückzug zwingt und ihr Wissen als Dummheit entlarvt.«

Micha 3,7 hält fest: »Die Seher werden zuschanden, die Wahrsager müssen sich schämen. Sie müssen alle ihren Bart verhüllen; denn Gottes Antwort bleibt aus.«

Und im Neuen Testament warnt 1 Timotheus 4,1: »Der Geist aber sagt ausdrücklich: In späteren Zeiten werden manche vom Glauben abfallen; sie werden sich betrügerischen Geistern und den Lehren von Dämonen zuwenden …«

Diese und andere Bibelstellen werden immer wieder herangezogen, um gläubigen Christen Jenseitskontakte und andere okkulte Praktiken zu untersagen oder zumindest davor zu warnen. In meiner mittlerweile über 30-jährigen Praxis als Seelsorger und katholischer Priester habe ich aber immer wieder erlebt, wie mir Menschen, die schon länger um einen geliebten Menschen trauerten, erzählten, dass sie Kontakt zu ihren Toten hatten. Nicht nur in Gedanken, sondern lebendig in erfahrener Nähe und Austausch. Diese Erfahrung gab diesen Menschen nicht nur echten Trost, sondern vor allem neue Lebenskraft. Die meisten Trauernden gehen mit ihrer Suche nach den Vermissten aber ins Leere, was nicht nur frustrierend, sondern auch energieraubend ist. Der christliche Trost, dass ihre Verstorbenen auf dem Weg zu Gott seien, dass sie irgendwann einmal bei Gott im Himmel sein würden, beruhigt sie nur wenig.

Gelegentlich erfuhr ich während meines priesterlichen Weges auch davon, dass Trauernde deshalb zu Geistheilern, zu Schamanen oder auch zu Medien gingen. In ihrer Not und nicht selten auch wegen ihrer Neugier kamen sie dann in Kontakt mit der jenseitigen, der geistigen Welt. Für viele eine tröstliche, für andere eine Horrorerfahrung. Wer die Tür zu diesen Sphären öffnet, der muss sehr vorsichtig sein, denn dort befinden sich nicht nur helle Kräfte …

Das britische Medium Paul Meek

Das Hinterfragen, das Suchen und das Ringen um Antworten von Sterbenden und von trauernden Angehörigen oder Freunden, wie ich es als Seelsorger immer wieder erlebte und erlebe, brachte mich dazu, mich theoretisch mit dem Thema Jenseitskontakte und Medialität auseinanderzusetzen. Medien oder »Channels« sind Personen, die von sich behaupten, Botschaften von Engeln, Geistern oder Verstorbenen aus der sogenannten geistigen Welt empfangen zu können.[26]

Aus der Fülle derjenigen, die sich als Medien bezeichnen, wählte ich diejenigen Frauen und Männer aus, die mir auf dem Hintergrund ihrer Veröffentlichungen und der Informationen, die ich auf ihren Seiten im Internet lesen konnte, seriös erschienen. Neben *Amara Yachour, Lisa Williams, Andreas Meile, Annekatrin Puhle* und *Sue Dhaibi* war das vor allem *Paul Meek.*

Schon vor 20 Jahren konnte ich eine praktische Erfahrung mit diesem Themenbereich machen. Ich folgte im Frühjahr 2003 der Einladung einer guten Freundin, sie zu einen medialen Abend in München zu begleiten, der vom britischen Medium Paul Meek, der seit 1997 in München lebt, angeboten wurde.[27] Ich war innerlich eher vorsichtig, angespannt und zurückhaltend; ich betete um Gottes Beistand für mich. Paul Meek, ein sehr sympathischer Waliser, erzählte in einem ersten Teil des Abends davon, wie sich die Gabe, Kontakte zu Verstorbenen »herzustellen«, bei ihm entwickelt habe. In einem zweiten Teil teilte er einigen Anwesenden die sogenannten »Durchsagen« von Verstorbenen mit, die alle positiv, versöhnend, tröstend und heilend rüberkamen. Die, welche eine Botschaft erhielten, waren teils verstört, teils glücklich. Gut 300 Menschen waren anwesend, davon sicherlich auch viele Christen verschiedenster Konfessionen. Ich selbst war auch verstört, missmutig und wollte nach Hause. Meine lebenserfahrene Bekannte beließ mich in dieser Stimmung, wohlwissend, dass das Erlebte in mir weiterarbeiten würde.

Und so war es. Gut ein Jahr später fragte ich sie, ob sie nicht nochmals nach so einem Abend Ausschau halten könnte. Ich würde da gerne mit ihr hingehen, Betonung auf »gerne«. In der Zwischenzeit hatte ich mit großem Interesse zwei der mittlerweile schon vier Bücher von Paul Meek gelesen: »Der Himmel ist nur einen Schritt entfernt«[28] und »Das Tor zum Himmel ist immer offen«[29]. An diesem zweiten medialen Abend in München waren wieder an die 300 Menschen anwesend. Der Ablauf war fast identisch wie beim ersten Mal. Ich selbst war aber viel offener für all das, was es zu erfahren gab. Nach der Veranstaltung ging ich mit meiner Bekannten in ein nahes Restaurant, wo später dann auch Paul Meek, sein damaliger Manager *Max Thanner* und einige aus deren engeren Kreis erschienen, um den Abend ausklingen zu lassen. Unsere Tische standen nicht weit voneinander entfernt, und mir fiel auf, dass Paul Meek immer wieder zu uns herüberschaute. Zuerst dachte ich, dass er meine Bekannte, die er auch kannte, meinte. Später erfuhr ich, dass er wohl mein ehrliches Interesse gespürt hatte und auch wahrnahm, dass ich ein Geistlicher war. Nach einiger Zeit verließen einzelne der Freunde Meeks das Restaurant und Herr Thanner bat uns an deren Tisch. Wir kamen etwas ins Gespräch und ich spürte, dass es mit diesem Abend noch nicht vorbei sein würde.

Paul Meek gehört für mich zu den seriösen und stillen Medien, deren Intention vor allem der Trost der Hinterbliebenen ist. Diesen zu spenden gelingt ihm gut und vieltausendfach. Ob das für einen Christen nun erlaubt ist oder nicht, ob die hinter Paul Meeks Denken, Glauben und Tun sich zeigende Wiedergeburtslehre wichtig ist für die Suchenden, das haben die, die Hilfe bei ihm suchen, selbst zu entscheiden. Wir sollten aber bei aller Skepsis nicht vergessen, dass der Kontakt zu Verstorbenen, vor allem zu Heiligen, im Katholizismus kein unbekanntes Phänomen ist.

Das darauffolgende Jahr wurde in meinem Leben turbulent. Zwei Versetzungen von Füssen nach Ingolstadt und von dort aus nach Bad Tölz brachten mich in innere Unruhe, nicht zuletzt auch, weil ich mit der Gesamtsituation meines Weges im Orden nicht mehr glücklich war. Die Zeit von Januar bis Juni 2005 in Bad Tölz, in der ich in Vertretung eines an Krebs erkrankten Mitbruders als Krankenhausseelsorger arbeitete, wurde zu einer Zeit inneren Ringens, die mich aber auch auf einen Weg fruchtbarer spiritueller Suche führte. In dieser Zeit schulte ich mit Hilfe christlicher Meditation und Gebetspraxis meine spirituelle Wahrnehmung, was mir dann all die Jahre später zu einer echten Hilfe werden sollte. Wie so oft galt auch hier: Eine Krise kann zur Chance werden. Mich öffnete die schwere Zeit für neue Zugänge zur sogenannten Realität, ohne dass ich zum Esoteriker wurde. Hier half mir die Rückbesinnung auf die katholische Tradition der Verehrung von Heiligen.

Von vielen Männern und Frauen, die später von der katholischen Kirche als Selige oder Heilige bestätigt wurden, ist bekannt, dass sie Kontakte ins Jenseits, zu Engeln, zu anderen Heiligen und überhaupt zur geistigen Welt hatten. Sie verfügten über mediale Fähigkeiten, wie die »Seelenschau« (das tief erkennende Erkennen eines Menschen), Hellsehen, die Fähigkeit der Elevation (des Schwebens), der Telepathie; von manchen wird die Gabe berichtet, an zwei Orten gleichzeitig sein zu können (Bilokation), manche konnten heilen und vieles mehr. Heilige wie *Angela von Foligno, Antonius von Padua, Franz von Assisi, Teresa von Ávila, Johannes Don Bosco, Jean-Marie Vianey (der Pfarrer von Ars), Jean d'Arc, Padre Pio* und viele andere verfügten über diese Fähigkeiten, machten davon aber meistens kein Aufhebens. In der Zeit meiner spirituellen Suche 2003 in

Bad Tölz kam mir Padre Pio näher, den ich in den Jahren zuvor eher für einen Scharlatan gehalten hatte.

Eines Tages entdeckte ich in einem Buchladen aber ein Buch über diesen italienischen Heiligen, das ganz anders war als die Schriften, die es sonst über ihn gab. *Ingrid Malzahn* beschrieb in diesem Werk ihre Erlebnisse und Erfahrungen mit diesem Heiligen.[30] In einem eigenen Kapitel werden Padre Pios Kontakte mit dem Jenseits und zu seinem Schutzengel erzählt.[31]

Das Buch wurde mir für eine längere Zeit zu einem Wegbegleiter, der mir Türen öffnete. Ich kontaktierte nicht nur Frau Malzahn, sondern ich freundete mich mit ihr und ihrem Mann an und durfte mit ihr und ihrem Freundeskreis eine unvergessliche Reise an besondere spirituelle Orte in Italien unternehmen, unter anderem auch nach San Giovanni Rotondo in Apulien, dem Kloster, in dem Padre Pio für die meiste Zeit sein Lebens lebte und wirkte. Dieser Wallfahrtsort gehört zu einem der größten der katholischen Kirche und wird jährlich von ca. 7,5 Millionen Menschen besucht.

Damals und auch heute noch bitte ich Padre Pio und auch die in meiner Nähe in Mindelstetten bestattete *Hl. Anna Schäffer*[32] um Beistand und Hilfe bei meinem Tun als Klinikseelsorger. Wir können und dürfen dies als gläubige Katholiken tun. Wir können auch auf die Hilfe und Nähe unserer lieben Verstorbenen bauen. Und diesen können wir durch Gebete, Opfer oder unsere Liebe auf ihrem Weg im Jenseits nahe sein.

Diese Möglichkeit ist in unserer spirituellen Tradition durch den Rationalismus der Moderne, der auch Einzug in die Theologie und Seelsorge genommen hat, beklagenswerterweise fast ganz in Vergessenheit geraten. Menschen haben aber auch heute Sehnsucht nach konkreter Erfahrung auf dem Feld von Glauben und Spiritualität, bekommen in ihren Kirchen allerdings nur zu oft Schwarzbrot anstatt Kuchen. Kein Wunder also, wenn Menschen, wenn Christen sich ihre geistliche Nahrung immer häufiger woanders suchen. Was aber ist davon zu halten?

Was »dürfen« Christen?

Wenn ich auf den großen Internetplattformen der evangelischen und der katholischen Kirche – *www.evangelisch.de* und *www.katholisch.de* – die Suchbegriffe »Jenseitskontakte«, »Jenseitskontakt«, »Kontakt zu Toten«, »Medium« oder »Medialität« eingebe, dann erscheinen Meldungen wie »Es wurden leider keine passenden Ergebnisse gefunden« oder »0 Ergebnisse«. Das ist für suchende Christen wirklich nicht befriedigend. Eine einzige Antwort auf die Frage »Ist Kontakt zu verstorbenen Seelen erlaubt?« erhielt ich bei dem evangelisch.de-Fragen-Team. Eine Tanja, die durch eine Lebenskrise zur Esoterik und durch die Hilfe Verstorbener wieder zu Gott kam, stellte diese Frage. Pfarrerin Johanna Klee aus dem Fragenteam gab folgende Antwort, die ich hier zitieren möchte:

»Liebe Tanja, es freut mich sehr, dass Sie den Weg zu Gott gefunden haben! Und schön, dass Sie zu ihm beten und sich in Krisen an Ihn wenden. Nun fragen Sie sich aber, wie es mit dem Kontakt zu verstorbenen Seelen ist. Das ist etwas, was Ihnen durch Ihre Beschäftigung mit Esoterik Trost gibt. Und es ist Ihnen sehr wichtig.

In der evangelischen Kirche ist diese Form, mit verstorbenen Seelen in Kontakt zu treten, nicht üblich. Wir hoffen darauf, dass Menschen nach Ihrem Tod in Gottes Reich sind. Sie sind bei Gott gut aufgehoben, in seiner Liebe geborgen. Wir können an unsere Verstorbenen denken: ihre Grabsteine pflegen, Kerzen für Sie entzünden, ihre Lieblingsorte aufsuchen. Manchen Christ*innen tut es auch gut, den Verstorbenen Briefe zu schreiben oder Ihre Gedanken an sie zu richten. Sie spüren dann die Nähe ihrer verstorbenen Angehörigen. Auch das kann Trost spenden! Vielleicht ist das auch für Sie eine Möglichkeit?

Genauso ist es möglich, sich an Jesus zu wenden in Gebeten und Gesprächen. Er ist durch das Totenreich gegangen und wieder auferstanden. Er verspricht, am Ende aller Zeiten wiederzukommen. Im Alltag begleitet er uns durch seine Nähe, auch in Krisensituationen.

Es ist sicherlich nicht so leicht, den Kontakt mit verstorbenen Seelen aufzugeben. Letztlich liegt die Entscheidung natürlich bei Ihnen. Ich wünsche Ihnen alles Gute dafür!

Beste Grüße, Johanna Klee«[33]

Das ist eine sehr verständnisvolle Antwort, die zugleich den christlichen Glauben im Hinblick auf die Frage nach dem Tod gut darstellt. Indirekt bestätigt sie, dass es möglich sei, einen Kontakt zu verstorbenen Seelen zu haben. Ob Tanja diesen Kontakt aber aktiv suchen und herstellen sollte, wird ihr überlassen. Aber macht diese unbestimmte Wagheit in der Antwort wirklich zufrieden? Tanja sucht Weisung und Orientierung bei denen, die es wissen sollten, und wird dann doch wieder auf sich selbst zurückgeworfen.

Bei der katholischen Kirche ist das nicht anders. Im »Katechismus der Katholischen Kirche (KKK)«, dem Glaubens- und Handlungsleitfaden für Katholiken auf der ganzen Welt, finden sich zu dem Themenbereich Sätze, die für Suchende eher nicht befriedigend sind. In den Absätzen 2115-2117 werden Jenseitskontakte, alle Formen der Wahrsagerei, der Magie und Zauberei, und ausdrücklich auch das Befragen eines Mediums verworfen und verurteilt. Nun ist es aber so, dass viele Christen und Katholiken heute auf Verbote eher allergisch reagieren. Wenn die Kirchen keine Antworten geben, dann sucht man sie eben woanders: Die neuesten

Statistiken weisen für Deutschland ca. 18.000 evangelische Pfarrer und Pfarrerinnen und 12.300 katholische Priester aus. Demgegenüber arbeiten 15.000 Menschen als Medium. Das kirchliche Personal nimmt stetig ab, die »alternativen Anbieter« werden mehr. Deren Dienste wollen natürlich gut entlohnt werden und deren Weltanschauungen können bereichern, aber auch sehr verwirren, ja sogar schädigen.

Kurt E. Koch hat mit seinem Werk »Seelsorge und Okkultismus. Medialität aus der Sicht der Seelsorge« ein wegweisendes Buch zu diesem Thema geschrieben.[34] Er spricht von einer »parapsychologischen Unterwanderung der Seelsorge«. Ich kann diese Wahrnehmung bestätigen. Es gibt spiritistische, esoterische, mediale und andere Unterwanderungen des christlichen Glaubens, die diesen aushöhlen und verfälschen. Nur selten bringen sie über Jahrhunderte verlorene oder durch die Macht der Kirchen unterdrückte Inhalte zurück.

Verständnisvoller Weggefährte sein

»Wo sind die Toten und was kommt dann?«, so lautet die Frage dieses Kapitels. Sehr viele Menschen suchen auf alternativen Wegen jenseits der christlichen Glaubensvorstellungen und »Angebote« nach befriedigenden Antworten auf diese Frage. Als Seelsorger im Krankenhaus bin ich verpflichtet, nicht nur meine Glaubenslehre zu kennen und meinen Glauben authentisch zu leben, ich muss auch wissen, was Suchende im vielfältigen Angebot außerhalb der kirchlichen Seelsorge finden. In der allgemeinen Unsicherheit im Hinblick auf die Fragen nach dem Sterben und dem Danach ist es hilfreich, wenn Suchende in ihrem Gegenüber jemanden haben, der selbst ein verständiger, verstehender, hilfreicher und nicht besserwisserischer Weggefährte auf Zeit ist. Das versuche ich immer wieder und immer wieder neu zu sein und erlebe dabei für mich große menschliche Bereicherung und das Empfinden, etwas Sinnvolles tun zu dürfen.

Eine solche trostvolle Gesprächserfahrung durfte ich mit einer jungen Frau Anfang Februar 2023 erleben, die aufgrund eines schweren Autounfalls und dem dadurch entstandenen inneren Trauma als Patientin im Klinikum um ein Gespräch mit mir bat. Indem ich von dieser Begegnung erzähle, will ich dieses Buch nun abschließen und zeigen, dass unsere Realität mit der anderen Realität, die wir Jenseits nennen, verbunden ist.

Die verstorbene Oma hilft bei schwerem Autounfall

Eine 25-jährige Frau, Martina, hatte zusammen mit ihrem Mann Bernhard und den beiden kleinen Kindern einen schweren Autounfall. Der Mann, Bernhard, war gefahren und verlor bei Glätte die Kontrolle über das Fahrzeug. Es kollidierte heftig mit einem anderen Fahrzeug, in dem Fahrer und Beifahrerin saßen. Die junge Familie hatte ein modernes Auto, das mit einem Notfallmeldesystem ausgerüstet war. Nach der Kollision und dem Aufgehen der Airbags meldete sich eine Stimme, die fragte, was los sei. Der junge Fahrer konnte antworten, die Unfallstelle über Satellit festgestellt werden und innerhalb von 10 Minuten waren 40 Hilfskräfte vor Ort. Das Unglaubliche: Alle sechs Unfallbeteiligten hatten keine größeren Verletzungen erlitten. Fahrer und Beifahrerin im anderen Auto waren kaum verletzt, obwohl ihr Wagen ein Trümmerhaufen war. Dem Vater und den Kindern war fast nichts passiert. Die Kinder wurden mit den Kindersitzen herausgeholt, so, dass sie die Mama nicht sehen konnten. Denn sie war schwer eingeklemmt, man wusste aber nicht, ob ihre Beine oder die Wirbelsäule schwer verletzt waren.

Im Krankenhaus bat Martina ein paar Tage später um ein Gespräch mit einem Pfarrer und nicht mit einem Psychologen, um das Ganze verarbeiten zu können. Dieses Gespräch mit ihr werde ich nicht vergessen. Sie war mit dem Helikopter hergebracht worden und beschrieb mir die Situation in der Notaufnahme, wie das mobile MRT über sie fuhr und fünf anwesende Ärzte den Kopf schüttelten, weil das, was sie sahen, nicht möglich sein konnte. Martina hatte nur Schürfungen, Stauchungen und Prellungen, aber keine schlimmen Brüche, Verletzungen, Lähmungen oder Ähnliches.

Während sie mir erzählte, weinte sie drei Taschentücher voll. Ich fragte sie, was sie meine, warum sie das alles fast unverletzt überlebt habe? Sofort sprach sie von ihrer Oma, die 11 Jahre zuvor gestorben und die wie eine liebende Mutter zu ihr gewesen sei. Darauf bat ich sie, die Augen zu schließen und sich die Oma vorzustellen. Sofort konnte sie sie sehen. Ich bat sie, die Oma zu beschreiben. Sie beschrieb eine Frau mit grauem lockigen Haar. Dann bat ich sie, die Augen zu beschreiben: braune, liebenswerte Augen, die Augenbrauen, die Stirn, die Nase, ein lachender Mund, und ich fragte sie, ob die Oma Maria ihr irgendetwas sagen möchte.

Nach einer gewissen Weile sagt sie, die Oma spricht nicht, aber ihre Augen sprechen. Die Oma »sagt«: »Es wäre zu früh gewesen, wenn ihr gegangen wärt. Vor allem die zwei Kleinen.«

Unglaublich, was hier geschah!

Martina fing dann an zu weinen. Es war ein gutes Weinen. Ich sprach dann mit ihr über ihre Dankbarkeit und darüber, dass sie eine so starke Helferin in der anderen Welt habe, die aus Liebe auf sie und ihre Lieben aufgepasst habe. Die sie behütet habe. »Du darfst in Zukunft«, so sagte ich ihr, »diese wunderbare Begleiterin als deine dich behütende Gefährtin fürs Leben anschauen.« Tiefe dankbare Stille erfüllte den Raum.

Am Ende dieser Begegnung fragte ich die junge Frau, was denn jetzt in diesem Augenblick ihr Gefühl sei, und sie sagte mir, dass es ihr viel besser gehe, dass sie die Oma spüre und sehe und tiefen Frieden und wohlige Wärme in sich fühle.

Mehr ist dazu nicht zu sagen.

Anmerkungen

Vorwort

1 Beate Lakotta / Walter Schels, Noch mal leben vor dem Tod. Wenn Menschen sterben, München, 3. Auflage 2004.

2 Rainer Maria Rilke, in: Die Sonette an Orpheus, zweiter Teil, 13, gefunden in: Heribert Arens / Martino Machowiak, Sei allem Abschied voran. Gedanken zu Abschied und Neubeginn, Kevelaer 2006, 2. Auflage, 9.

1. Die Angst vor dem Tod und das Verdrängen

1 Verena Kast, Trauern. Phasen und Chancen des psychischen Prozesses, Freiburg i. Br. 2020, 5. Auflage.

2 Elisabeth Kübler-Ross, Interviews mit Sterbenden, Freiburg i. Br. 2018, Neuauflage.

3 https://www.dankbar-leben.org/; David Steindl-Rast, Dankbarkeit. Das Herz allen Betens, Freiburg i. Br. 2018; Ders., Dankbar leben. Ein inspirierendes Praxisbuch, Münsterschwarzach 2018.

4 https://yeswecan-cer.org/

5 https://yeswecan-cer.org/die-yes-app/

6 https://www.grimmstories.com/de/grimm_maerchen/die_boten_des_todes

7 Norbert Fischer, Geschichte des Todes, in: http://www.n-fischer.de/tod_geschichte.html

8 https://www.deutschlandfunk.de/recht-auf-suizid-und-sterbehilfe-selbstbestimmung-bis-in-100.html

9 https://www.penguinrandomhouse.de/Taschenbuch/GOTT/Ferdinand-von-Schirach/btb/e586609.rhd

10 https://www.daserste.de/unterhaltung/film/gott-von-ferdinand-von-schirach/index.html

11 Sören Kierkegaard, Der Begriff Angst, Stuttgart 1992.

12 Verena Kast, Vom Sinn der Angst. Wie Ängste sich festsetzen und wie sie sich verwandeln lassen, Freiburg i. Br. 2021, 8. Auflage.

13 Hans Morschitzky, Die Angst vor dem Tod. Existentielle Ängste wahrnehmen und als Chance nutzen, Ostfildern 2021, 16-17.

14 Vgl. Monika Renz, Angst verstehen. Tiefer als alle Angst liegt Urvertrauen, Freiburg i. Br. 2018, 142.

15 Ingrid Riedel, Die Symbolik der Farben. Eine tiefenpsychologische Farbenlehre, Ostfildern 2019, 158-160.

2. »Ars vivendi – ars moriendi« / Lebenskunst – Sterbekunst

1 Manfred Lütz, Lebenslust: Wider die Diät-Sadisten, den Gesundheitswahn und den Fitnesskult, München 2006; ders., Das Leben kann so leicht sein. Lustvoll genießen statt zwanghaft gesund, Heidelberg 2011, 3. Auflage.

2 http://www.zeno.org/Musik/M/Nohl,+Ludwig/Mozarts+Briefe/Sechste+Abtheilung/243.+Wien+4.+April+1787

3 Hanno Charisius, Was Psychologen für Krebspatienten tun können, in: Süddeutsche Zeitung digital vom 09.09.2016, https://www.sueddeutsche.de/gesundheit/bewaeltigungsstrategien-sturz-aus-der-wirklichkeit-1.3155520

4 André Gide, Gesammelte Werke in 12 Bänden, Bd. 3, Tagebuch 1923-1939, München 1991.

5 Kurt Tepperwein, Was dir deine Krankheit sagen will. Aktiviere die Heilkraft deiner Seele, München 2005.

6 Rüdiger Dahlke, Krankheit als Sprache der Seele. Be-Deutung und Chance der Krankheitsbilder, München 2000; ders., Krankheit als Symbol. Handbuch der Psychosomatik und integralen Medizin. Symptome, Be-Deutung, Bearbeitung, Einlösung, München 2023.

7 Gefunden habe ich sie hier und dazu dann auch die fachärztlichen Kommentare: https://www.gesundheitstipp.ch/artikel/artikeldetail/krebs-co-jetzt-sollen-patienten-schuld-sein

8 https://www.hilmar-alquiros.de/Grabspruch.htm

9 Henri J.M. Nouwen, Nimm sein Bild in dein Herz. Geistliche Deutung eines Gemäldes von Rembrandt, Freiburg i. Br. 2002, 12. Auflage.

10 Peter Noll, Diktate über Sterben und Tod. Mit einer Totenrede von Max Frisch, München – Zürich 1989, 3. Auflage.

3. Wissen hilft – Was beim Sterben geschieht

1 Zum Beispiel: Gian Domenico Borasio, Über das Sterben. Was wir wissen. Was wir tun können. Wie wir uns darauf einstellen, München 2019, 8. aktualisierte Auflage; Atul Gawande, Sterblich sein. Was am Ende wirklich zählt. Über Würde, Autonomie und eine angemessene medizinische Versorgung, Frankfurt a. M. 2019, 3. Auflage; Oliver Müller, Altern. Sterben. Tod. Die Vergänglichkeit des Menschen aus der Sicht der Naturwissenschaften, Gütersloh 2019; Roland Schulz, So sterben wir. Unser Ende und was wir darüber wissen sollten, München 2021, 2. Auflage; Claudia Bausewein / Rainer Simader, 99 Fragen an den Tod. Leitfaden für ein gutes Lebensende,

München 2020; Marc Ritter / Tom Ising, So stirbt man also. Was Sie schon immer über den Tod wissen wollten, München 2019.

2 Randolph Ochsmann, Zur psycho-sozialen Situation von Sterbenden: Ergebnisse empirischer Forschungen mit logotherapeutischen Schwerpunkten, in: Wolfram Kurz/Gunther Klosinki (Hg.), Sinn in Zeiten der Resignation. Zum 100. Geburtstag von Viktor Frankl. Die Sinnfrage in Psychotherapie, Psychiatrie und Persönlichkeitsbildung, Tübingen 2006, 225-241.

3 Zitiert nach: Beate Lakotta / Walter Schels, Noch mal leben vor dem Tod. Wenn Menschen sterben, München 2004, 3. Auflage, 7.

4 Birgit Heller, Wie Religionen mit dem Tod umgehen. Grundlagen für die interkulturelle Sterbebegleitung, Freiburg i. Br. 2012.

5 Sogyal Rinpoche, Das tibetische Buch vom Leben und vom Sterben. Ein Schlüssel zum tieferen Verständnis von Leben und Tod, München 2013, vollständige und überarbeitete Taschenbuchausgabe.

6 Dorothea Mihm / Annette Bopp, Die sieben Geheimnisse guten Sterbens. Erfahrungen einer buddhistischen Palliativschwester, München 2017, 4. Auflage; Dorothea Mihm / Annette Bopp, Anleitung zum guten Sterben. Für Angehörige, Pflegende und Hospizbegleiter, München 2015, 2. Auflage.

7 Monika Renz, Zeugnisse Sterbender. Todesnähe als Wandlung und letzte Reifung, Paderborn 2001, 109-125.

8 Monika Renz, Der Mystiker aus Nazaret. Jesus neu begegnen – Jesuanische Spiritualität, Freiburg i. Br. 2013, 18.

9 Auch der Sterbeforscher Bernard Jakoby beschreibt – in seinem Buch: Geheimnis Sterben. Was wir heute über den Sterbeprozess wissen, Reinbek b. Hamburg 2007 (vgl.: https://de.wikipedia.org/wiki/Bernard_Jakoby) – fünf Sterbephasen: (1) Die erste Lockerung der Seele – Schwebezustand; (2) Die Konfrontation mit den verdrängten Problemen – Wahrnehmungsveränderung; (3) Das letzte Aufgebot der physischen Reserven – Bewusstseinserweiterung; (4) Der Augenblick des Todes; (5) Der Vorgang der Loslösung vom Körper. Jacoby gewann seine Haltung auf dem Hintergrund der Aufarbeitung vieler Nahtodbeschreibungen und zahlreicher Berichte von Palliativpflegenden.

10 Zen-Meister aus der Steiermark, vgl.: https://www.donaukurier.de/archiv/zen-meister-aus-der-steiermark-5808916; https://www.meditationshaus-dietfurt.de/unser-angebot/kursleitende/othmar-franthal.

11 https://www.wege-der-stille-hd.de/die-wege/zen/

4. Geburt und Tod – Erstaunliche Ähnlichkeiten

1 https://sterbeamme.de/ueber-mich

2 Claudia Cardinal, Trauerheilung. Ein Wegbegleiter, Ostfildern 2002; dies., Sterbe- und Trauerheilung – Ein praktisches Handbuch, Ostfildern 2005; dies., Ach, wenn ich doch unsterblich wäre. Beruhigung in unruhigen Zeiten durch Sterbeammen und Palliative Begleitung, Mainz 2020.

3 Jana Brüschke, Das Berufsbild der Sterbeammen und Sterbegefährten. Darstellung und Etablierung eines neuen Berufsbildes, Saarbrücken 2017.

4 Katrin Albinus, Beruf Sterbeamme, Geburtshelfer ins Jenseits, in: https://www.deutschlandfunkkultur.de/beruf-sterbeamme-geburtshelfer-ins-jenseits-100.html
5 Friedrich Nietzsche, Morgenröte / Idyllen aus Messina / Die fröhliche Wissenschaft, hrsg. von G. Colli und M. Montinari: Kritische Studienausgabe, München 1999.
6 Nouwen Henri J. M., Die Gabe der Vollendung. Mit dem Sterben leben, Freiburg i. Br. 1994, S. 36-37. Das englische Original lautet: Inside the womb. A Parable by Maurice Lamm, inspired by Israeli rabbi Y. M. Tuckachinsky, from: Maurice Lamm, The Jewish Way in Death and Mourning, New York 1969, p. 222-224.

5. Sinnsorge – Seelsorge – Lebenssorge

1 George G. Hunter, Kirche an Hecken und Zäunen. 9 Modelle einer Kirche für Distanzierte; im amerik. Original: »Church for the unchurched«, Asslar 1997, 219-221.
2 Christoph Kreitmeir, Sinnvolle Seelsorge. Der existenzanalytisch-logotherapeutische Entwurf Viktor E. Frankls, sein psychologischer und philosophischer Standort und seine Bedeutung für die kirchlich-praktische Seelsorge, St. Ottilien 1999, 2. Auflage.
3 Christoph Kreitmeir, Sehnsucht Spiritualität, Gütersloh 2014.
4 »Man hat den Ausdruck Tiefenpsychologie geprägt, wo aber bleibt die Höhenpsychologie, die nicht nur den Willen zur Lust, sondern auch den Willen zum Sinn mit einbezieht in ihr Gesichtsfeld?«, in: Viktor E. Frankl, Ärztliche Seelsorge. Grundlagen der Logotherapie und Existenzanalyse, Frankfurt a. M. 1987, 26.
5 Dies habe ich herausgearbeitet in: Christoph Kreitmeir, Sinnvolle Seelsorge …, 75-173.
6 Dieses Zitat von Viktor Frankl meint, dass Menschen sehr wohl in der Lage sind, das eigene Verhalten an die Außenwelt anzupassen, flexibel auf neue Situationen zu reagieren und bestehende Lebenskonzepte entsprechend zu erweitern oder abzuändern – um eine neue Weltsicht zu bekommen, in: https://www.telefonseelsorge.at/institution/8172/page/blog/beitraege/article/173547.html
7 Viktor E. Frankl, Das Leiden am sinnlosen Leben. Psychotherapie für heute, Freiburg i. Br. 1996, 198, und Viktor E. Frankl, Ärztliche Seelsorge , Frankfurt a. M. 1987, 109.
8 Vgl. Viktor E. Frankl: Der leidende Mensch. Anthropologische Grundlagen der Psychotherapie, München 1990, 80.
9 Vgl. Sandra Gehnke, Sinnerfahrung und Todesbewusstsein, Frankfurt a. M. 2004, 238-240.
10 Viktor E. Frankl, Trotzdem Ja zum Leben sagen. Ein Psychologe erlebt das Konzentrationslager, München 2015, 117.
11 Viktor E. Frankl, Ärztliche Seelsorge, 96.
12 Christoph Kreitmeir, Die Hoffnung hilft auf. Den Kreuzweg der Kranken beten nach der hl. Anna Schäffer, Leipzig 2020.
13 https://www.elisabeth-lukas-archiv.de/willkommen/elisabeth-lukas/homo-patiens/
14 Vgl. Sandra Gehnke, Sinnerfahrung und Todesbewusstsein, a.a.O., 239.
15 Elisabeth Lukas, Der Seele Heimat ist der Sinn. Logotherapie in Gleichnissen von Viktor E. Frankl, München 2005.

6. Bestattung – Klassisch oder modern?

1 https://de.wikipedia.org/wiki/Alkalische_Hydrolyse_(Bestattungsart)

2 Jürgen Kaufmann/Christoph Kreitmeir/Maximilian Wagner, Ein Quell in unserer Wüste. Wegbegleitung in einem Trauerkreis, Würzburg 2011, 2. überarb. Auflage.

7. Der Sargmaler vom Bodensee

1 Alfred Opiolka, Der Tod ist grün. Die Trauer ist schwarz und die Liebe ist rot. Erlebnisse und Gedanken des Sargmalers, Backnang 2020.

2 Elisabeth Kübler-Ross, Kinder und Tod, Zürich 1984, 233; dies., Der Dougy-Brief. Worte an ein sterbendes Kind, Güllesheim 2016, 3. Auflage.

3 Vgl. Alfred Opiolka, Der Tod ist grün , 210-212.

4 Vgl. https://www.hisour.com/de/ancient-egypt-and-sudan-british-museum-37000/; https://www.fr.de/panorama/bunte-sarkophage-neben-kleiner-pyramide-entdeckt-11664729.html; https://www.dw.com/de/totenstadt-in-%C3%A4gypten-gibt-unber%C3%BChrte-sarkophage-preis/a-55601312 ; https://blog.selket.de/aus-der-archaeologie/wunderschoener-sarkophag-mit-mumie-aus-3-zwischenzeit-entdeckt

5 Annekatrin Puhle, Verbunden mit geliebten Verstorbenen. Warum die Liebe mit dem Tod nicht endet, Amerang 2022.

6 Näheres hierzu: https://de.wikipedia.org/wiki/Willigis_J%C3%A4ger

7 https://de.wikipedia.org/wiki/Meister_Eckhart

8 https://de.wikipedia.org/wiki/Hugo_Makibi_Enomiya-Lassalle

9 https://www.meditationshaus-dietfurt.de/

8. Wo sind die Toten und was kommt dann?

1 Vgl. Patrick Becker, Sinnstiftung in der Wachstumsgesellschaft, in: https://www.herder.de/hk/online-exklusiv/sinnstiftung-in-der-wachstumsgesellschaft/ .

2 Vgl. hierzu auch: Christoph Kreitmeir, Sehnsucht Spiritualität, Gütersloh 2014, 208-211.

3 Vgl. hierzu: Klaus Douglass, Glaube hat Gründe. Eine lebendige Beziehung zu Gott finden, Stuttgart 2010.

4 Vgl. Anette Rein, Viele Wege führen in den Himmel. Ahne werden im interkulturellen Vergleich, in: https://www.bundesverband-ethnologie.de/kunde/assoc/15/files/2008-Viele-Wege-fuehren-in-den-Himmel.pdf, S. 339-341.

5 Vgl. zum hier Besprochenen: Christian Rutishauser, Auferstehung, eine Frage der Gerechtigkeit, in: Jesuiten, (Un-)sterblich, 2022-2, 2-3; Peter Strasser, Geborgenheit im Tal der Tränen – Weihnachten, die Sehnsucht in uns allen, in: Herder Korrespondenz 12/2022, 40-42; Klaus Douglass, Glaube hat Gründe. Eine lebendige Beziehung zu Gott finden, Freiburg i. Br., 2010; Uli Heuel, Woran Christen glauben. Das Kennenlern-Buch für Neugierige, Freiburg i. Br., 2004; Karl-Heinz Menke, Die Einzigkeit Jesu Christi im Horizont der Sinnfrage, Einsiedeln 1995.

6 Katechismus der Katholischen Kirche, Punkt 2113: Götzendienst, hier nachzulesen: https://www.uibk.ac.at/theol/leseraum/texte/377.html?pagenr=7#3401

7 https://www.domradio.de/artikel/vor-275-jahren-verbot-der-vatikan-katholiken-die-ahnenverehrung; vgl. auch: Anette Rein, Viele Wege führen in den Himmel …, 340-344.

8 Anette Rein, Viele Wege führen in den Himmel, 342-343.

9 https://de.wikipedia.org/wiki/Tag_der_Toten .

10 https://www.donaukurier.de/lokales/ingolstadt/dia-de-los-muertos-gruselig-schoenes-spektakel-6747896#:~:text=Lateinamerikaner%20feiern%20ihren%20%E2%80%9ETag%20der%20Toten%E2%80%9C%20erstmals%20in%20Ingolstadt,-einer%20Umzug&text=Der%20Toten%20gedenken%2C%20aber%20auf,Freitag%20erstmals%20in%20Ingolstadt%20gefeiert.

11 https://www.youtube.com/watch?v=vZNCssRdFYc;

12 Vgl. https://de.wikipedia.org/wiki/%C3%84gyptisches_Totenbuch ; Erik Hörnung, Das Totenbuch der Ägypter, München 1998; https://www.afrika-junior.de/inhalt/geschichte/die-ersten-zivilisationen-am-nil/weiterleben-im-jenseits-woran-glaubten-die-aegypter.html

13 https://de.wikipedia.org/wiki/Bardo_Th%C3%B6dr%C3%B6l; Sogyal Rinpoche, Das Tibetische Buch vom Leben und vom Sterben. Ein Schlüssel zum tieferen Verständnis von Leben und Tod, München 2013, 353-375; https://www.philognosie.net/spiritualitaet/bardos-zwischenwelten-der-tod-im-buddhismus; https://www.buddhismus-heute.de/archive.issue__29.position__5.de.html – und drei weitere Folgeartikel.

14 Antonin Sertillanges, in: Georg Austen/Sr. Theresita M. Müller (Hg.), Wie den Tod eines anderen überstehen? In der Reihe: Das Leben fragt – Christen antworten, Paderborn 2018, 55.

15 Helmut Zander, Spiritismus und Übersinnlichkeit. Wegweiser ins Jenseits: https://www.deutschlandfunkkultur.de/spiritismus-und-jenseitige-welten-die-frage-nach-dem-tod-100.html .

16 Sebastian Helm, Dante, der Seelendoktor (17.12.2021), in: https://www.vergleichende-mythologie.de/dante-der-seelendoktor/ als Versuch einer psychologischen Deutung von Dantes Göttliches Komödie.

17 Das Folgende ist inspiriert durch Lorenz Wachinger, Dantes »Göttliche Komödie«: Krachend kommt die Seele frei, in: Christ in der Gegenwart vom 1.10.2017, https://www.herder.de/cig/cig-ausgaben/archiv/2017/40-2017/krachend-kommt-die-seele-frei/

18 »What dreams may come« im Original; https://de.wikipedia.org/wiki/Hinter_dem_Horizont

19 Vgl. https://de.wikipedia.org/wiki/Paul_Watzlawick .

20 Ramona Leser, Verborgenes Paradies. Wertimaginationen: Die heilsame Kraft der seelisch-geistigen Bilder erleben. Masterarbeit, Karl-Franzens-Universität Graz, Juli 2020.

21 https://www.boeschemeyer.at/

22 Vgl. https://de.wikipedia.org/wiki/Konstruktivismus_(Philosophie) und Martin Urban, Wie die Welt im Kopf entsteht. Von der Kunst, sich eine Illusion zu machen, Frankfurt a. M. 2002.

23 https://de.wikipedia.org/wiki/Uwe_B%C3%B6schemeyer

24 https://de.wikipedia.org/wiki/Ruhegebet; Peter Dyckhoff, Das Ruhegebet, Stuttgart 2015, 3. Auflage und Ders., Das Ruhegebet einüben, Freiburg i. Br., 2011, 4. Auflage.

25 https://de.wikipedia.org/wiki/Franz_Jalics; Franz Jalics, Kontemplative Exerzitien. Eine Einführung in die kontemplative Lebenshaltung und in das Jesusgebet, Würzburg, 2022, 19. Auflage.

26 Näheres hierzu: https://de.wikipedia.org/wiki/Medium_(Person)

27 https://www.paulmeek.de/

28 Paul Meek, Der Himmel ist nur einen Schritt entfernt. Mein Weg zum Medium, München 2002, 4. Auflage.

29 Paul Meek, Das Tor zum Himmel ist immer offen, München 2004.

30 Ingrid Malzahn, Pater Pio von Pietrelcina. Wunder, Heilungen und von der Kraft des Gebets, Altenstadt 2008, 4. Auflage

31 Ingrid Malzahn, Pater Pio …, 94-101.

32 https://de.wikipedia.org/wiki/Anna_Sch%C3%A4ffer und https://www.anna-schaeffer.de/startseite.html

33 https://fragen.evangelisch.de/frage/8311/ist-kontakt-zu-verstorbenen-seelen-erlaubt

34 Kurt E. Koch, Seelsorge und Okkultismus. Medialität aus der Sicht der Seelsorge, Schwäbisch Gmünd, 28. Auflage.

Verwendete und weiterführende Literatur

Bücher und Zeitschriften

Bausewein, Claudia / Simader, Rainer, 99 Fragen an den Tod. Leitfaden für ein gutes Lebensende, München 2020.

Bindseil, Christiane / Lackus, Karin, Mir geht es gut, ich sterbe gerade. Geschichten am Ende des Lebens, Neukirchen-Vluyn 2020, 4. Auflage.

Bode, Sabine / Roth, David, Das letzte Hemd hat viele Farben. Für einen lebendigen Umgang mit dem Sterben, Köln 2018.

Boothe, Brigitte / Frick, Eckhard, Spiritual Care. Über das Leben und Sterben, Zürich 2017.

Borasio, Gian Domenico, Über das Sterben. Was wir wissen. Was wir tun können. Wie wir uns darauf einstellen, München 2019, 8. aktualisierte Auflage.

Brück, Michael von, Vom Sterben. Zehn Meditationen zur spirituell-palliativen Praxis, München 2020.

Brüschke, Jana, Das Berufsbild der Sterbeammen und Sterbegefährten. Darstellung und Etablierung eines neuen Berufsbildes, Saarbrücken 2017.

Cardinal, Claudia, Trauerheilung. Ein Wegbegleiter, Ostfildern 2002.

Cardinal, Claudia, Sterbe- und Trauerheilung – Ein praktisches Handbuch, Ostfildern 2005.

Cardinal Claudia, Wenn Anfang und Ende des Lebens sich treffen: Vorstellung der angewandten Sterbeheilkunde, in: Die Naturheilkunde, 94 (2017) 3, 37-39.

Cardinal, Claudia, Ach, wenn ich doch unsterblich wäre … Beruhigung in unruhigen Zeiten durch Sterbeammen und Palliative Begleitung, Mainz 2020.

Dahlke, Rüdiger, Krankheit als Sprache der Seele. Be-Deutung und Chance der Krankheitsbilder, München 2000.

Dahlke, Rüdiger, Krankheit als Symbol. Handbuch der Psychosomatik und integralen Medizin. Symptome, Be-Deutung, Bearbeitung, Einlösung, München 2023.

Dhaibi, Sue, Mit dem Jenseits kommunizieren. Ein Kurs in Medialität, München 2019, 3. Auflage.

Caitlin, Doughty, Fragen Sie Ihren Bestatter. Lektionen aus dem Krematorium, München 2020.

Caitlin, Doughty, Wo die Toten tanzen. Wie rund um die Welt gestorben und getrauert wird, München 2019, 2. Auflage.

Douglass, Klaus, Glaube hat Gründe. Eine lebendige Beziehung zu Gott finden, Stuttgart 2010.

Dyckhoff, Peter, Das Ruhegebet, Stuttgart 2015, 3. Auflage

Dyckhoff, Peter, Das Ruhegebet einüben, Freiburg i. Br. 2011, 4. Auflage.

Frankl, Viktor E., Bewältigung der Vergänglichkeit. Vortrag CD, Auditorium Netzwerk, Müllheim 1984.

Frankl, Viktor E., Ärztliche Seelsorge. Grundlagen der Logotherapie und Existenzanalyse, Frankfurt a. M. 1987.

Frankl, Viktor E.: Der leidende Mensch. Anthropologische Grundlagen der Psychotherapie, München 1990.

Frankl, Viktor E., Theorie und Therapie der Neurosen, München 1993.

Frankl, Viktor E., Der Wille zum Sinn, München 2012, 6. Auflage.

Frankl, Viktor E., Trotzdem Ja zum Leben sagen. Ein Psychologe erlebt das Konzentrationslager, München 2015.

Frankl, Viktor E., Das Leiden am sinnlosen Leben. Psychotherapie für heute, Freiburg i. Br. 2021.

Gawande, Atul, Sterblich sein. Was am Ende wirklich zählt. Über Würde, Autonomie und eine angemessene medizinische Versorgung, Frankfurt a. M., 2019, 3. Auflage.

Gehnke, Sandra, Sinnerfahrung und Todesbewusstsein. Der Mensch in der Auseinandersetzung mit Leiden, Sterben und Tod. Die not-wendige Kompetenz der Leidensfähigkeit auf der Grundlage der Logotherapie sowie Chancen und Perspektiven für die Hospizbewegung, Frankfurt a. M. u.a. 2004.

Gide, André, Gesammelte Werke in 12 Bänden, Bd.3, Tagebuch 1923-1939, München 1991.

Godzik, Peter, Das Sterben: ein Geborenwerden in die Welt bei Gott, in: Diakonisches Werk der EKD (Hg.), Hospizarbeit in Kirche und Diakonie. Reflexionen und Konkretionen, Stuttgart: DW-EKD 2002, 7-12.

Heinzel, Roland, Die Wiederentdeckung der Zuversicht. In schwierigen Zeiten Vertrauen finden, München 2008.

Heller, Birgit, Wie Religionen mit dem Tod umgehen. Grundlagen für die interkulturelle Sterbebegleitung, Freiburg i. Br. 2012.

Hellinger, Friederike, Fantasiereisen. Impulse für die Sterbebegleitung, Frankfurt a. M 2020, 2., erweiterte Auflage.

Hörnung, Erik, Das Totenbuch der Ägypter, München 1998.

Hohensee, Thomas / Georgy, Renate, Der Tod ist besser als sein Ruf. Von einem gelassenen Umgang mit der eigenen Endlichkeit, Salzburg / München 2017.

Hunter, George G., Kirche an Hecken und Zäunen. 9 Modelle einer Kirche für Distanzierte; Titel der Originalausgabe: »Church for the unchurched«, Asslar 1997.

Jakoby, Bernard, Geheimnis Sterben. Was wir heute über den Sterbeprozess wissen, Reinbek bei Hamburg 2007.

Jalics, Franz, Kontemplative Exerzitien. Eine Einführung in die kontemplative Lebenshaltung und in das Jesusgebet, Würzburg 2022, 19. Auflage.

Kast, Verena, Trauern. Phasen und Chancen des psychischen Prozesses, Freiburg i. Br., 2020, 5. Auflage.

Kast, Verena, Vom Sinn der Angst. Wie Ängste sich festsetzen und wie sie sich verwandeln lassen, Freiburg i. Br. 2021, 8. Auflage.

Katechismus der Katholischen Kirche. Vollständiger Text der Neuübersetzung aufgrund der Editio Typica Latina, München 2019.

Kaufmann, Jürgen / Kreitmeir, Christoph / Wagner, Maximilian, Ein Quell in unserer Wüste. Wegbegleitung in einem Trauerkreis, Würzburg 2011, 2. Auflage.

Kierkegaard, Sören, Der Begriff Angst, Stuttgart 1992.

Koch, Kurt E., Seelsorge und Okkultismus. Medialität aus der Sicht der Seelsorge. Die seelsorgerliche Behandlung der Menschen, die durch die Beschäftigung mit okkulten Dingen seelisch angefochten oder erkrankt sind. Eine systematische und praktisch-theologische Untersuchung unter Berücksichtigung der medizinischen und psychologischen Grenzwissenschaften Schwäbisch Gmünd, 28. Auflage.

Kreitmeir, Christoph, Sinnvolle Seelsorge. Der existenzanalytisch-logotherapeutische Entwurf Viktor E. Frankls, sein psychologischer und philosophischer Standort und seine Bedeutung für die kirchlich-praktische Seelsorge, St. Ottilien 1999, 2. Auflage.

Kreitmeir, Christoph, Sehnsucht Spiritualität, Gütersloh 2014.

Kreitmeir, Christoph, Die Hoffnung hilft auf. Den Kreuzweg der Kranken beten nach der hl. Anna Schäffer, Leipzig 2020.

Kübler-Ross, Elisabeth, Kinder und Tod, Zürich 1984.

Kübler-Ross, Elisabeth / Kessler David, Dem Leben neu vertrauen. Den Sinn des Trauerns durch fünf Stadien des Verlustes finden, Stuttgart 2006.

Kübler-Ross, Elisabeth, Der Dougy-Brief. Worte an ein sterbendes Kind, Güllesheim 2016, 3. Auflage.

Kübler-Ross, Elisabeth, Interviews mit Sterbenden, Freiburg i. Br. 2018, Neuauflage.

Lakotta, Beate / Schels, Walter, Noch mal leben vor dem Tod. Wenn Menschen sterben, München 2004, 3. Auflage.

Leser, Ramona, Verborgenes Paradies. Wertimaginationen: Die heilsame Kraft der seelisch-geistigen Bilder erleben. Masterarbeit, Karl-Franzens-Universität Graz, Juli 2020.

Lütz, Manfred, Lebenslust: Wider die Diät-Sadisten, den Gesundheitswahn und den Fitnesskult, München 2006.

Lütz, Manfred, Das Leben kann so leicht sein. Lustvoll genießen statt zwanghaft gesund, Heidelberg 2011, 3. Auflage.

Lukas, Elisabeth, Der Seele Heimat ist der Sinn. Logotherapie in Gleichnissen von Viktor E. Frankl, München 2005.

Malzahn, Ingrid, Pater Pio von Pietrelcina. Wunder, Heilungen und von der Kraft des Gebets, Altenstadt 2008, 4. Auflage.

Manser, Josef, »Wer mich zum Freunde hat, dem kann's nicht fehlen.« Versuch einer spirituellen Theologie zur Ars moriendi heute, in: Harald, Wagner (Hg.), Ars moriendi. Erwägungen zur Kunst des Sterbens, Freiburg i. Br. / Basel / Wien 1989, 67-98.

Paul, Meek, Der Himmel ist nur einen Schritt entfernt. Mein Weg zum Medium, München 2002, 4. Auflage.

Meek, Paul, Das Tor zum Himmel ist immer offen, München 2004.

Meek, Paul, Das Leben ohne Ende. Paul Meek, ein Jenseitskontakt-Medium unserer Zeit, München 2007.

Meek Paul, Meine Sicht ins Jenseits. Einblicke in die Medialität, DVD, 2015, 2. überarbeitete Auflage.

Meek, Paul, Zwei Welten im Einklang. Jenseits und Diesseits gehen ineinander über, München 2021, 4. Auflage.

Maschwitz, Gerda und Rüdiger, Spirituelle Sterbebegleitung, Murnau am Staffelsee 2013.

Mihm, Dorothea / Bopp, Annette, Anleitung zum guten Sterben. Für Angehörige, Pflegende und Hospizbegleiter, München 2015, 2. Auflage.

Mihm, Dorothea / Bopp, Annette, Die sieben Geheimnisse guten Sterbens. Erfahrungen einer buddhistischen Palliativschwester, München 2017, 4. Auflage.

Morschitzky, Hans, Die Angst vor dem Tod. Existentielle Ängste wahrnehmen und als Chance nutzen, Ostfildern 2021.

Müller, Oliver, Altern. Sterben. Tod. Die Vergänglichkeit des Menschen aus der Sicht der Naturwissenschaften, Gütersloh 2019.

Mutschler, Barbara Maria, Grenzland. Individuation im Sterbeprozess, Todtmoss-Rütte 2012.

Nietzsche, Friedrich, Morgenröte – Idyllen aus Messina – Die fröhliche Wissenschaft, hg. von G. Colli und M. Montinari: Kritische Studienausgabe, München 1999.

Noll, Peter, Diktate über Sterben und Tod. Mit einer Totenrede von Max Frisch, München / Zürich 1989, 3. Auflage.

Nouwen, Henri J. M., Die Gabe der Vollendung. Mit dem Sterben leben, Freiburg i. Br. 1994.

Nouwen, Henri J. M., Nimm sein Bild in dein Herz, Freiburg i. Br. 2002, 12. Auflage.

Ochsmann, Randolph, Zur psycho-sozialen Situation von Sterbenden: Ergebnisse empirischer Forschungen mit logotherapeutischen Schwerpunkten, in: Wolfram Kurz / Gunther Klosinki (Hg.), Sinn in Zeiten der Resignation. Zum 100. Geburtstag von Viktor Frankl. Die Sinnfrage in Psychotherapie, Psychiatrie und Persönlichkeitsbildung, 2006, 225-241.

Opiolka, Alfred, Der Tod ist grün. Die Trauer ist schwarz und die Liebe ist rot. Erlebnisse und Gedanken des Sargmalers, Backnang 2020.

Puhle, Annekatrin, Verbunden mit geliebten Verstorbenen. Warum die Liebe mit dem Tod nicht endet, Amerang 2022.

Renz, Monika, Zeugnisse Sterbender. Todesnähe als Wandlung und letzte Reifung, Paderborn 2001, 2. Auflage.

Renz, Monika, Der Mystiker aus Nazaret. Jesus neu begegnen – Jesuanische Spiritualität, Freiburg i. Br. 2013.

Renz, Monika, Hinübergehen. Was beim Sterben geschieht. Annäherungen an letzte Wahrheiten unseres Lebens, Freiburg i. Br. 2016, 8. Auflage.

Renz, Monika, Angst verstehen. Tiefer als alle Angst liegt Urvertrauen, Freiburg i. Br. 2018.

Renz, Monika, Grenzerfahrung Gott. Dem Geheimnis nahe in Leid und Krankheit, Freiburg i. Br. 2022, vollständig überarbeitete Neuausgabe.

Riedel, Ingrid, Die Symbolik der Farben. Eine tiefenpsychologische Farbenlehre, Ostfildern 2019.

Rilke, Rainer Maria, in: Die Sonette an Orpheus, zweiter Teil, 13; gefunden in: Heribert Arens / Martino Machowiak, Sei allem Abschied voran. Gedanken zu Abschied und Neubeginn, Kevelaer 2006, 2. Auflage, 9.

Rinder, Nicole, Der Tod bringt mich nicht um. Warum ich Bestatterin geworden bin, Ostfildern 2017.

Rinpoche, Sogyal, Das tibetische Buch vom Leben und vom Sterben. Ein Schlüssel zum tieferen Verständnis von Leben und Tod, München 2013, vollständige und überarbeitete Taschenbuchausgabe.

Ritter, Marc / Ising, Tom, So stirbt man also. Was Sie schon immer über den Tod wissen wollten, München 2019.

Rutishauser, Christian, Auferstehung, eine Frage der Gerechtigkeit, in: Jesuiten, (Un-)sterblich, 2022-2, S. 2-3.

Schirach, Ferdinand von, Gott – Ein Theaterstück. Wem gehört unser Leben? Wer entscheidet über unseren Tod?, München 2021.

Schulz, Roland, So sterben wir. Unser Ende und was wir darüber wissen sollten, München 2021, 2. Auflage.

Sertillanges, Antonin, in: Georg Austen / Sr. Theresita M. Müller (Hg.), Wie den Tod eines anderen überstehen? In der Reihe: Das Leben fragt – Christen antworten, Paderborn 2018, 55.

Sporken, Paul (Hg.), Was Sterbende brauchen, Freiburg i. Br. / Basel / Wien 1982, 2. Auflage.

Steindl-Rast, David, Dankbarkeit. Das Herz allen Betens, Freiburg i. Br. 2018.

Steindl-Rast David, Dankbar leben. Ein inspirierendes Praxisbuch, Münsterschwarzach 2018.

Strasser, Peter, Geborgenheit im Tal der Tränen – Weihnachten, die Sehnsucht in uns allen, in: Herder Korrespondenz 76 (2022) 12, 40-42.

Student, Johann-Christoph (Hg.), Sterben, Tod und Trauer – Handbuch für Begleitende, Freiburg i. Br. 2006.

Tepperwein, Kurt, Was dir deine Krankheit sagen will. Aktiviere die Heilkraft deiner Seele, München 2005.

Urban, Martin, Wie die Welt im Kopf entsteht. Von der Kunst, sich eine Illusion zu machen, Frankfurt a. M. 2002.

Ware, Bronnie, 5 Dinge, die Sterbende am meisten bereuen. Einsichten, die ihr Leben verändern werden, München 2015, 10. Auflage.

Williams, Lisa, Was geschieht mit uns, wenn wir sterben? Das Wissen von der anderen Welt, Weilersbach 2011.

Yachour, Amara, Medialität. Das Unsichtbare wird sichtbar … und die Toten sprechen doch, Eigenverlag 2014.

Websites

Ägyptisches Totenbuch: https://de.wikipedia.org/wiki/%C3%84gyptisches_Totenbuch

Änderung der bayerischen Bestattungsverordnung zum 01.04.2021, in https://www.aeternitas.de/verein/alle-news/news-details/aenderung-der-bayerischen-bestattungsverordnung-zum-01042021#:~:text=Bislang%20mussten%20Leichen%20in%20Bayern,Verstorbene%20zu%20bestatten%20oder%20einzu%C3%A4schern.

Ahorn Gruppe, Wie verändert sich unsere Bestattungskultur?, in: https://seniorenratgeber.handelsblatt.com/2020/07/30/wie-veraendert-sich-unsere-bestattungskultur/

Albinus, Katrin, Beruf Sterbeamme, Geburtshelfer ins Jenseits, in: https://www.deutschlandfunkkultur.de/beruf-sterbeamme-geburtshelfer-ins-jenseits-100.html

Ancient Egypt and Sudan British Museum:https://www.hisour.com/ancient-egypt-and-sudan-british-museum-37000/

Bardo Thödröl (Tibetisches Totenbuch): https://de.wikipedia.org/wiki/Bardo_Th%C3%B6dr%C3%B6l

Becker, Patrick, Sinnstiftung in der Wachstumsgesellschaft, in: https://www.herder.de/hk/online-exklusiv/sinnstiftung-in-der-wachstumsgesellschaft/

Bestattungskultur – Vergangenheit, Gegenwart und Zukunft, in: https://www.bestattungsvergleich.de/ratgeber/bestattung/bestattungskultur/

Böschemeyer, Uwe: https://www.boeschemeyer.at/ und https://de.wikipedia.org/wiki/Uwe_B%C3%B6schemeyer

Brief Wolfgang Amadeus Mozarts an seinen Vater über das Sterben vom 4. April 1787: http://www.zeno.org/Musik/M/Nohl,+Ludwig/Mozarts+Briefe/Sechste+Abtheilung/243.+Wien+4.+April+1787

Bunte Sarkophage neben kleiner Pyramide entdeckt: https://www.fr.de/panorama/bunte-sarkophage-neben-kleiner-pyramide-entdeckt-11664729.html

Cardinal, Claudia, Über mich: https://sterbeamme.de/ueber-mich

Charisius, Hanno, Was Psychologen für Krebspatienten tun können, in: Süddeutsche Zeitung digital vom 09.09.2016: https://www.sueddeutsche.de/gesundheit/bewaeltigungsstrategien-sturz-aus-der-wirklichkeit-1.3155520

Das Ruhegebet: https://de.wikipedia.org/wiki/Ruhegebet

Die Boten des Todes – Ein Märchen der Gebrüder Grimm: https://www.grimmstories.com/de/grimm_maerchen/die_boten_des_todes

Dankbar leben: https://www.dankbar-leben.org/

Der General und der Mönch, ein Zen-Geschichte: https://mymonk.de/der-general-und-der-moench-eine-kurze-zen-geschichte/

Der Tod im Buddhismus: https://www.philognosie.net/spiritualitaet/bardos-zwischenwelten-der-tod-im-buddhismus

Dhaibi, Sue: https://www.sue-dhaibi.com/

Dia de los muertos: https://de.wikipedia.org/wiki/Tag_der_Toten

Die Angst vor Krebs ist größer als das reale Risiko, in: https://www.psychologie-aktuell.com/news/aktuelle-news-psychologie/news-lesen/die-angst-vor-krebs-ist-groesser-als-das-reale-risiko-warum-angelina-jolie-die-gemueter-bewegt.html#:~:text=73%20Prozent%20der%20Deutschen%20haben,eins%20der%20Gesundheits%C3%A4ngste%20der%20Deutschen

Enomiya-Lassalle, Hugo Makibi: https://de.wikipedia.org/wiki/Hugo_Makibi_Enomiya-Lassalle

Fast jeder zweite Deutsche erkrankt im Laufe seines Lebens an Krebs: https://www.spiegel.de/gesundheit/diagnose/krebs-fast-jeder-zweite-deutsche-erkrankt-im-laufe-seines-lebens-a-1068274.html

Film »Gott« von Ferdinand von Schirach: https://www.daserste.de/unterhaltung/film/gott-von-ferdinand-von-schirach/index.html

Fischer, Norbert, Geschichte des Todes: http://www.n-fischer.de/tod_geschichte.html

Friese, Julia, Was darf ich eigentlich anziehen, wenn ich tot bin?, in: https://www.welt.de/wissenschaft/article179730898/Bestattung-Welche-Kleidung-im-Sarg-erlaubt-ist.html

Göttliche Komödie, in: https://de.wikipedia.org/wiki/G%C3%B6ttliche_Kom%C3%B6die

Götzendienst: Katechismus der Katholischen Kirche, Punkt 2113: Götzendienst, hier nachzulesen: https://www.uibk.ac.at/theol/leseraum/texte/377.html?pagenr=7#3401

Helm, Sebastian, Dante, der Seelendoktor (17.12.2021), in: https://www.vergleichende-mythologie.de/dante-der-seelendoktor/ als Versuch einer psychologischen Deutung von Dantes »Göttliche Komödie«.

Hinter dem Horizont – Das Ende ist nur der Anfang: »What dreams may come« im Original: https://de.wikipedia.org/wiki/Hinter_dem_Horizont

Ist Kontakt zu verstorbenen Seelen erlaubt?, in: https://fragen.evangelisch.de/frage/8311/ist-kontakt-zu-verstorbenen-seelen-erlaubt

Jäger, Willigis: https://de.wikipedia.org/wiki/Willigis_J%C3%A4ger

Jalics, Franz: https://de.wikipedia.org/wiki/Franz_Jalics

Koch, Kurt E., Medialität und Befreiung, in: http://horst-koch.de/medialitaet-und-befreiung/

Koch, Kurt E., Medialität und Seelsorge, in: https://horst-koch.de/medialitaet-und-seelsorge/

Konstruktivismus: https://de.wikipedia.org/wiki/Konstruktivismus_(Philosophie)

Meditationshaus »St. Franziskus« in Dietfurt an der Altmühl: https://www.meditationshaus-dietfurt.de/

Medium (Person): https://de.wikipedia.org/wiki/Medium_(Person)

Meek, Paul: https://www.paulmeek.de/ und https://www.paulmeek.de/die-ebenen-in-der-geistigen-welt-der-weg-im-jenseits-bis-ins-nirvana.php#a2195

Meile, Andreas: https://www.psiseeland.ch/index.php/andreas-meile

Meister Eckhart: https://de.wikipedia.org/wiki/Meister_Eckhart

Mit der Angst vor dem Sterben und dem Tod umgehen: »https://www.ekhn.de/service/angebote/sterbebegleitung/mit-der-angst-vor-dem-sterben-und-dem-tod-umgehen.html«

Mittelacher, Bettina, Eine Amme fürs Sterben, in: https://www.abendblatt.de/vermischtes/journal/article106724535/Eine-Amme-fuers-Sterben.html

Pater Pio: https://de.wikipedia.org/wiki/Pio_von_Pietrelcina und https://www.heiligenlexikon.de/BiographienP/Pio_da_Pietrelcina.html und https://www.domradio.de/artikel/vor-50-jahren-starb-der-italienische-volksheilige-pater-pio

Peetz, Katharina, Wandel in der Bestattungskultur – Die Friedhöfe der Zukunft, in: https://www.deutschlandfunk.de/wandel-in-der-bestattungskultur-die-friedhoefe-der-zukunft-100.html

Rein, Anette, Viele Wege führen in den Himmel. Ahne werden im interkulturellen Vergleich, in: https://www.bundesverband-ethnologie.de/kunde/assoc/15/files/2008-Viele-Wege-fuehren-in-den-Himmel.pdf, S. 339-341.

Rembrandt – Die Rückkehr des verlorenen Sohnes: https://de.wikipedia.org/wiki/Die_R%C3%BCckkehr_des_verlorenen_Sohnes_(Rembrandt) und https://www.kunst-meditation.it/p-bis-z/rembrandt-verlorener-sohn/

Resomation: https://de.wikipedia.org/wiki/Alkalische_Hydrolyse_(Bestattungsart)

Rinpoche Lopön Tsechu, Die Zwischenzustände, in: Buddhismus Heute, Nr. 29 (1999): https://www.buddhismus-heute.de/archive.issue__29.position__5.de.html und drei weitere Folgeartikel

Sagen Sie mal, Herr Morschitzky, was kann man tun gegen die Angst vor dem Tod?: https://www.psychologie-heute.de/leben/artikel-detailansicht/41528-sagen-sie-mal-herr-morschitzky-was-kann-man-tun-gegen-die-angst-vor-dem-tod.html

Schäffer, Anna: https://de.wikipedia.org/wiki/Anna_Sch%C3%A4ffer und https://www.anna-schaeffer.de/startseite.html

Stichwort »Homo patiens«, »Jeder Mensch hat sein Auschwitz.«, Aussage Viktor E. Frankls gegenüber Elisabeth Lukas, in: https://www.elisabeth-lukas-archiv.de/willkommen/elisabeth-lukas/homo-patiens/

Streitfrage: Jenseitskontakte – mit Toten sprechen? | Sternstunde Religion vom 28.02.2021 | SRF Kultur: https://www.youtube.com/watch?v=

vZNCssRdFYc; in der Schweiz gibt sehr viele Angebote für Jenseitskontakte. In dieser Sendung kommen das Medium Andreas Meile, Claudia Preis von der deutschen Skeptiker-Vereinigung und der Religionshistoriker Helmut Zander zu Wort und in einen erhellenden Austausch über dieses Thema.

Totenstadt in Ägypten gibt unberührte Sarkophage preis: https://www.dw.com/de/totenstadt-in-%C3%A4gypten-gibt-unber%C3%BChrte-sarkophage-preis/a-55601312

Vor 275 Jahren verbot der Vatikan Katholiken die Ahnenverehrung: https://www.domradio.de/artikel/vor-275-jahren-verbot-der-vatikan-katholiken-die-ahnenverehrung

Wachinger, Lorenz, Dantes »Göttliche Komödie«: Krachend kommt die Seele frei, in: Christ in der Gegenwart vom 1.10.2017: https://www.herder.de/cig/cig-ausgaben/archiv/2017/40-2017/krachend-kommt-die-seele-frei/

Was sagt die Bibel darüber, zu Toten zu beten oder zu sprechen?: https://www.gotquestions.org/Deutsch/zu-Toten-beten.html

Watzlawick, Paul: https://de.wikipedia.org/wiki/Paul_Watzlawick

Weiterleben im Jenseits – Woran glaubten die Ägypter?: https://www.afrika-junior.de/inhalt/geschichte/die-ersten-zivilisationen-am-nil/weiterleben-im-jenseits-woran-glaubten-die-aegypter.html

Williams, Lisa: www.lisawilliams.com

Wunderschöner Sarkophag mit Mumie aus Zwischenzeit entdeckt: https://blog.selket.de/aus-der-archaeologie/wunderschoener-sarkophag-mit-mumie-aus-3-zwischenzeit-entdeckt

Yachour, Amara: https://www.body-soul-centrum.de/ und https://beyond-borders-college.com/die-gruenderin-amara-yachour/

Zander, Helmut, Spiritismus und Übersinnlichkeit. Wegweiser ins Jenseits: https://www.deutschlandfunkkultur.de/spiritismus-und-jenseitige-welten-die-frage-nach-dem-tod-100.html .

Sollte diese Publikation Links auf Webseiten Dritter enthalten, so übernehmen wir für deren Inhalte keine Haftung, da wir uns diese nicht zu eigen machen, sondern lediglich auf deren Stand zum Zeitpunkt der Erstveröffentlichung verweisen.

Penguin Random House Verlagsgruppe FSC® N001967

1. Auflage

Umschlagmotiv: Caphira Lescante – Adobe Stock.com
Druck und Bindung: GGP Media GmbH, Pößneck
Printed in Germany
ISBN 978-3-579-06231-0
www.gtvh.de